Acc. N⟩ ... .

SEOSAMH MAC GRIANNA: AN MHÉIN RÚIN

Seosamh Mac Grianna

(le caoinchead Lagan Press)

Leabhair Thaighde
An 90ú hImleabhar

Seosamh Mac Grianna
An Mhéin Rúin

FIONNTÁN DE BRÚN

An Clóchomhar Tta
Baile Átha Cliath

An Chéad Chló 2002
© An Clóchomhar Tta

ISBN 0 903758 71 7

Faigheann An Clóchomhar tacaíocht airgid
ó Bhord na Leabhar Gaeilge.

Dundalgan Press a chlóbhuail

Do mo dheartháir
Lochlann

CLÁR

SEOSAMH MAC GRIANNA

I Rann na Feirste, i nGaeltacht Thír Chonaill, a saolaíodh
Seosamh Mac Grianna i 1900[1], duine láir de chlann mhór. Bhí clú
fada seanchais agus filíochta ar a mhuintir, agus ba é a dheartháir
ba shine, Séamus, a scríobhadh gearrscéalta agus úrscéalta faoin
ainm cleite 'Máire'. Fuair sé scoláireacht i 1919 le freastal ar
Choláiste Phádraig, Droim Conrach, agus rinneadh múinteoir
scoile de i 1921. Fuair sé post ina dhiaidh sin ag teagasc sa scoil
náisiúnta i Rann na Feirste ach bhí sé sna hÓglaigh san am, rud a
d'fhág nach raibh mórán airde aige ar theagasc scoile. Bhí sé ar
thaobh na bPoblachtach in aimsir an Chogaidh Chathartha agus
chaith sé cúig mhí dhéag ina phríosúnach i gContae Chill Dara
idir 1922 agus 1923.

D'fhill sé ar an mhúinteoireacht nuair a fuair sé a cheann leis
ach ní dhearna sé móran talaimh di ach é ag bogadh ó scoil
amháin go scoil eile agus ó chontae amháin go contae eile. Chlis
ar a shláinte agus é ag teagasc i gContae Liatroma agus níorbh
fhada ina dhiaidh sin gur thug sé cúl do shaol an mhúinteora. I
rith an ama seo uilig, bhíodh sé ag scríobh gearrscéalta agus aistí
ar an fhilíocht agus á bhfoilsiú ar irisí éagsúla ach ba iad an dá
leabhrán, *Dochartach Dhuibhlionna agus Sgéaltaí Eile* (1925) agus
cuntas ar fhilí de chuid Rann na Feirste, *Filí Gan Iomrá* (1926), na
chéad phíosaí scríbhneoireachta dá chuid a cuireadh i gcló leo
féin. Rinne sé cónaí i mBaile Átha Cliath fá dheireadh na 1920í
agus b'ann a thug sé faoin scríbhneoireacht mar shlí bheatha, rud
nárbh fhurasta a dhéanamh mar a thuig sé go maith ina dhiaidh
sin. Mar aon le roinnt mhaith scríbhneoirí eile Gaeilge, thosaigh
sé a aistriú leabhar Béarla i gcomhair scéim aistriúcháin a bhí ag
an Ghúm, foilsitheoir rialtas an tSaorstáit. Cé gur mhinic é ag
gearán faoin scéim chéanna, d'éirigh leis an Ghriannach aon
leabhar déag, thart fá mhilliún focal san iomlán, a aistriú idir 1928
agus 1935.

Dá fheabhas iad na haistriúcháin a rinne Mac Grianna ar
leabhair Bhéarla mar *Islanders* le Peadar O'Donnell agus *Almayer's
Folly* le Joseph Conrad, ba ar fhorbairt a chuid scríbhneoireachta
féin a bhí a aird i gcónaí agus bhí éagsúlacht mhaith san ábhar a

tháinig uaidh, mar atá, saothar cruthaitheach, aistí, leabhair
staire, leabhar taistil agus dírbheathaisnéis. Ba san achar idir 1925
agus 1935 a scríobh sé bunús dá bhfuil i gcló leis, cé go raibh
moill ar an Ghúm cuid dá shaothar a fhoilsiú ar chúiseanna
éagsúla – cuireadh cosc ar an úrscéal, *An Druma Mór,* mar gheall
ar cheist clúmhillte bheith curtha faoi, rud a d'fhág gur fhan sé
ina luí gan foilsiú ar feadh chóir a bheith dhá scór bliain nó gur
cuireadh amach sa deireadh é i 1969.

I mblianta luatha na 1930í, le cois bheith ag scríobh agus ag
aistriú, chaitheadh Mac Grianna tréimhsí ag taisteal i Sasana agus
sa Bhreatain Bheag; is cosúil fosta gur chaith sé tréimhse ghairid
sa Fhrainc i gcuideachta an scríbhneora, Donn Piatt. Fuair sé
ábhar *An Bhreatain Bheag* nuair a chaith sé tamall ag siúl na tíre sin
i 1933 agus, as measc go leor eachtraí eile i mBaile Átha Cliath
agus i Sasana, tá cuntas in *Mo Bhealach Féin* ar an iarracht a rinne
an Griannach an Bhreatain Bheag a shiúl i 1934. Níorbh é amháin
an taisteal a dhéanadh Mac Grianna in áiteanna éagsúla a d'fhág
nach bhfanadh sé rófhada in aon áit amháin, bhí sé de nós aige
bogadh ó theach lóistín amháin go teach lóistín eile i mBaile Átha
Cliath. D'ainneoin an airgid a díoladh leis as na haistriúcháin
agus as a chuid bunleabhar féin, is cosúil go raibh Mac Grianna ar
an ghannchuid faoi lár na dtríochaidí agus ba mhinic é in
achrann le lucht an Ghúim dá bharr.

Ní hé amháin go raibh an saol ag teannadh ar an Ghriannach,
is é is dóichí go raibh meabhairghalar ag cur air fosta ó lár na
1930í amach. Tháinig deireadh tobann lena chaithréim litearhta i
1935 nuair a theip air an t-úrscéal, *Dá mBíodh Ruball ar an Éan,* a
bhí sé a scríobh san am a chríochnú agus is léir ó fhianaise a
chuid leabhar nótaí go raibh meath éigin air. Má bhí sé ar an anás
ní raibh sé leis féin, áfach, nó bhí bean aige a raibh Peggy uirthi
agus rugadh mac dóibh i dtrátha 1940 ar baisteadh Fionn air. Níl
a fhios cén cineál saoil a bhí acu le chéile ach go mbíodh sé crua
go leor acu idir thinneas an Ghriannaigh, an easpa airgid a bhí
orthu agus uile. I 1957, i ndiaidh dó roinnt blianta a chaitheamh
ina chónaí leis féin ar imeall Bhaile Átha Cliath, d'fhill an
Griannach ar a bhaile dúchais, Rann na Feirste. Ar an drochuair,
ní raibh biseach ar bith i ndán dó agus cuireadh isteach in
Ospidéal Naomh Conall, Leitir Ceanainn, é go gairid ina dhiaidh
sin mar ar aithníodh gur scitsifréine a bhí air. Mar bharr ar an

tubaiste, fuarthas a bhean, Peggy, ina luí marbh ina seomra i mBaile Átha Cliath i 1959 – tuigeadh gur chuir sí lámh ina bás féin. Tamall ina dhiaidh sin chuaigh a mhac, Fionn, amach i mbád i gCuan Bhaile Átha Cliath agus bádh é.

D'fhan Mac Grianna ina thost ar feadh na mblianta ina dhiaidh sin cé nár fágadh gan aitheantas a fháil é as a raibh bainte amach aige i saol na litríochta: bhí sé ina aoichainteoir ag féilte agus ag comhdhálacha i dTír Chonaill agus cuireadh agallaimh air le haghaidh clár teilifíse agus raidió le himeacht na mblianta. Bronnadh duais an Bhuitléaraigh air, arbh fhiú £2000 í, nuair a foilsíodh *An Druma Mór* i 1969 agus rinne an BBC clár teilifíse speisialta faoina shaol agus a shaothar a craoladh de chéaduair bliain i ndiaidh a bháis, 1991.

Dá fheabhas iad na foinsí eolais atá againn ar shaol Sheosaimh Mhic Grianna,[3] níl beathaisnéis cheart iontaofa againn go fóill ina bhfuil léargas cuimsitheach ar shaol an údair le fáil. Ba mhór ab fhiú an bhearna sin a líonadh amach anseo, creidim. I dtaca leis an leabhar seo agam féin, saothar critice atá ann agus, mar sin de, tugtar eolas faoi shaol Mhic Grianna de réir mar a bhaineann sé sin le hábhar na tráchtaireachta.

Cé go bpléitear an chuid is mó de shaothar Mhic Grianna sa leabhar seo, is ar an chuid dhéanach de shaothar an údair atá sé dírithe go príomha, is é sin: *An Druma Mór, Mo Bhealach Féin* agus *Dá mBíodh Ruball ar an Éan*, chomh maith leis na haistí atá anois i gcló in *Ailt* (1977) agus *Filí agus Felons* (1987). Is sa saothar déanach sin atá comaoin mhór Sheosaimh Mhic Grianna, mar atá, an phróslitríocht theann shaibhir sin a thugann aghaidh ar shaol an fichiú haois agus atá ina múnla agus ina foinse inspioráide ag scríbhneoirí Gaeilge ó shin.

INTREOIR

'*Travel*'—ba sin an freagra a thug Seosamh Mac Grianna nuair a cuireadh ceist air, thiar sna 1950í, cad é an cineál leabhar ab fhearr leis a léamh san am.[4] Is doiligh smaoineamh ar fhocal a mbeadh a oiread de ghaol aige le heachtraí agus le pearsa Sheosaimh Mhic Grianna agus atá ag an fhocal sin, *travel*, nó siúl, mar a deireadh sé féin. Ar ndóigh, is focal é 'siúl' a bhfuil dáimh as cuimse ag an litríocht féin leis nó tá sé ina bhunábhar scéil ón chianaois anall. Cá mbeadh na hImmrama, an Fhiannaíocht, *Ulysses, Don Quixote, Deoraíocht* agus *On the Road* murab é an siúl? Ní hé an gníomh féin amháin, áfach, is údar don dáimh seo atá ag an litríocht leis an siúl, ach an t-aistriú sin, ar gníomh cruthaitheach é féin, atá chomh riachtanach céanna don litríocht agus atá sé don siúl. Is amhlaidh, mar sin de, a fuair Seosamh Mac Grianna bunábhar *Mo Bhealach Féin* sa siúl a rinne sé in Éirinn agus sa Bhreatain Bheag, agus a chruthaigh sin scéalta agus tráchtaireacht atá anois ar leabhair mhóra Éireannacha an 20ú haois.

Tá sé ar na cúinsí pearsanta atá agam féin leis an leabhar seo a scríobh gur léigh mé leabhar mór an tsiúil, *Mo Bhealach Féin*, den chéaduair agus mé i mo mhac léinn i Nancy na Fraince. Thóg mé láithreach leis an ghlór dhána dhoscaí sin agus leis an dúil mhire san eachtraíocht, nó tá sé de bhua ag an Ghriannach go ndéanann sé rúnpháirtí den léitheoir i seanchuallacht féinchruthaithe sin an tsiúil agus an taiscéalta ina bhfuil Muircheartach na gCochall Craiceann, an Ceithearnach Caoilriabhach, Colm Cille agus John Dillinger i gcuideachta leis. Dá thábhachtaí na nithe sin uilig, áfach, is le haistriú níos buaine ná sin atá gnó agam sa leabhar seo, mar atá, an t-aistriú meoin agus méine a bhfuil a fhianaise i saothar litríochta Sheosaimh Mhic Grianna san achar gairid sin idir 1925 agus 1935 nuair a scríobh sé bunús an ábhair atá i gcló leis. Is é a chuir mé romham, go hachomair, cuntas a thabhairt ar an oidhreacht intleachtúil a thug Seosamh Mac Grianna leis, idir thraidisiún laochta na Gaeltachta agus dhioscúrsa cultúrtha liteartha an 19ú haois, agus ansin an claochlú a tháinig air sin nuair a chuaigh an Griannach a chónaí i mBaile Átha Cliath i dtrátha 1928[5] gur thosaigh a phlé le

cuid d'imeachtaí móra a shaoil: polaitíocht an tSaorstáit, an saol
uirbeach agus ealaín an nua-aoiseachais. Aistear atá sa mhéid sin,
dar liom, agus measaim gur dhoiligh saothar Mhic Grianna a
thuiscint go hiomlán gan an chreatlach thagartha sin.

Má thug Mac Grianna samhail don aistear sin, ba é an abairt
sin 'an mhéin rúin' é, abairt atá aige go minic ina leabhar deire-
anach, *Dá mBíodh Ruball ar an Éan*. Is é a thuigim féin ó na focail
sin, 'méin rúin', oidhreacht agus uaillmhian intleachtúil Mhic
Grianna lena bhfágfadh sé a lorg buan ar litríocht Ghaeilge an
fichiú haois, dar leis féin. Rún a bhí i gcuid den oidhreacht
intleachtúil sin ar go leor bealaí, mar a mhaíonn Corkery in *The
Hidden Ireland*, agus ba é uaillmhian Sheosaimh Mhic Grianna é
laochas agus ealaín thraidisiún na Gaeltachta a nochtadh os
comhair an tsaoil mhóir. Treisíodh an dúil sin sa laochas agus san
athdhúchas nuair a thóg Mac Grianna le nualaochas na *Young
Irelanders* agus Thomas Carlyle agus tá a lorg sin le haithint ar na
barúlacha a bhí ag an Ghriannach ar an pholaitíocht agus ar an
litríocht mar a nochtar ina shaothar iad.

San am ar thosaigh Mac Grianna a scríobh, i mblianta tosaigh
an tSaorstáit, bhí éileamh as cuimse ar scríbhneoirí a thabharfadh
a cheart don náisiún Gaelach agus a léireodh tréithe agus
luachanna shaíocht na nGael go follasach ina saothar. Níorbh
iontas ar bith é, mar sin, gur chreid an Griannach gurbh é féin ab
fhearr leis an éileamh náisiúnta sin a shásamh ná gur bhaist sé an
teideal meánaoiseach "rí-éigeas na nGael san fhichiú céad" (MBF
5) air féin. Níorbh fhada gur thuig sé, áfach, go raibh bearna na
gcéadta bliain idir an focal sin 'rí-éigeas' agus an 'fichiú céad' agus
go raibh saol eile ar fad ann i mBaile Átha Cliath, agus leoga in
Éirinn, sna 1930í. Ba é dúshlán Mhic Grianna é a oidhreacht agus
a uaillmhian a thabhairt i láthair an tsaoil úir sin agus a 'mhéin
rúin' a chur i gcrích, rud ar geall le haistear aigne agus
cruthaitheachta ann féin é. Ar an séala sin a chuaigh sé i ngleic
leis an saol a bhí thart air gur thug léargas neamhchoitianta dúinn
ar shaol na nua-aoise agus ar an saol uirbeach ina shaothar. Is é
aidhm an leabhair seo scrúdú a dhéanamh ar an mhéin rúin sin,
oidhreacht agus uaillmhian mheisiasach Mhic Grianna, agus an
dúshlán a thug an nua-aois uirthi.

Is doiligh tabhairt faoi thráchtas critice gan áiseanna taighde a
bheith leagtha amach romhat—innéacsanna, cláir shaothair, eolas

beathaisnéise agus dá réir sin. Dála gach duine eile ar spéis leis saothar Mhic Grianna, tá mé faoi chomaoin ag Nollaig Mac Congáil (1990b) as clár saothair a chur ar fáil ina bhfuil buneolas faoi shaothar Mhic Grianna féin, idir leabhair agus ailt, chomh maith le liosta d'aistí agus léirmheasanna ar shaol agus ar shaothar an údair. Is léir ón liosta deireanach sin gurbh iad na 1970í an tréimhse ba bhisiúla i dtaca le haistí critice ar shaothar Mhic Grianna, agus is dócha gurbh é foilsiú An Druma Mór i 1969 a spreag go leor den spéis sin san am. As measc an ábhair is tábhachtaí a foilsíodh ó chuir Mac Congáil an liosta sin le chéile dhá bhliain déag ó shin, tá aiste Antain Mhig Shamhráin (1989) ar Dá mBíodh Ruball ar an Éan, píosaí éagsúla ar úrscéalta Mhic Grianna in An tÚrscéal Gaeilge le Titley (1990), agus A Flight from Shadow: The Life and Work of Seosamh Mac Grianna le Ó Muirí (1999).

Measaim féin, ag amharc ar an corpus critice atá againn ar shaothar Mhic Grianna, gur ag Deane (1977), Kiberd (1993), Ó Dochartaigh (1981), Mag Shamhráin (1989), Titley (1990) agus Ó Muirí (1999) atá an tráchtaireacht is luachmhaire agus gur ag Ó Croiligh (1973), Ó Dochartaigh (1974) agus Ó Háinle (1989) atá an buntaighde scolártha is fearr dá ndearnadh go dtí seo. Téim i ngleic sa leabhar seo le cuid de na hailt a luadh thuas, go háirithe le haiste Kiberd ar Mo Bhealach Féin mar a phléitear i gcaibidil a trí í agus le hailt éagsúla a scríobhadh ar An Druma Mór i gcaibidil a ceathair.

Is é an rud is mó a chuir mé romham sa leabhar seo, léargas a thabhairt ar ghnéithe móra de shaothar Mhic Grianna nár pléadh go fóill: an lorg a d'fhág smaointeoireacht Thomas Carlyle agus scríbhneoirí Young Ireland air; an dáimh a bhí ag an Ghriannach le James Clarence Mangan agus le Liam Ó Flaithearta; cúlra stairiúil an 19ú haois in An Druma Mór; dúshlán an tsaoil uirbigh agus an nua-aoiseachais in Mo Bhealach Féin agus Dá mBíodh Ruball ar an Éan agus an tsárchéim foirme agus stíle a bhaintear amach san úrscéal deireanach sin.

Is ar éigean, ar ndóigh, is féidir saothar Mhic Grianna a phlé gan dul siar ar an aighneas a d'éirigh idir an t-údar agus an Gúm 'nó chomh maith leis an taobh praiticiúil den scéal—an chinsireacht, mar shampla—tá léargas barrthábhachtach ann ar an chaidreamh a bhíonn idir an t-ealaíontóir agus an stát, caidreamh a ghineann go leor d'iarrachtaí 'léann an chultúir' san am i láthair. Ní beag an t-ábhar íoróna é gur chothú don leabhar seo an chaismirt sin a bhí idir Mac Grianna agus an Gúm nuair is é rud a ghoill sé ar an údar go linn bhuí na gcaolán. Má bhí fuath ag Seosamh Mac Grianna ar an Ghúm (MBF 9), níorbh fhéidir liomsa fuath a thabhairt dó agus mé ag taighde liom sa taisce comhad a choinnigh lucht an Ghúim ar shaothar Mhic Grianna mar a bhfuil comhfhreagas idir an t-údar agus na heagarthóirí, chomh maith le léirmheasanna inmheánacha agus gnáth-léirmheasanna na nuachtán. Níl a fhios agam an mbeadh deis ag duine an taighde sin a dhéanamh dá mba i gcúram foilsitheora phríobháidigh, seachas foilsitheoir an stáit, a bhí saothar Mhic Grianna.

Le cois an ábhair sin atá i gcomhaid an Ghúim, bhí faill agam bunfhoinsí luachmhara eile a scrúdú le haghaidh an tsaothair seo: leabhair nótaí de chuid Sheosaimh Mhic Grianna a bhailigh Proinsias Mac an Bheatha ó theach a raibh cónaí ar an Ghriannach ann go mall sna caogaidí;[6] lámhscríbhinn *Réamann Ó hAnluain*, scéal ar dhiúltaigh an Gúm é a fhoilsiú (Delap: 52-53) agus eagrán 1935 de *An Druma Mór* ar cuireadh cosc air. Luaigh Mac Grianna féin i gclár raidió roinnt scéalta Béarla a dúirt sé a scríobh sé agus a cuireadh i gcló i dTír Eoghain (Ó Conluain 1973a). Tá mé in amhras gurbh ann dóibh ar chor ar bith nó nuair a cuireadh ceist air ar foilsíodh iad ar na nuachtáin áitiúla, dúirt Mac Grianna gur foilsíodh mar leabhair iad (Ó Conluain 1973a). Thuigfeá, dá mba sna nuachtáin a foilsíodh na scéalta sin go mbeadh dearmad déanta orthu ach dá mbíodh siad ina leabhair b'iontach mura raibh iomrá orthu ó shin.

Cé nár éirigh liom teacht ar ailt ná ar litreacha ar bith eile leis an Ghriannach nach bhfuil i gcló cheana ag Mac Congáil in *Ailt* (1977) agus *Filí agus Felons* (1987), bhí lúcháir orm gur tháinig Éamon Ó Ciosáin (1991) ar litir amháin a scríobh Mac Grianna chuig páipéar sóisialach i 1933 agus gur fhoilsigh Pádraig Ó Baoighill (1994: 336-339) óráid a thug an Griannach ag cuimh-neachán Néill Phluincéid Uí Bhaoighill i 1924, dhá fhoinse luachmhara nach bhfuil sa dá chnuasach sin a chuir Mac Congáil in eagar. Is féidir go bhfuil aistí agus litreacha ann go fóill i nuachtáin agus in irisleabhair na 1920í agus na 1930í ach duine teacht orthu, agus luann Mac Congáil (1990b: 84-85) cúpla alt atá

ina sheilbh a bhfuil ainm Mhic Grianna leo ach nach bhfuil sonra
ar bith eile leo. Rinne mé féin siortú ar roinnt nuachtán, *An
Phoblacht* agus *The United Irishman* go príomha, agus mé ag
déanamh taighde ar an chonspóid faoin Ghúm a bhí ar na
nuachtáin i ndiaidh an athrú rialtais i 1932. Fuair mé ábhar ansin
nach raibh i gcló ó shin agus a chuireann leis an tuiscint atá
againn ar an cheist sin, dar liom. I dtaca leis na litreacha a scríobh
Mac Grianna féin ar cheist sin an Ghúim, chloígh mé leis an
leagan caighdeánaithe díobh sin atá ag Mac Congáil in *Ailt* agus
Filí agus Felons.

Is trua liom, ina dhiaidh sin, go bhfuil lámhscríbhinní eile ann
nach bhfuil teacht orthu go fóill ar fháthanna éagsúla. Tá stair ag
baint leis an lámhscríbhinn sin ina bhfuil deireadh *Dá mBíodh
Ruball ar an Éan* a bhuailfeadh amach an chuid is fearr de na
scéalta bleachtaireachta ar a bhfuil den chomhcheilg agus den
chúlchaint inti, agus tá sin pléite go hachomair agam i gcaibidil a
hocht. Má tá sí ar marthain, tá súil agam go scaoilfear saor an
lámhscríbhinn chéanna amach anseo agus nach gceilfear ar
mhuintir na tíre seo feasta í. Maidir le clóscríbhinn *The Miracle at
Cashelmore,* a bhí i dtaisce i leabharlann Ollscoil Uladh, Cúil
Raithin, tráth (Mac Congáil 1990b: 53), tá dóchas mór agam go
bhfuil sí i seilbh duine éigin go fóill. Ní feasach dom dóigh ar bith
is fearr le clú Sheosaimh Mhic Grianna a bhuanú ná a shaothar
iomlán a chur ar fáil dá phobal léitheoirí. Mura ndéanfar sin,
beifear ag déanamh cinsireachta ar shaothar Mhic Grianna go
fóill féin.

I dtaca leis an chur chuige criticiúil atá agam sa leabhar seo a
mhíniú, ní miste tosú leis an úsáid a bhaintear as na bunfhoinsí
sin a luaitear thuas, go háirithe an t-ábhar atá i gcomhaid an
Ghúim. Chonacthas dom, ó thús, go raibh gá le buntaighde ar
bhunfhoinsí chomh maith le tráchtaireacht úr chriticiúil ar
shaothar Mhic Grianna. Cé gur mhó mo spéis sa dara cuid sin den
obair nuair a thug mé faoin tionscnamh seo de chéaduair,
measaim gur mhór a shaibhrigh an buntaighde sin cur chuige
criticiúil an leabhair chomh maith leis an ábhar féin. Is é atá i
gceist agam, go bhfuil idir shruth dioscúrsach agus shruth
fíorasach 'eimpíreach' sa tráchtas seo agus gur fhéach mé le
comhchoibhneas a bheith idir an dá shruth sin i rith an ama.
Luíonn an cur chuige sin leis an bhá atá agam leis an chritic

ábhartha stairiúil a chleachtann na Marxaigh—Williams, Eagleton, Bakhtin i ngort na litríochta, Gramsci agus George Thomson i ngnéithe na sochaí féin. Murar Marxaigh iad Deane agus Kiberd, aithním an cur chuige stairiúil céanna acu—an litríocht a chur i gcomhthéacs níos fairsinge ná an cineál critice nach dtéann níos faide ná 'aidhmeanna an údair'.

Cé gur den riachtanas é, dar liom, saothar Mhic Grianna a mheas i gcomhthéacs ceart stairiúil a linne agus anailís a dhéanamh dá réir sin ar an rian a d'fhág tosca eacnamaíocha, idéeolaíochtaí agus gluaiseachtaí polaitiúla agus sóisialta air, tuigim, ina dhiaidh sin, gur furasta an cur chuige ábhartha a thruailliú, mar a deir Leerssen (1996: 4), nuair a mhaíonn sé gur cheart 'socio-economic determinism' a sheachaint ach gan stairiúlacht (historicism) na critice a mhaolú. Ní hé go bhfuil aon téad rite le siúl leis na deacrachtaí seo a sheachaint. Níl ann ach nár chóir do chriticeoirí scóip na critice a chúngú mar gheall ar chur chuige áirithe a leanúint go dlúsúil dobhogtha. Is cuí, mar sin de, aird a bheith againn ar éileamh Alan Titley (1996: 1-32) nár cheart dearmad a dhéanamh den scríbhneoir cruthaitheach, údar an tsaothair litríochta, ná déithe beaga a dhéanamh de ridirí móra na critice. Os a choinne sin, níor cheart mistéir dhiaganta a dhéanamh den phróiseas chruthaitheach ná altóirí a thógáil do scríbhneoirí ach oiread céanna.

Baineann an taobh eile den dá shruth sin a chuir mé romham, an sruth dioscúrsach agus an sruth eimpíreach, le cúrsaí teanga agus le friotal na critice. Tá an chontúirt ann i gcónaí go ndéanfaidh criticeoirí na Gaeilge a oiread lomaithrise ar an bhéarlagair atá sa chritic Bhéarla agus sa chritic Fhraincise go dtitfidh siad isteach i nduibheagán mór éigéille. Is í an tsíoraithris sin atáthar a dhéanamh ar bhéarlagair scaipthe luaineach i gcuid mhór den chritic chomhaimseartha Bhéarla is cúis le cuid mhaith den mhíshásamh atá le baint aisti sin. Iarmhairt eile atá air sin go ndéantar caitheamh aimsire esoteric den chritic in áit fóram dúshlánach smaointeoireachta. Ba mheasa arís an cás dá rachadh criticeoirí na Gaeilge a chur focal Gaeilge ar an neamhtheanga chritice sin nó is teanga mhionlaigh í an Ghaeilge atá ag brath go fóill ar athbheochan. Níl amhras nó tá gá le téarmaíocht shoiléir agus le foclóir nua critice ach níor cheart go ndéanfaí sin gan na hacmhainní ársa liteartha atá sa Ghaeilge a shaothrú go maith.

Féadaim a rá nach bhfuilimid gan eiseamláirí a chuideodh linn an bharrshamhail sin a chur i gcrích. Is i saothar Sheosaimh Mhic Grianna atá cuid den phróslitríocht is tréithí agus is fearr stíl dá bhfuil againn sa Nua-Ghaeilge. Creidim go bhfuil mianach friotail sa saothar sin, i saothar Néill Uí Dhónaill agus i saothar Mháirtín Uí Chadhain—gan ach cuid an bheagáin a lua—ónar féidir critic chumasach ghrinnslítheach a chruthú. Is féidir an tairbhe chéanna a bhaint as an phrós Ghaeilge atá againn ón 19ú haois agus ón 18ú haois: scéalta, eachtraí, téacsanna crábhaidh, dialanna a bhfuil earraí na litríochta iontu. Ní seanaimsearthacht ná athdhúchas atá mé a mholadh anseo ach a mhalairt. Tuigimid, i ré seo na sochtheangeolaíochta, gur féidir coincheapa teibí a phlé i dteanga ar bith atá inár n-eolas;[7] is é atá uaim, mar sin, 'litearthacht' na critice a dhearbhú ionas gur teanga liteartha agus teanga thionscantach a bheas inti seachas baothchanúint thur. Ní miste a rá go bhfuil an iliomad samplaí againn den dea-chritic i nGaeilge agus i mBéarla—a oiread sin nach bhféadfainn tabhairt faoi liosta a dhréachtú anseo—agus gurb í mo mhian an dea-chritic sin a leanúint sa leabhar seo.

Is é an laochas atá ag croí phearsa agus shaothar Mhic Grianna túsphointe an staidéir seo, agus pléitear sin ar dtús i gcomhthéacs an traidisiúin Fhiannaíochta, scéalaíochta agus seanchais a chuaigh i gcion air ina óige. Scrúdaítear an dóigh ar mhúnlaigh athair an údair, an seanchaí, an íomhá a bhí ag Seosamh Mac Grianna de phobal na Gaeltachta mar phobal laochta agus fiosraítear an ról a bhí ag an traidisiún dúchasach sa chinniúint mheisiasach a chreid Mac Grianna a bheith roimhe.

Dioscúrsa cultúrtha agus polaitiúil de chuid an 19ú haois, a raibh páirt lárnach ag Thomas Carlyle agus scríbhneoirí *Young Ireland* ann, a phléitear sa dara caibidil. Maím ansin go ndearna an Griannach sintéis de laochas an traidisiúin Ghaelaigh agus laochas an 19ú haois a mhíníonn go leor den tuiscint a bhí aige do ról an scríbhneora agus don náisiúnachas. Is é is ábhar don tríú caibidil an dáimh a bhí ag Mac Grianna le file mór *Young Ireland*, James Clarence Mangan. Ba é nós Mhic Grianna taisí na staire a athbheochan ina shaol féin, rud a rinne sé nuair a chuaigh sé á athchruthú féin agus a shárú theorainneacha an choilíneachais agus an náisiúnachais i mBaile Átha Cliath ar an dóigh chéanna a rinne Mangan féin roimhe.

Maítear i gcaibidil a ceathair gurb í Éire an 19ú haois is bun leis *An Druma Mór* agus déantar scagadh ar imeachtaí móra sóisialta agus polaitiúla an chéid sin de réir mar a bhaineann siad leis an ghéarchéim atá ag croí an úrscéil sin, mar atá, an dúshlán a chuireann an náisiúnachas agus an creideamh Rómhánach faoi phobal réamhstairiúil Mhic Grianna. Is é an staidéar atá déanta ag Mikhail Bakhtin (1981) ar an difear idir an eipic agus an t-úrscéal agus ar dhéanamh agus fheidhm na scigaithrise (1984) a threoraigh cuid den phlé a dhéantar sa chaibidil seo.

Pléitear ina dhiaidh sin an t-athrú mór meoin agus méine a tháinig ar Mhac Grianna sna 1930í agus é sáite i bpolaitíocht an tSaorstáit. Níorbh é an t-aon duine é a shamhlaigh braighdeanas sóisialta agus cultúrtha le hÉirinn na mblianta sin, ar ndóigh, agus tá an t-éalúchas a lean an Griannach sa tréimhse sin le sonrú ní amháin ar shaothar Liam Uí Fhlaitheartha, ach ar shaothar úrscéalaithe móra na Fraince chomh maith céanna, rud a thugann le fios dúinn an pheirspictíocht Eorpach nó go fiú an pheirspictíocht idirnáisiúnta a bhí ag fabhrú sa Ghriannach san am sin. Ba sa tréimhse seo a chuaigh oidhreacht intleachtúil Mhic Grianna i ngleic le healaín na nua-aoise agus dar liom gurbh é an saol úr dúshlánach a bhí ag an údar i dtimpeallacht uirbeach Bhaile Átha Cliath a spreag an chuid is luachmhaire dá shaothar, mar a mhothaigh sé teannas idir an áit dhúchais agus an náisiún, agus idir an náisiúntacht agus an idirnáisiúntacht. Déantar scagadh ar na ceisteanna sin i gcaibidil a seacht.

Is é an t-úrscéal deireanach, *Dá mBíodh Ruball ar an Éan*, is ábhar do chaibidil a hocht. Is san úrscéal sin, creidim, a thagann bláth ar an tionscnamh mór a chuir an Griannach roimhe an chéad lá riamh, mar atá, prós na Gaeilge a chur i ngleic le saol an 20ú haois. Is gnách, san am céanna, amharc ar *Dá mBíodh Ruball ar an Éan* mar chineál *flight recorder* do shaothar Mhic Grianna ar an ábhar go raibh deireadh tobann tubaisteach leis agus, amhail eitleán nó soitheach a chuaigh go grinneall, bíonn cuid mhór tuairimíochta ann faoin chúis a bhí leis an tubaiste thar aon rud eile. Féachaim féin lena cheart a thabhairt don mhéid den saothar atá againn nó is ann a bhaineann an Griannach barr feabhais amach mar scríbhneoir próis agus is ann a chruinníonn sé snáitheanna uile a shaoil le chéile go gcuireann a chaismirt lena chéile iad. Úrscéal neamhghnách atá in *Dá mBíodh Ruball ar an Éan* a thuilleann léamh úr idirghabhálach.

BUÍOCHAS

Ba mhaith liom mo bhuíochas mór a ghabháil leis an iliomad daoine a chuidigh go fial liom agus mé ag ullmhú an leabhair seo. Tá mé faoi chomaoin ag an Dr Nollaig Ó Muraíle, go háirithe, a stiúir an tráchtas dochtúireachta ar a bhfuil an leabhar seo bunaithe, ag an Ollamh Dónall Ó Baoill agus ag an Ollamh Emeritus, Gearóid Stockman, Roinn na Gaeilge agus na Ceiltise, Ollscoil na Banríona agus ag an Dr Alan Titley, Coláiste Phádraig, Droim Conrach. Gabhaim buíochas fosta leis an Dr Joe Ó Labhraí, Roinn na Gaeilge, Coláiste Ollscoile Naomh Muire, as na moltaí agus na leasuithe uile a mhol sé dom agus mé ag dréachtú an leabhair.

Tá lúcháir orm an deis seo a bheith agam mo bhuíochas a chur in iúl do dhaoine eile a bhfuil mé faoi chomaoin acu chomh maith céanna, mar atá, an Dr Pádraig Ó Mianáin, an Dr Stiofán Ó hAnnracháin, Antain Mag Shamhráin, an Dr Pól Ó Muirí, an Moinsíneoir Breandán Ó Doibhlin, Máirtín Mac Grianna, An tAthair Oilibhéar Ó Croiligh, Pádraig Ó Baoighill, Aodhán Mac Póilín, an Dr Chris Shorley, Seán Mac Corraidh, agus an Dr Art Hughes. Fuair mé cuidiú fial fosta ó fhoireann an Ghúim agus ó fhoirne na leabharlann seo a leanas: Leabharlann Choláiste Ollscoile Naomh Muire; Leabharlann Ollscoil na Banríona; An Chartlann Náisiúnta; An Leabharlann Lárnach (Béal Feirste); Leabharlann Halla an Línéadaigh (Béal Feirste); Roinn an Léinn Éireannaigh, Bord Oideachais agus Leabharlainne an Deiscirt (Ard Mhacha).

Gabhaim buíochas ó chroí le mo chéile, Jacaí, agus le mo thuismitheoirí, Séamus agus Máire, as an bhuantaca a thug siad dom.

Caibidil 1

COMAOIN AN TRAIDISIÚIN BHÉIL

San alt 'Nation-building in post-Famine Donegal', pléann Jim Mac Laughlin (1995) forbairt an náisiúnachais mar phríomh-dhioscúrsa treisiúil i measc bhunadh Thír Chonaill ag deireadh an 19ú haois agus ag tús an 20ú haois. Déanann McLaughlin iniúchadh, de réir mhodh Antonio Gramsci, ar "a process of structural and cultural negotiation which allowed certain social groups, notably well-off farmers and the shopocracy, to exert moral leadership, through the clergy, over the rest of Donegal society in a way that their ideological outlook came to be regarded as 'common sense' " (586). Is cinnte gur imir an dioscúrsa réimiúil sin a thionchar féin ar Sheosamh Mac Grianna, rud a phléitear sa chéad chaibidil eile, ach sular tháinig dioscúrsa náisiúnachas an 19ú haois i dtreis ar chor ar bith i dTír Chonaill, bhí an traidisiún béil ina fhoinse agus ina áis intleachtúil shóisialta ón aimsir chianaosta ag muintir an chontae sin. Tháinig modhanna smaointe agus luachanna leis an traidisiún ársa sin, ar ndóigh, agus ba é an laochas agus traidisiún an laochais féin a ghin an chuid is tábhachtaí acu sin. Tagraíonn Delargy (1945: 6) d'uathúlacht an traidisiúin Ghaelaigh a choinnigh ré an laochais beo san Eoraip nuair a bhí sé ligthe chun dearmaid gach áit eile san Eoraip diomaite de na tíortha Slavacha.

Pléann Chadwick (1971: 49-51) an tábhacht a bhí leis an traidisiún béil i sochaí an laochais ina mbíodh clú an taoisigh agus an laoich ag brath ar chuntas a mholfadh gaisciúlacht a gcuid eachtraí. Agus, ar ndóigh, nuair nach gcuirtí na cuntais sin ar pár, bhíodh teanga agus friotal stílithe saothraithe de dhíth le go gcuirfí na cuntais sin de ghlanmheabhair. Nuair a áirímid na céadta bliain ina raibh cultúr an laochais, idir ábhar, luachanna agus an teanga stílithe sin á chaomhnú agus á cheiliúradh, is follas go mbeadh a rian le sonrú ar an ábhar cruthaitheach a thiocfadh as an té a tógadh sa Ghaeltacht. Is ar an ábhar sin a thugann E.M Forster "an account of neolithic civilisation from the inside" ar dhírbheathaisnéis Mhuiris Uí Shúilleabháin, *Fiche Bliain ag Fás* (O'

Sullivan 1933: v). Agus gan fiú nach maíonn George Thomson, an té a d'aistrigh an téacs sin, nach mbeadh an Súilleabhánach in ann tabhairt faoi mhúnla an úrscéil nó go mbeadh air a oiliúint féin a shárú le hé sin a dhéanamh.

Is ar líonmhaire a cuid scríbhneoirí agus scéalaithe Gaeilge atá clú tabhaithe ag baile dúchais Sheosaimh Mhic Grianna, Rann na Feirste. Ach más éachtach mar a thabhaigh an dream éirimiúil sin clú náisiúnta agus idirnáisiúnta dá n-áit dhúchais, ní eisceachtúil ar fad an méid sin den traidisiún ársa a bhí fúthu. Agus muid ag plé stair ceantair, is furasta géilleadh don chlaonadh sin a dtugtar *exceptionalism* nó eisceachtúlacht air. Is é atá i gceist anseo, mar a mhíníonn MacLaughlin (583), an nós atá ag lucht na staire áitiúla eisceacht a dhéanamh dá bparóiste féin, ag rá, mar shampla, go bhfuil tréithe aici a sháraíonn áit ar bith eile sa tír. "An baile is Gaelaí in Éirinn" a thugann Seosamh Mac Grianna ar Rann na Feirste in *Mo Bhealach Féin* (65) agus is beag idir sin agus an t-ómós a léiríonn 'Máire' don bhaile go háirithe in *Rann na Feirste* (1942). Mar sin féin, is leor comparáid a dhéanamh idir Rann na Feirste agus na Blascaodaí, áit a bhfuil an clú céanna litríochta agus béaloidis uirthi, lena léiriú nach eisceacht a bhí i Rann na Feirste. Is é is dóichí, nuair a rinne scoláirí agus foghlaimeoirí Gaeilge príomhionaid staidéir de Rann na Feirste agus de na Blascaodaí, gur spreag siad cuid mhór den *corpus* litríochta agus béaloidis a tháinig uathu.[8] Ba é an *corpus* litríochta sin a d'fhág na Blascaodaí éagosúil le ceantair eile Ghaeltachta de réir George Thomson (1988:32):

> There is nothing in the way of life which they [scríbhneoirí na mBlascaod] describe that could not be paralleled in other Gaelic speaking communities in Ireland or Scotland, or indeed in many peasant communities all over the world, but nowhere else has that way of life been portrayed by people who were actually living it and knew no other.

In ainneoin an mhórtais bhaile a dhéanann Mac Grianna, áfach, maíonn sé féin go raibh traidisiún béaloidis Rann na Feirste ag meath nuair a bhí sé ag teacht aníos agus go raibh leabhair agus nós na léitheoireachta ag teacht ina áit (FF 128). Ach is léir óna líonmhaire a bhí an stór scéalta a bailíodh do 'scéim na scol'[9] go raibh an traidisiún láidir go leor sna tríochaidí féin ach

amháin, b'fhéidir, gur lú an líon daoine a mbíodh an
Fhiannaíocht nó an Rúraíocht acu mar a bhíodh níos faide siar sa
19ú haois. Cuirtear síos ar an athrú sin in *An Druma Mór* nuair a
thugann an t-aos óg cluas bhodhar do laoithe shean-Mhurchaidh
(94), agus lena chois sin, luann Mac Grianna leagan 'meathlaithe'
den *Táin* a chuala sé sa bhaile ina ghasúr dó (FF 129). Is cinnte
ina dhiaidh sin go raibh clann Mhic Grianna gairthe as a stór
béaloidis agus tá a fhianaise sin san ábhar béaloidis a fuarthas ó
dheartháireacha agus ó dheirfiúr Sheosaimh Mhic Grianna,
Seaghán Bán, Hiúdaí agus Annie Bhán.[10] Dar le Máirtín Ó
Cadhain go raibh Annie Bhán ar dhuine den dá chainteoir
Gaeilge ab fhearr dár chuala sé riamh (2002: 58).

Is cinnte fosta gurbh é an t-athair, Feidhlimidh, is mó a
chothaigh traidisiún an tseanchais sa chlann[11] agus, lena chois sin,
is féidir a mhaíomh gur ar Fheidhlimidh atá carachtar an
tseanchaí, sean-Mhurchadh, bunaithe in *An Druma Mór*.[12] Dála
shean-Mhurchaidh a chaith deireadh a shaoil sa chlúdaigh "ag
canstan na Fiannaíochta" (DM 93), deir Seán Bán Mac Grianna
fána athair: "Bhíodh sé ina shuidhe ar a' chathaoir nuair a
chuaidh sé i n-aois, go dtí go bhfuair sé bás, agus ba dhé sin an
rud a bhíodh sé a dhéanamh leis féin, a' drandán cheoil, ag
aithris laoidhte Fiannaíochta" (Ó Duibhín: 26). Rud eile a
fhágann gur dócha gurb ionann Feidhlimidh agus sean-
Mhurchadh an nós atá ag údar *An Druma Mór* carachtair a bhunú
ar dhaoine áirithe as Rann na Feirste. De réir meamraim a scríobh
Niall Ó Dónaill ar charachtair an úrscéil ag deireadh na seascaidí
nuair a bhí an Gúm ag plé an 'ábhair chlúmhillte' a bhí ann,
bunaíodh formhór na gcarachtar ar dhaoine a bhí beo i Rann na
Feirste, ina measc siúd an t-údar féin (Donnchadh Sheáin Eoin)
agus 'Máire' (An Máistir Scoile).[13]

Más fíor, mar sin, gur ar a athair féin a bhunaigh an
Griannach sean-Mhurchadh, is amhlaidh is mó an tábhacht atá
leis mar charachtar. Comhartha é ar a thábhachtaí a bhí áit a
athar i smaointeachas Sheosaimh Mhic Grianna go gcuirtear
pearsa shean-Mhurchaidh i gcosúlacht leis an 'tsean-Éire' (DM
93) agus ar an dóigh sin go ndéantar pearsa amháin den athair
agus den traidisiún. Is gné sheanbhunaithe den náisiúnachas an t-
ionannú sin a dhéantar idir an t-athair agus an náisiún stairiúil nó
an tír féin. Cé gur minic a bhíonn ciall shiombalach leis seo, tá sé

fréamhaithe go domhain i dtraidisiún na hatharthachta mar atá, an mhaoin shaolta agus shóisialta a fhágann an t-athair ag a mhac. Tá bunús láidir cultúrtha fosta le ról an athar, go háirithe in Éirinn, áit a gcruthaítí stádas an duine de réir fhad agus oirirceas a ghinealaigh. Is é is follasaí fán fheiniméan seo, mar sin, an oidhreacht a fhágann an t-athair ag an mhac, agus i gcás shean-Mhurchaidh nó Fheidhlimidh ba é an traidisiún béil an oidhreacht sin. Is cuí, fosta, gurb iad na laoithe Fiannaíochta an chuid is luachmhaire agus is sainiúla in oidhreacht shean-Mhurchaidh nó, de réir an traidisiúin, bhain an Fhiannaíocht leis na fir amháin (Delargy 1945: 7).

Ní iontas ar bith gur tháinig claonadh mór chun athdhúchais leis seo. Ó tharla, de réir an náisiúnachais, gurb é an t-athair an tsamhail a thugtar don náisiún agus don tír, déantar aithris ar dhóigheanna an athar lena oidhreacht a chaomhnú agus a shealbhú mar is ceart. Tá go leor samplaí againn den nós seo i dteidil amhrán agus eagraíochtaí 'náisiúnaíocha': 'The Sash My Father Wore', 'Faith of Our Fathers', 'The Sons of Saint Patrick' agus dá réir sin. Ina dhiaidh sin, ní tionchar an náisiúnachais amháin a d'fhágfadh meas ag 'Máire' agus ag Seosamh Mac Grianna ar oidhreacht a n-athar nó, mar a luadh cheana, ba den traidisiún é sa tsochaí thuaithe inar tógadh iad. Is ón athair, mar sin, a thagann an traidisiún ceart údarásach go díreach mar a bheadh an talamh féin ann. Ar an ábhar sin, is fiú amharc ar an fhaisnéis a thug macasamhail Aodha Uí Dhuibheannaigh as Rann na Feirste ar Fheidhlimidh agus go háirithe ar an tuiscint a bhí aige ar an traidisiún béaloidis a raibh sé ina oidhre air:

> Caithfidh mé a rá nár chuala mé é ag innse scéil ariamh i. scéal fianaíocht nó taibhseoracht. Ní scéalaí den tseort sin a bhí ann, ach seanchaí (historian). Bhí a chomhrá agus a sheanchus uilig ar na fir mhaithe a mhair le na linn, agus roimh n-am: na héachtaí a rinne siad, troid bhataí, coraidheacht agus cleasa lúth i gcionn sleáin lá mónadh, i gcionn speile lá fómhair ná i gcionn rámha lá farraige móire.[14]

Is é is insonraithí fán chuntas sin an meas a bhí ag Feidhlimidh ar an ghaisciúlacht agus ar an laochas óir is tréithe iad sin a mholann Seosamh Mac Grianna i mbunús gach rud a scríobh sé. Tá lorg sin a athar le haithint go soiléir ar cheann de na chéad phíosaí a scríobh Seosamh Mac Grianna, mar atá, an réamhrá a chuir sé le *Micheál Ruadh* a scríobh 'Máire' i 1925. Garuncail de chuid Fheidhlimidh a bhí i Micheál Rua agus ní hiontas ar bith go mbíodh Feidhilimidh ag trácht ar a eachtraí sin go mion minic. Ba de gheall ar a athair a shásamh a scríobh 'Máire' *Micheál Ruadh* agus thug sé deis dá dheartháir, Seosamh, a mheas a léiriú ar a athair nuair a d'iarr sé air an réamhrá a scríobh. Is é an rud is mó a dhéanann Seosamh Mac Grianna sa réamhrá traidisiún an laochais a rianú agus a mholadh ó aimsir na Féinne go dtí aimsir Mhicheáil Rua féin: "An té a léighfeas cuid gníomharthaí Mhicheáil Ruaidh agus ansin a léighfeas sgéal fianaidheachta 'na dhiaidh, ní féidir dó gan a thabhairt fá dear' comh cosamhail agus tá siad le chéile. Throid Diarmuid Donn agus Oscar agus Oisín le claidhmhteachaibh agus le sleaghthachaibh. Throid Micheál Ruadh le steafóg droighin . . . " (1). Ní hé amháin go gcuireann an Griannach eachtraí Mhicheáil Rua i gcosúlacht le heachtraí na Féinne, áfach, luann sé na 'tréithe' céanna laochta leo uilig. Maíonn sé, leis, gur mhair na tréithe sin i measc na nGael i gcoitinne sular thosaigh an Béarla a fháil an lámh in uachtar ar an Ghaeilge i gcéad leath an 19ú haois: "Le linn an Ghaedhilg imtheacht, chaill na daoine na tréathra seo" (2). Is é an t-aon dóchas atá aige go gcuirfeadh athbheochan na Gaeilge cúl ar an mheath sin arís.

Píosa an-tábhachtach é réamhrá *Micheál Ruadh* a thugann léargas dúinn ar an oidhreacht a fuair Seosamh Mac Grianna óna athair agus ó chultúr na Gaeltachta agus ar an tuiscint a bhí aige air sin uilig. Tuigimid uaidh, mar shampla, gur mheas an Griannach gur sochaí laochta a bhí sa Ghaeltacht ach go raibh an smior chailleach bainte as an laochas sin ina aimsir féin. Os a choinne sin, tá éiginnteacht mhór ag baint leis an tuairim chéanna i saothar Mhic Grianna. In *An Druma Mór*, go háirithe, bíonn sé seal ag moladh laochas agus uaisleacht fhir Ros Cuain agus seal ag nochtadh thréithe an mhílaochais iontu. Ach is doiligh, ina dhiaidh sin, gan suntas a thabhairt don tuar éadóchais atá i réamhrá *Micheál Ruadh* fán tsochaí inar mhair an t-údar féin agus bíonn an t-éadóchas céanna le sonrú in áiteanna eile i saothar Mhic Grianna. In *Na Lochlannaigh* (1938) is iad tréithe na Féinne agus na Fiannaíochta atá ina n-idéil ag an údar le taobh chloíteacht an lae inniu. Agus é ag cur síos ar ghníomh éifeach-tach a rinne Domhnall, Mac Mhuircheartaigh na gCochall

Croiceann, deir sé: "Bheir sé le fios dúinn cibé feasbhaidh eolais
nó uirnéis a bhí ar ár gcuid sinnsir, gur mhillteanach na fir iad
agus, nach bhfuil ionainn féin acht márlaí a bhfuil tailliúir ag cur
maise orainn, agus páipéair ag coinneáil agra chinn ionainn"
(121). Agus má bhí dóchas ag an Ghriannach as an athbheochan
nuair a scríobh sé réamhrá *Micheál Ruadh* bhí sé sin maolaithe go
maith fán am ar scríobh sé *Na Lochlannaigh* tuairim is deich
mbliana ina dhiaidh sin:[15] "Gan fiú Connradh na Gaedhilge féin
nach bhfuil Comhthrom na Féinne ar bharr a dteangtha" (L 140).

Dhá théama atá ag croí shaothar Mhic Grianna, mar sin, an
mhórurraim atá aige do thraidisiún an laochais agus an díomá atá
air an traidisiún sin a bheith imithe i léig ina aimsir féin. Mar is
léir ón dúil a bhí ag an Ghriannach an laochas a cheiliúradh ina
shaothar, bhí sé dílis d'oiliúint a athar agus dá luachanna dá réir.
Is gné leanúnach dá shaothar é an aithris a dhéanann sé ar ghais-
ciúlacht an traidisiúin bhéil, rud atá le sonrú ar *Mo Bhealach Féin*
go háirithe, idir an iliomad dúshlán fisiciúil atá ann agus na
tagairtí atá ann d'aimsir an laochais: Conán Maol (66), Parthalán
(67) Muircheartach na gCochall Craiceann (104), Mánus Ó
Dónaill (171) agus dá réir sin. Ní tagairtí fánacha iad seo, ar
ndóigh, ach rud ar geall le dúshraith é a thagann as oiliúint a
athar agus cultúr na Gaeltachta. Is é rud a dhéanann Mac Grianna
sochaí thraidisiúnta laochta na Gaeltachta a chur i gcomórtas leis
an Ghalltacht thruaillithe chloíte. San aiste 'Ligigí a ceann leis an
Ghaeltacht' (A 73-75), déanann sé liosta de bhundifríochtaí doréi-
tithe a nochtann an bhearna dhothrasnaithe idir an dá phobal
agus arís, in *Mo Bhealach Féin*, déanann sé iarracht an deighilt sin a
mhíniú ag rá:

> Níor cuireadh sinne i nGaeltacht Thír Chonaill faoi smacht riamh
> dáiríre . . . . Tá formhór na saorchlanna sa Ghaeltacht againn go
> fóill—rud nach dtig a rá fá Ghaeltacht ar bith eile—agus is feasach
> dom féin Dlíthe na mBreithiún a bheith in úsáid i ngnoithe seilbh
> caoráin i mo pharóiste dhúchais go fóill . . . . Bíonn muid-inne ar an
> dúchoigrích i measc na nGall-Ghael. Ag smaoineamh air seo, tig
> rudaí beaga i mo cheann: an dóigh ar crosadh orainne nuair a bhí
> muid inár bpáistí óinseach a thabhairt ar mhnaoi, nó a rá go raibh
> aon duine míofar, nó bréagach a thabhairt do aon duine. Oideachas
> na n-uasal a fuair muid, go háirithe in Aileach, an áit a ba mhó
> cumhacht Gael sa tseanam. (10-11)

Tá iarracht mhaith den eisceachtúlacht sa phíosa sin, ar dtús nuair a mholann an t-údar Gaeltacht Thír Chonaill thar Ghaeltacht ar bith eile agus arís nuair a luann sé a pharóiste dúchais féin mar eiseamláir. Ach is é an rud is mó a dhéanann Mac Grianna sa sliocht sin, iniúchadh a dhéanamh ar thréithe an laochais i sochaí na Gaeltachta agus ar an bhunús atá leo. Dar leis, nuair a tháinig muintir Thír Chonaill slán ar an daorsmacht a tháinig i ndiaidh Chath Chionn tSáile, gur mhair cultúr na n-uasal gan meathlú gan truailliú ina dhiaidh. "Oideachas na n-uasal" is cúis leis an chód ridireachta a chleachtann siad go fóill agus a chrosann orthu "óinseach a thabhairt ar mhnaoi" agus a leithéid eile.

Ar ndóigh, is beag idir laochas Mhic Grianna agus an laochas atá i scríbhneoireacht a chomh-Chonallach. Tá *Troid Bhaile an Droichid* (1904)[16] le Séamus Mac an Bháird ar cheann de na samplaí is fearr den chineál sin atá againn agus is cinnte go ndeachaigh sé i gcion go mór ar an ghlúin Conallach a thóg le ceird na scríbhneoireachta ina dhiaidh: Séamus Ó Searcaigh, 'Máire', Tadhg Ó Rabhartaigh, Niall Ó Dónaill ina measc. Tá go leor den dearcadh a nochtann Seosamh Mac Grianna agus 'Máire' in *Micheál Ruadh* le haithint ar scéal Mhic an Bháird: an t-athdhúchas, an ghaisciúlacht thréan, meath an laochais agus an dóchas as athbheochan na Gaeilge. Ag deireadh *Troid Bhaile an Droichid* deir an t-údar linn go bhfuair sé an scéal óna athair féin agus go raibh a sheanathair páirteach sa troid. Molann sé an sracadh a bhí sna fir an t-am sin agus is trua leis nach bhfuil a ghlúin féin, "spreasáin na haimsire seo, inchurtha ar dhóigh na ndóigheann leis na daoine breátha fearúla a chuaigh romhainn" (132). Is náireach leis mar a thréig a ghlúin féin a ndúchas: "B'fhada go ndéanfadh ár seanaithreacha iad féin chomh beag suarach uiríseal agus aithris a dhéanamh ar an mhuintir a chreach agus a scrios a dtír . . . " (133), agus níl de leigheas ar an scéal, dar leis, ach aidhmeanna na hathbheochana a chur i gcrích: "Chuir Dia Conradh na Gaeilge chugainn agus scaoil saothar an chonartha sin an dallóg dár súile. . . ." (132). Lena chois sin uilig, is beag idir an cur síos a dhéanann Mac an Bháird ar uaisleacht a shinsir agus an cur síos atá ag Mac Grianna ar fhir Ros Cuain in *An Druma Mór*. Dá thréine an cath idir an dá dhream in *Troid Bhaile an Droichid* níor mhair naimhdeas ar bith ina dhiaidh ach:

"iad uilig dáimhiúil, muinteartha le chéile. . . ." (132). Is ionann
béasa dóibh siúd agus d'fhir Ros Cuain *An Druma Mór*: "Bhí siad
chomh séimh le chéile le huain óga ach, dá dtroideadh siad,
bhéarfadh siad bogmharú ar a chéile. An áit arbh as MacHugh,
bhíodh siad díomúinte le chéile ach ní throideadh siad ar chor ar
bith" (174).

   Is é an cur síos sin ar thréithe na sochaí laochta a fhágann go
bhfuil cosúlachtaí móra idir an tuiscint a bhí ag Mac Grianna ar a
oidhreacht féin agus an tuiscint a bhí ag scríbhneoirí na
mBlascaod, idir mhuintir na háite agus scoláirí, ar an oidhreacht a
bhain leo siúd. Ar bhealach, ba é meath an laochais féin ba chúis
leis an tsuim a cuireadh ann sna fichidí, nó mar a deir Terence
Brown agus é ag trácht ar stair an tSaorstáit: "There was a general
sense that the heroic age had passed" (1981: 81). Is é an mothú
céanna a thugann i gceann Sheosaimh Mhic Grianna gurbh é
Oisín i ndiaidh na bhFiann é in *Mo Bhealach Féin* (172). Ba ar
chúinsí na teangeolaíochta, ar ndóigh, a tháinig na scoláirí chun
na mBlascaod ach chuir siad uilig sonrú ar leith sa tsochaí laochta,
nó a hiarsmaí, a fuair siad ansin. Ba é an meath a bhí ag teacht ar
an tsochaí sin ba chionsiocair le habairt chlúiteach Thomáis
Uí Chriomhthain nach mbeadh "ár leithéidí ann arís" (256). I
dtaca le George Thomson de (1988: 71), níorbh áibhéil ar bith é
ag J.V. Luce (1969) na Blascaodaí a chur i gcosúlacht le *Ithaca*, an
t-oileán a bhfuil *Odyssey* Homer lonnaithe ann. Mar chruthú air
sin, luann Thomson an caitheamh i ndiaidh an tseansaoil laochta
atá ag Nestor, an taoiseach ba shine a throid ag an Traoi: "I have
consorted with better men than you, and they heeded my advice. I
do not see now, nor shall I ever see, the likes of Peirithoos and
Dryas, Kaineus and Exodios and Polyphemos, who were the
strongest men on earth and fought against the strongest. There is
no man living today who would be a match for them" (71).
   I dtaca le Seosamh Mac Grianna de, mhothaigh sé meath sin
an laochais ar leibhéil éagsúla. Ar dtús bhí an Ghaeltacht agus an
Ghalltacht ann, agus go leor de chultúr ré an laochais ar marthain
sa Ghaeltacht go fóill, dar leis. Is é an dearcadh sin atá le sonrú in
áiteanna in *An Druma Mór*, go háirithe ag an deireadh nuair a
chuirtear tógáil MacHugh i gcomórtas le tógáil fhir Ros Cuain
(DM 174). Ina dhiaidh sin, áfach, tá Mac Grianna éadóchasach

faoin Ghaeltacht féin in *An Druma Mór,* rud a léirítear dúinn sa neamhaird a thugtar ar oidhreacht uasal shean-Mhurchaidh (DM 93.) Is é malairt ghlan an laochais an obair atá ar an mhuintir óga nuair a chuirtear 'geamhthroid' síos dóibh agus nuair a shamhlaítear le 'bodaigh gan oideas' iad (DM 93), rud a dhearbhaíonn cúngú an laochais sa Ghaeltacht féin. Ar a bharr sin arís tá saol nua-aimseartha an 20ú haois ann, an tionsclaíocht, an státseirbhís, fás na mbailte móra agus dá réir sin. Is ionann an 'fhorbairt' sin uilig, dar leis an Ghriannach, agus creill bháis ré an laochais nó "na seanlaetha breátha" mar a thugtar orthu in *Mo Bhealach Féin* (26). Aithníonn Mac Grianna gurb é fás an chaipitleachais agus an t-impiriúlachas a thagann leis is cúis le cúlú na seanré. Dearbhaíonn sé an méid sin san aiste 'Scéalta na ndaoine', áit a gcaíonn sé cúngú an traidisiúin bhéil a chuaigh go croí chultúr an laochais in Éirinn: "Dar liom go raibh oideachas iomlán ag na Gaeil, gan leabhar gan pheann. Agus sílim fosta go raibh oideachas iomlán ag 'ach a'n dream daoine riamh; ach lucht Impireachta agus lucht Inneall Mór" (A 90).[17]

Ba í an tairseach sin idir ré an laochais agus ré na tionsclaíochta agus an chaipitleachais mar a chonacthas do Mhac Grianna í, a ghéaraigh an gean a bhí aige ar na tréithe laochta sin a bhí ag imeacht as an saol. Ina dhiaidh sin, ba dhoiligh dó an traidisiún inar oileadh é a cheilt fiú dá mba mhian leis féin é. Bhain an Griannach tairbhe mhór as ábhar an bhéaloidis sna gearrscéalta a scríobh sé, rud a léiríonn Mac Congáil (1983), agus tá go leor de rithim agus de fhriotal na scéalaíochta ina chuid próis ó nádúr, mar a mhíníonn Stockman (1972: 6) agus Ó Háinle (1994). Is follas chomh maith gur lean Mac Grianna a athair nuair a d'éirigh leis "éachta mhór" a insint "i mbeagán focal" (RF 153). Tá sé le tabhairt faoi deara fosta ar ábhar a shaothair gur chleacht sé múnlaí agus móitífeanna an traidisiúin bhéil go nádúrtha agus is léir, go háirithe, an tionchar a d'imir laochas an traidisiúin bhéil air. Mar is dual don seanchaí agus don scéalaí, na pearsana móra stairiúla a thug ábhar don Ghriannach go minic: Conn Ó Dónaill, Eoghan Rua Ó Néill, Séamus Mac Murchaidh, Réamann Ó hAnluain, gan trácht ar na scéalta agus na haistí a scríobh sé ar fhilí móra na Gaeilge.

Tá an déachas agus an chodarsnacht dhénártha (*binary opposition*) go minic ag Seosamh Mac Grianna mar atá sa traidisiún béil, mar shampla, i dteidil na scéalta: 'Murchadh Beag agus Murchadh Mór', 'An Toirtín Mór agus an Toirtín Beag', 'An Fear Críonna agus an Fear Amaideach'.[18] Tá an chodarsnacht dhénártha sin i 'creation story' Rann na Feirste, mar a thugann Ó Muirí air (1999: 41), an scéal a insíonn 'Máire' fán dá dheartháir a chuir fúthu ar dtús i Rann na Feirste, Pádraig 'Ac Grianna agus Seán: "Fear sanntach saoghalta" a bhí i bPádraig agus "fear fial fileamhanta" a bhí i Seán (RF 5). Tá an chodarsnacht chéanna le sonrú ar Éamann Néill Óig agus a athair in *An Druma Mór*: "fear íseal daingean" an t-athair ach stócach ard tanaí an mac a bhfuil "amharc bog filiúnta ina shúile" (DM 87). Is minic, fosta, a bhíonn an chodarsnacht dhénártha le sonrú ar leagan amach bharúlacha Mhic Grianna: an leathchuid den saol atá beo ar an leathchuid eile, dar leis, in *Mo Bhealach Féin* (38-39) agus arís an liosta a dhéanann sé amach d'fhonn cruthú gur glanmhalairt na Gaeltachta í an Ghalltacht: "Sa Ghaeltacht tá Gaeilge. Sa Ghalltacht tá Béarla.... Sa Ghaeltacht tá curaíocht. Sa Ghalltacht tá talamh bán ....."(A 73). Samhlaíonn Ó Muirí (1999: 90) an déachas a bhaineann le príomhcharachtar 'Dochartach Duibhlionna' le príomhcharachtar *Doctor Jekyll and Mister Hyde* (1886) ach bhí Flann O'Brien tarcaisneach go leor fán déachas céanna nuair a bhaist sé an "Scoil Bán-Dubh" ar leabhair mar *An Grá agus an Ghruaim, Cith is Dealán* ('Máire'), *Indé agus Indiu* (Seaghán Bán Mhac Meanman).[19]

Aithneofar an tábhacht atá le dioscúrsa an struchtúrachais anseo, go háirithe an méid a deir macasamhail Greimas[20] fán tábhacht atá leis an chodarsnacht dhénártha mar bhunstruchtúr sa scéal béaloidis. Is é atá i gceist aige go ngineann an chodarsnacht sin idir dhá rud (dubh agus bán, mór agus beag srl.) cuid mhór de scéalta béaloidis an domhain. Níos tábhachtaí ná sin arís, áfach, tá téis Greimas ag teacht le buntéis an struchtúrachais i ngoirt eile, an teangeolaíocht agus an antraipeolaíocht, mar shampla, a aithníonn an chodarsnacht dhénártha mar bhunstruchtúr giniúnach, ceann de na príomhdhóigheanna stairiúla a mbaineann an duine ciall as an domhan máguaird (Hawkes 1977: 88-89). Bunstruchtúr eile de chuid an bhéaloidis, ar ndóigh, an triad agus is é a bhíonn ag Mac Grianna go minic sna haistí agus ina shaothar cumadóireachta chomh maith. San aiste 'Galar na Gaeltachta' cuireann sé an Ghaeltacht, an baile beag Galltachta agus an chathair mhór i gcosúlacht le trí chrann agus ansin in *Dá mBíodh Ruball ag an Éan* déanann sé cineál de thríonóid de thriúr de na carachtair: "San am chéanna bhí smaointiú pisreogach ag teacht fríd mo cheann gur trí ghné den anam amháin Cathal Mac Eachmharcaigh agus mé féin agus Ruairí Ó Canainn" (62). Ar ndóigh, ní hé amháin go bhfuil bunstruchtúir an bhéaloidis le haithint ar an phíosa dheireanach sin ach d'fhéadfá a mhaíomh go raibh mearbhall na scitsifréine ag cur ar údar *Dá mBíodh Ruball ag an Éan* chomh maith.

As measc ghnéithe uile an traidisiúin bhéil a fuair Mac Grianna sa bhaile, ba í an Fhiannaíocht is mó a chuir faghairt ina shamhlaíocht. I réamhrá *Micheál Ruadh* luann sé an leanúnachas sin idir traidisiún na Fiannaíochta agus traidisiún na gaisciúlachta as ar fáisceadh Micheál Ruadh sa 19ú haois. Tá an tuiscint chéanna ar thábhacht na Fiannaíochta le fáil in aiste a scríobh Mac Grianna i 1926 faoin teideal 'Fian-Litríocht' (A 39-42). Dar leis gur mhair spiorad na bhFiann sna Gaeil "go dtí tá céad bliain ó shin" (A 40). Ní mar ábhar scéil amháin, mar sin, a thóg Mac Grianna leis an Fhiannaíocht, óir bhain sé ciall agus tairbhe níos leithne agus níos cuimsithí ná sin aisti. In amanna dar leat gur *genre* liteartha ann féin í an Fhiannaíocht ag Mac Grianna, mar a bheadh an fhilíocht nó an úrscéalaíocht ann. Dearcadh é atá ag teacht leis an chur síos a dhéanann Aodh de Blácam ar an Fhiannaíocht sa traidisiún Gaelach: "Throughout the early and late modern periods it bulked so large in the Irish mind that it almost might be described as pre-eminently the national literature" (1929: 57). Sa scéal 'Pádraig Garbh' (DD 38-43), deir Mac Grianna faoi phríomhcharachtar an scéil go bhfuil "ábhar Fiannaíochta ann" (41) go díreach mar a bheadh sé ag rá go raibh 'ábhar filíochta' ann. Tuigimid uaidh sin gur mheas Mac Grianna gur *genre* beo inoibrithe a bhí san Fhiannaíocht agus is mó ár dtuiscint dá bharr sin ar an dúil a bhí aige sna scéalta buirlisce sin a bhain leas as traidisiún na Fiannaíochta, scéalta mar 'Mac na Míchomhairle', 'An Ceithearnach Caoilriabhach', an scéal dírbheathaisnéiseach, 'Eachtra Thomáis Mhic Chaiside' agus dá réir sin. Dála údar na scéalta buirlisce, in 'Pádraig Garbh', déanann an Griannach tagairt chomhfhiosach fhollasach do mhóitífeanna agus do sheifteanna na Fiannaíochta, á lúbadh agus á n-athnuachan ar a dhóigh féin. Cuireann sé tréithe osnádúrtha síos do Phádraig Garbh: dobhareach de dhuine atá ann a bhfuil "Dhá phluic mhóra leathana air a bhí déanta mar bheadh ceann sluaiste ann" agus "chnagadh sé na boird leis an bhriseadh mar bheadh meáchan iontach ann, mar bheadh fathach a bheadh cleachta le láimhdeachas carraigeach" (39).

Athchumadh comhfhiosach follasach a dhéanann Mac Griannach ar ábhar na Fiannaíochta, rud a admhaíonn sé go fonnmhar nuair a deir sé: "Dar liom go raibh sé chomh gránna agus go raibh sé filiúnta. Tharraing mé orm scéal an Ghiolla Dheacair, agus Bhodach an Chóta Lachtna" (39). Léiriú eile air seo is ea an comhthéacs ina maíonn sé go bhfuil "ábhar Fiannaíochta" i bPádraig Garbh. Seán Mhac an tSeachláin atá ina chuideachta, duine leamh nach bhfuil mórán ceana ag Mac Grianna air, is cosúil: "Bhí Mac an tSeachláin a oiread faoi chrann smola ag an bheag de shuim agus gur mhó an eagla a bhí air roimh theangacha ban ná an t-uafás a bhí air i láthair iontais an tsaoil" (40). Níl tabhairt faoi deara i Mac an tSeachláin agus baineann an Griannach úsáid as an neamhshuim sin le treise a chur lena thuairim féin: " 'An síleann tú go raibh a leithéid [Pádraig Garbh] san Fhiannaíocht?' arsa Seán. 'Ní hea amháin go sílim go raibh a leithéid san Fhiannaíocht,' arsa mise; 'ach sílim go bhfuil ábhar Fiannaíochta ann féin' " (40-41). Má bhí an Fhiannaíocht ina hiarsma stairiúil de sheanlitríocht agus thraidisiún béil na hÉireann ag a chomrádaí, cuisle bheo bhisiúil a bhí inti ag Mac Grianna.

San aiste 'Fianlitríocht', luaitear eipiciúlacht na laoithe Fiannaíochta, an "grá . . . ar an aer agus ar an fhairsinge", agus is furasta a fheiceáil mar a chuaigh an tréith sin i gcion ar shamhlaíocht Mhic Grianna féin: "Níl trácht ar bith ar bhláthanna, ar rós ná ar lile ná ar rudaí beaga atá deas ach nach bhuil méid iontu; is furasta a aithint gur ó dhream daoine a chaith a saol i measc sléibhte agus fá chladaigh mhóra fhairsinge chreagacha a tháinig an fhilíocht seo" (A 41). D'aithneofá an pheirspictíocht eipiciúil chéanna ar go leor de na sleachta is iomráití dar scríobh Mac Grianna, mar shampla, 'Creach Choinn Uí Dhónaill', tús *An Druma Mór* agus tús *Mo Bhealach Féin*. Is follas go bhfuil cosúlachtaí

móra idir teanga na laoithe Fiannaíochta agus an cur síos a
dhéanann Mac Grianna ar "an ród sin a bhí le mo mhian, an
bealach cas geal sin a raibh sleasa cnoc ar gach taobh de ba deise
ná aon chnoc dá bhfuil i gceol" (MBF 5) ach, lena chois sin, tá a
mhacasamhail chéanna le sonrú ar chuid de na scéalta buirlisce.
Cuirtear tús den chineál chéanna le *Eachtra Thomáis Mhic Chaiside*
nuair a deir an t-údar gur imigh sé "i mbéal mo chinneamhna
romham go sléibhte ceo-fhearthannacha" (Nic Philibín: 27).

Ba é Liam Ó Dochartaigh ina aiste léiráititheach, 'Mac na
Míchomhairle: smaointe ar *Mo Bhealach Féin*', is túisce a dhírigh ár
n-aird ar rian na scéalta buirlisce ar *Mo Bhealach Féin*. De réir Uí
Dhochartaigh, "*Eachtra Thomáis Mhic Chaiside* is cosúla ar fad le
leabhar Sheosaimh i múnla agus i meanma" (1974: 69). Tá gaol
idir *Mo Bhealach Féin* agus an scéal sin agus scéalta den mhúnla
chéanna ar mhéad is atá siad ar maos i saoirse an tsiúil agus an
tseachráin: "bealach an aoibhnis agus an tseachráin sí" (MBF 5).
Tá an focal sin 'seachrán' atá ina mhóitíf nó ina bhuntéama sna
scéalta[21] fóirsteanach go maith de bhrí go dtugann sé leis an
spiorad fánóideach sin atá ag croí *Mo Bhealach Féin*. Ach taobh
thiar de shaoirse an tseachráin tá an chinniúint ann i gcónaí, mar
a dhearbhaíonn údar *Eachtra Thomáis Mhic Chaiside* nuair a deir sé
gur imigh sé "i mbéal mo chinniúna". Tá go leor den chinniúint,
ar ndóigh, in *Mo Bhealach Féin*, rud is léir ón fhíorthús nuair a
chaitheann an t-údar cuid mhaith den chéad chaibidil ag míniú
mar a d'imigh sé óna bhealach féin sna blianta sin a chuir sé amú
ag ceirdeanna nach raibh daite dó. In áiteanna eile sa leabhar
déanann sé tagairt fhollasach dá chinniúint, mar shampla, nuair a
chineann sé ar dhul chun na Breataine Bige: "Dar liom goidé is
fiú dom an ród mór leathan a shiúlas achan duine a leanstan? Ní
hé mo bhealach é. Chan ar bhealach na gcarr agus na gcabhlach a
gheobhas mise mo chinniúint" (MBF 83).

Dála Mhic Grianna a thugann "mac na míchomhairle" air féin,
an té a fuair "an toirtín mór agus an mhallacht" (MBF 78, 10),
níor rugadh 'laoch' *Eachtra Thomáis Mhic Chaiside* faoi chinniúint a
bhí sona. Nuair a shíleann sé filleadh ar a mhuintir i gConamara
gríosaíonn a "leannán dílis .i. an mífhortún. . . go mullach na mí-
airde" é (31-32), rud a chuirfeadh sáinn Mhíchíl Mhic Mhaoláin
in *Deoraíocht* i do cheann. Is í droch-chinniúint an Chasaidigh a

spreagann go leor den mhílaochas a admhaíonn sé go fonnmhar:
i lár catha deir sé linn "ón tír sin do shíneas na géaga" (30) agus
nuair a theitheann sé ó chontúirt eile cuireann sé casadh na
scigaithrise i sean-nathán de chuid na Fiannaíochta: "fágadh
iadsan agus tháinig mise" (32).[22] Tá iarracht mhaith den mhílao-
chas chéanna ag Mac Grianna in áiteanna áirithe in *Mo Bhealach
Féin*: an teitheadh i ndiaidh mac bhean an tí a chnagadh, mar
shampla, agus arís nuair a deir sé: "tá mise mé féin i mo rógaire
chomh mór le duine ar bith. Ach bíonn scrupall coinsiasa
corruair orm" (MBF 58).

Ach in áit greann a dhéanamh dá mhífhortún, is minice a
fhágtar Mac Grianna faoi smúid. Is é an difear idir é agus údar
Eachtra Thomáis Mhic Chaiside nach n-éiríonn leis deireadh ré an
laochais a chur de tríd an féinmhagadh agus an áibhéil. Ar
bhealach, is cuid de bhua scéalta mar *Eachtra Thomáis Mhic
Chaiside* an athchúrsáil a dhéanann siad ar an traidisiún a bhí
fúthu óir is de bharr na hathchúrsála sin a chuir siad a gcion féin
leis an traidisiún. Ach nuair a tháinig seal Sheosaimh Mhic
Grianna leis an traidisiún a athchumadh agus a bhuanú dá réir,
dar leat go raibh barraíocht measa aige air leis an ghníomh a chur
i gcrích go hiomlán. Tá léiriú maith air sin sa chlabhsúr a
chuireann sé leis an aiste 'Fianlitríocht', nó, i ndiaidh an tsaibhris
atá san Fhiannaíocht agus an tuiscint ar leith atá ag an
Ghriannach uirthi, níl a dhath ar intinn na ndaoine atá mórthim-
peall air ach *Felix the Cat* agus nuair is mar sin atá, deir sé leis féin:
" 'Anois an uair nach maireann siad!' " (A 42).

Is minic ar ócáidí den chineál chéanna in *Mo Bhealach Féin*,
nuair a fhaigheann leimhe agus gruamacht an tsaoil chomhaim-
seartha an bua ar shamhlaíocht Mhic Grianna, a chuimhníonn sé
le tréan íoróine ar íomhá éigin de ré an laochais. Ina dhiaidh sin,
tuigeann sé go minic go bhféadfaí greann a dhéanamh dá sháinn
dá dtoilfeadh sé féin é. Tá cuntas againn ar ócáid den chineál sin
agus an t-údar ar a sheachaint i ndiaidh mac bhean an tí a
chnagadh. Tá sé ina shuí i seomra ina raibh an troscán ann
"briste, brónach agus coincleacha air" agus, mar a deir sé féin:
"chaithfeá a rá nuair a d'amharcfá air: 'Tá an Teamhair 'na féar
agus féach an Traoi mar tá!' Bhí an seomra filiúnta, cinnte, dá
mbíodh duine i ndiaidh siúl isteach as láthair grinn. Ach nuair a
d'fhág mé an ghruaim i mo dhiaidh bhí sé barraíocht agam" (20).

Tá léargas maith againn ansin ar phearsantacht Mhic Grianna, óir nuair atá ábhar aige le greann a dhéanamh dá shaol is í an ghruaim a ghabhann treise air.

Ar ndóigh, má dhéanaimid scrúdú ar na laochra ab ansa le Mac Grianna, go háirithe iad siúd a bhain leis an tréimhse i ndiaidh Chath Chionn tSáile, is léir go bhfuil bá ar leith aige leis an laoch tragóideach. Gan fiú san Fhiannaíocht féin nárbh fhearr leis an té a bhí faoi mhíbhuntáiste: "Tá rud éigin i nádúr duine a bheir air éirí tuirseach den fhear is fearr agus toil a thabhairt d'fhear atá chóir a bheith chomh maith" (A 41). Tá an claonadh céanna le sonrú ar an dúil a bhíonn ag an Ghriannach i macasamhail Shéamuis Mhic Mhurchaidh agus Réamainn Uí Anluain. Deireadh tubaisteach a tháinig ar chaithréim na beirte sin agus, dála Phiarais Feirtéir, is ar an chuid dheireanach sin dá saol, tráth a bhí siad á gcosaint féin go tréan, is mó a dhíríonn an traidisiún béaloidis orthu (Ó hÓgáin 1985: 75). Is cuí a mhaíomh fosta, áfach, go raibh bá ag Mac Grianna leis na coinníollacha stairiúla a bhain le tréimhse na rapairí, óir, mar a mhíníonn Ó hÓgáin, ba é an cosc a cuireadh ar institiúidí agus ar shaíocht féin na nGael ón 16ú haois ar aghaidh a thug ar mhuintir na tíre laochra cultúrtha a dhéanamh de na rapairí(160). Is é an meon céanna sin atá in uachtar go minic i saothar Mhic Grianna agus go háirithe in *Mo Bhealach Féin*, an laoch aonair a sheasann clú agus cearta a chultúir féin in ainneoin gach iarrachta a dhéantar ceangal a chur air. An seasamh atá aige sna haistí iomadúla a scríobh sé ar chultúr na Gaeltachta: 'Galar na Gaeltachta', 'Ligigí a ceann leis an Ghaeltacht', 'Self-rule for the Gaeltacht', is é an seasamh céanna atá aige in *Mo Bhealach Féin* ach go mbíonn cuid de ghéáitse an rapaire aige leis. An tseiftiúlacht a léiríonn údar *Mo Bhealach Féin* is mó a chuirfeadh cleasa sin na rapairí i do cheann, an litir bhréag-ghalánta a scríobhann sé chuig na Gardaí fán bhád a ghoid, mar shampla, atá cosúil leis na litreacha coimirce a scríobhadh na rapairí do dhaoine ar lig siad a gceann leo. Agus ansin, an teideal áibhéalach a thugann sé air féin ag bun na litreach: "Scríofa ar bharr Thor Nelson, an 19ú lá de Mhí na Súilín Buí, 1933, liomsa, Mac na Míchomhairle, nach bhfulaingeann a gheasa dó a ainm a chur gos ard. Gur ba buan de Valéra!" (MBF 78) Bhíodh a leithéid chéanna ag Ó hAnluain agus araile: 'Chief Ranger of the Mountains', 'Surveyor-General of the

High Roads', 'Lord-Examiner of all Travellers' agus 'High
Protector of his Benefactors and Contributors' (Ó hÓgáin 1985:
182).

Dáimh chultúrtha a bhí ag an Ghriannach le neamhghéil-
liúlacht na rapairí, gan amhras, ach dá mhéad an cion a bhí aige
ar Ó hAnluain, Mac Murchaidh agus Ó hEacháin,[23] bhí dáimh ar
leith aige le gné chinniúnach mheisiasach an traidisiún laochais,
an fear mór atá le teacht, macasamhail Bhalldeirg Uí Dhónaill
agus na marcach a bhí ina gcodladh i nGrianán Ailigh.[24] Tá
iontráil spéisiúil i gceann de leabhair nótaí Mhic Grianna ina
luann sé an teideal 'Teacht Bhaill Dheirg' i measc na scéalta a bhí
sé le scríobh (leabhar nótaí 2). Is gné lárnach é in *Mo Bhealach
Féin* an ról cinniúnach sin a thug ar an Ghriannach 'rí-éigeas na
nGael san fhichiú céad seo' a thabhairt air féin. Ar ndóigh, ní leis
an traidisiún béaloidis amháin a bhaineann an téama céanna agus
sa chéad chaibidil eile pléifear foinsí tábhachtacha Béarla óna
bhfuair Mac Grianna cuid mhaith de mhiotas an fhir mhóir. Níl
amhras ar bith gur chreid Mac Grianna go raibh ról éigin daite dó
agus luann sé cuid de na comharthaí a bhí le sonrú air ina óige
mar chruthú air sin. Tá an méid seo aige sa bhlúire beathaisnéise
a scríobh sé chuig Muiris Ó Droighneáin do *Taighde i gComhair
Stair Litridheachta na Nua-Ghaedhilge ó 1882 Anuas:*

> Ní raibh mé an-chliste ar an scoil ach bhí mé i gcónaí ard in mo
> rang. Deirtí liom go raibh cleachtadh agam amharc i bhfad uaim i
> lár mo chuid oibre. Nuair a bhí mé i gceann mo cheithre mblian
> déag, tháinig aisling acu seo chugam. . . . Ceist a d'fheall ar na páistí
> eile, chuir an máistir ormsa í, ach ní chuala mé é. Hinsíodh dom ina
> dhiaidh sin go raibh sé ag scairtigh liom ar feadh ceathrú uaire. Sa
> deireadh, chuala mé é agus thug mé freagra ar an cheist. Scríobh mé
> ceithre scór leathanach de scéal ansin. (FF 11)

Tá go leor samplaí eile againn den chineál chéanna in *Mo
Bhealach Féin,* an cur síos a dhéanann sé ar an dóigh a mbíodh a
mhuintir féin i gcónaí anuas air, "mar bheadh contúirt ionam a
mbeadh an saol ceilte uirthi" (MBF 6), mar shampla. Is cinnte
fosta, nuair a bhíothas ag tabhairt meas an mhórscríbhneora ar
Mhac Grianna agus é i mbarr a réime ag deireadh na 1920í agus i
gcéad leath na 1930í, gur fhadaigh an urraim sin an creideamh a
bhí aige ina chinniúint féin. Luann Niall Ó Dónaill an t-iomrá
mór a bhí ar an Ghriannach sa tréimhse sin nuair a bhí "ceannró-

daíocht ar scríobh na teanga á baint amach ag an údar", agus
"fonn ar scríbhneoirí óga treoir a ghlacadh uaidh agus ar mhic
léinn ómós liteartha a thabhairt dó" (1990: 117). Agus níorbh é
an Griannach amháin a shamhlaigh an ról meisiasach, mar a
gabhadh ón traidisiún béil é, leis an scríbhneoir mór Gaeilge a
bhí le teacht i dtarrtháil ar scríobh na Gaeilge. Bhí an dóchas
céanna ag Séamus Ó Searcaigh as slánaitheoir liteartha Gaeilge a
bhí le teacht, rud a mhaíonn sé agus é ag scríobh i 1911:

> Tuigim, ó bheith ag léigheadh litridheachta teangthach n-eile, nach
> dtig sgríbhneoir mór ar bith gan mórán de sgríbhneoiribh beaga a
> theacht roimhe. Do-ghní na sgríbhneoirí beaga an bealach a
> réidhteach ar dhóigh nach mbíonn oiread de shaothar ar an fhear
> mhór cibé uair thig sé. Tá iarraidh déanta agam-sa annso ar chupla
> carraic cloiche a chur ar bhealach fhir na hintleachta is na gaoise,
> má tá a leithéid ag teacht i n-aith-ghiorracht. Ní mór dhúinn bheith
> ag réidhteach an bhealaigh dhó cibé uair thiocfas sé. (1911: iv)

Is é an donas é gur dócha gur spreag 'tairngreacht' Uí Shearcaigh
an creideamh a bhí ag Seosamh Mac Grianna ina chinniúint féin
le cois gach leide eile a fuair sé ón traidisiún béil agus ó fhoinsí
eile a phléifear amach anseo. Agus nuair a fuair an cinniúnachas
seo greim ar shamhlaíocht Mhic Grianna, ní hiontas é go ndearna
sé príosúnach de. Ar leibhéal amháin tá léargas againn air sin in
eachtra an cholmáin in *Mo Bhealach Féin* nuair a shamhlaíonn Mac
Grianna a sheomra sa teach lóistín leis an charcair. Óir, cé gur
cúngach an tseomra agus 'neamhdhúchas' an pháipéir bhalla a
fhrithshuitear le fiántas uasal an cholmáin, is léir go bhfuil ciall
níos doimhne leis an *tableau* sin mar chloch mhíle bhrónach ar
'bhealach' Mhic Grianna. Léiriú lom scáfar atá ann ar an bhearna
idir an aisling, an Tír Tairngire, a shamhlaíonn sé i rith an
leabhair, ina mbeidh a ainm i mbéal fear Éireann agus Alban
(172) agus an saol mar atá. Tá an bhearna le haithint ar an abairt
dheireanach sin féin sa mhéid is go dtagraíonn sé do ríocht, idir
Albain agus Éire, nach ann di.

Léamh eile ar an daordháil a fheicimid i saothar Mhic Grianna
agus i saothar 'Mháire' go háirithe, an léamh iarchoilíneach a
shamhlódh an tromchinniúint sin leis an easpa cumhachta agus
saoirse a bhíonn ag an phobal choilínithe. De bharr an
choilíneachais, ba bheag taithí a bhí ag pobal dúchais an dá

Ghriannach ar chumhacht pholaitiúil eacnamaíoch a imirt ar a saol féin. Lena chois sin, ar leibhéal áitiúil, bhí siad faoi riail ag an chomhaontas a luann Mac Laughlin (1995: 586), feirmeoirí saibhre, lucht siopaí agus an chléir agus is leis na fórsaí sin a bhíonn an streachailt ag Proinsias Bheagaide in *An Druma Mór*. Is furasta a aithint go gcuirfeadh na coinníollacha polaitiúla sóisialta sin leis an chreideamh a bhí ag an phobal sa chinniúint nuair is beag cumhacht a bhí acu féin. Is cuí tagairt fosta do chreideamh traidisiúnta mhuintir na Gaeltachta ar chuid den traidisiún béil é agus a raibh áit lárnach ag an chinniúint ann. Tá léiriú againn air sin in *Mo Bhealach Féin* nó, nuair a fheiceann an t-údar bille ag fógairt "The Prophecies of Joanna Southcott", déanann sé a leagan féin den bhille a dhréachtú ina intinn ag fógairt tairngreachtaí Cholm Cille de réir mar a aithrisíodh i nGaeltacht Thír Chonaill iad (156).

Le cois na spéise a chuireann an Griannach sna tairngreachtaí agus an tseala a chaitheann sé ina fhear feasa a dtugann sé Eli Ben Alim air (MBF 28), tá tagairt eile in *Mo Bhealach Féin* a léiríonn an tábhacht atá leis an chinniúint i smaointeachas Mhic Grianna. Nuair a fhilleann sé ar Éirinn ag deireadh an leabhair, téann sé ar ais chuig an Chaladh Mhór le feiceáil an raibh an bád a ghoid sé féin agus Tomás Ó Ciaragáin ann. Nuair a d'imigh sé féin agus Ó Ciaragáin ar a 'n-aistear' a chéaduair thug sé 'Cúl re hÉirinn' ar an bhád "in onóir Cholm Cille" (69). Tugann sé a ainm ceart ar an bhád an iarraidh seo, 'An Mhaighdean Mhara', ionann is a rá go dtuigeann sé gur theip ar an eachtra. Agus, i ndiaidh an nóta áibhéalaigh a scríobh sé chuig na gardaí ag insint dóibh cá raibh an bád, "bhí sí ansin, ina luí mar bheadh dearmad déanta aici" (160). Cuireann mí-éifeacht na heachtra é ag smaoineamh ar amhrán a scríobh Aodh Ó Dónaill, fear de chuid filí Rann na Feirste a raibh sé muinteartha dóibh agus "a rugadh faoin chinniúint nárbh fhéidir a thabhairt in éifeacht" (160).

Ceist atá ar shlí a fiafraithe, ar ndóigh, cá mbeadh ealaín Mhic Grianna gan an chinniúint sin a bhí á thiomáint? Is cinnte gur lena leas an traidisiún béil agus an dúil sa laochas a fuair sé óna athair agus ón tógáil a fuair sé sa Ghaeltacht. Thug sé sin múnla dó a dtiocfadh leis forbairt a dhéanamh air de réir a mhéine. Is dócha gurb é an leas a bhain Mac Grianna as an teanga a fuair sé sna scéalta béaloidis agus sna laoithe an sampla is fearr atá againn

den fhorbairt sin. Ach ba é an claonadh dochloíte a bhí i Mac
Grianna géilleadh do chinniúnachas an traidisiúin a rinne a
aimhleas. Cá hionadh é, nuair a d'fheictí dó go minic go raibh
mírath ar athbheochan na Gaeilge nó ar ghluaiseacht na saoirse
náisiúnta féin, go dtiteadh sé i ndroim dubhach dá bharr? Agus ar
ndóigh, nuair nach raibh ag éirí leis sa saol, ba dhoiligh ag an
Ghriannach dul i muinín a acmhainní féin nuair a chreid sé go
raibh an chinniúint os a chionn sin arís. Le gach eachtra gan
éifeacht, gach *Maighdeán Mhara* nár éirigh leis a sheoladh, bhí an
Tír Tairngire sin ina mbeadh iomrá mór air ag imeacht as
radharc. I mblianta dochraideacha na 1930í, nuair a bhí an saol
ag teannadh air, ba mhó an t-údar seirbhe ná an t-údar dóchais an
chinniúint ghlórmhar úd nó, mar a deir sé féin in iontráil atá i
leabhar nótaí dá chuid: "Is iongantach an rud go bhfuil mé cinnte
anocht go bhfuil cinneamhaint eighinteacht i ndán domh—
cinneamhaint mhór, nó ní thig a shéanadh nach bhfuil beag agus
mór ar an tsaoghal. Ní leitridheacht go h-iomlán í. B'fhéidir go
bhfuighinn 'sa leabharlainn í, dá gcuartuighinn na leabharthaí ó
thús go deireadh. Ní bhfuigh mé ó dhaoiní í. Caithfidh mé daoine
a sheachaint" (26ú Samhain, 1934).

Caibidil 2

SMAOINTEACHAS BÉARLA AN 19Ú HAOIS

Ceist nár pléadh mar is ceart go fóill, measaim, an tábhacht a bhí ag litríocht Bhéarla an 18ú haois agus an 19ú haois mar fhórsa múnlaitheach i saothar Sheosaimh Mhic Grianna. Glactar leis de ghnáth gur oidhreacht na Gaeltachta agus an bhéaloidis a spreag an dúil mhór sa laochas ann ach tá fianaise leathan ann a dhearbhaíonn go raibh Mac Grianna faoi chomaoin mhór ag smaointeachas Thomas Carlyle, fear de na 'Saoithe Victeoiriacha', agus ag scríbhneoirí *Young Ireland* a tháinig faoi anáil Carlyle, leis. Díol suntais an méid a scríobh Énrí Ó Muirgheasa fá chur chuige Mhic Grianna in *Eoghan Ruadh Ó Néill* i léirmheas inmheánach a scríobh sé don Ghúm:

> . . . ghnidh sé aithris ar stíl agus ar dhóigh inniste Uí Ghrádaigh.[25]
> Uaireannta chuirfeadh sé i gcuimhne dhuit Sheáin Mhisteal nó
> Carlisle's [sic] *French Revolution*. Níl a léitheid sin i nGaedhilg, agus tá
> contabhairt ann go mbéidh againn go gairid litríocht Gaedhilge gan
> aon chosamhlacht inntí don tseanlitríocht acht na focla féin." [26]

I léirmheas eile a foilsíodh ar *The Leader* i 1931 déantar an chomparáid chéanna idir *Eoghan Ruadh Ó Néill* agus *Hugh O'Neill* John Mitchel.[27]

Ar ndóigh, bíonn léargas ag léirmheastóirí a thugann a meas ar shaothar ag am a foilsithe nach mbíonn ag criticeoirí atá ag plé leis an saothar céanna corradh is seachtó bliain ina dhiaidh sin. Bíonn na chéad léirmheastóirí sin eolach ar ghluaiseachtaí agus ar áiseanna intleachtúla a linne agus is minic a chuireann sé sin ar a gcumas foinsí an údair a aithint go réidh. Is maith an leid againn é, mar sin, an chomparáid sin a rinne léirmheastóirí comhaimseartha idir gné de shaothar Mhic Grianna agus gnéithe de shaothar Mitchel agus Carlyle. Níor mhiste, áfach, i gcomparáid den chineál seo, aird a bheith againn ar chomhairle Raymond Williams: "The history of ideas is a dead study if it proceeds solely in terms of the abstraction of influences" (1958:85).[28] Is é rud a chuir mé romham sa chaibidil seo, mar sin

41

de, anailís a dhéanamh ar an dóigh dhíreach a bpléann Mac
Grianna leis na hidéanna a fuair sé ag macasamhail Carlyle: an
úsáid dhíreach agus indíreach a bhaineann sé astu agus an
claochlú a dhéanann sé orthu. Dá bharr sin, creidim go
bhfaightear léiriú ar chuid de na luachanna agus na coincheapa is
tábhachtaí i saothar Mhic Grianna, an t-indibhidiúlachas agus ról
an ealaíontóra, an t-athdhúchas agus an laochas go háirithe.
Thairis sin, tá gnéithe socheolaíocha san anailís seo a bhaineann
le tosaíochtaí liteartha mhuintir Ghaeltacht Thír Chonaill ag
tús an 20ú haois, a ghéaraíonn an tuiscint atá againn ar
réimse tagartha agus go fiú ar 'chruinneshamhail' scríbhneoirí
Conallacha na hAthbheochana. Is é is íorónaí fá áit Carlyle sa
chruinneshamhail sin, an dímheas a bhí aige ar mhuintir na
hÉireann.

Tá go leor fianaise againn i saothar Mhic Grianna ar an
chineál litríochta Béarla ar chuir sé spéis inti agus é ina fhear óg.
Sa litir a scríobh sé chuig Muiris Ó Droighneáin a bhí ag ullmhú
*Taighde i gComhair Stair Litridheachta na Nua-Ghaedhilge ó 1882
Anuas*, luaitear aistí critice le Matthew Arnold agus Aodh de
Blácam chomh maith le filíocht Francis Thompson, Swinburne,
Dante Gabriel Rossetti, Yeats agus AE (FF 12-14). Ina dhiaidh sin,
is doiligh cuntas cuimsitheach a thabhairt ar gach rud a léigh Mac
Grianna a chuaigh i bhfeidhm air óir tá an t-ábhar rófhairsing.
Mar sin féin, tá mianach fíorfhónta ansin do chriticeoirí ar mian
leo scrúdú a dhéanamh ar an lorg a d'fhág saothar scríbhneoirí
eile ar shaothar an Ghriannaigh. Is as an mhianach sin a tháinig
cuid de na haistí critice is fearr a scríobhadh ar Mhac Grianna,
mar shampla, aiste Declan Kiberd ar thionchar Yeats agus Joyce
(1993) agus aiste Liam Uí Dhochartaigh ar thionchar Conrad
(1981).

I dtaca leis an litríocht Bhéarla a bhí ag Mac Grianna sa bhaile
agus é ina ghasúr, is deacair an tionchar sin a mheas in amanna,
go háirithe in *An Druma Mór*, mar gheall ar an chlaonadh atá aige
daingean dothréaite Gaelachais a dhéanamh de Ghaeltacht Thír
Chonaill. Fágann sé sin go bhfuil cuid den fhaisnéis a thugann sé
amhrasach go leor agus nach féidir uaireanta bheith ina muinín.
Is suimiúil an nóta cróineolaíochta a thugann Mac Grianna dúinn
ar mheath an Ghaelachais in Éirinn sa réamhrá a scríobh sé do
Micheál Ruadh: "Mhair Micheál Ruadh amuigh is astuigh ar chéad

bliadhain ó shoin [1825]—go díreach sul a dtainig teangaidh agus nósaí na nGall i dtreis i n-Éirinn, sul ar éag Clanna Míleadh na gcath, agus sul a dtainig an donán leath-ghallta a leig a mhaidí le sruth ins an chéad 's chuaidh thart" (MR 1). Tá sé seo ag teacht le focail John Mitchel atá in athfhriotal ag 'Máire' in *Rann na Feirste*: ". . . the 'nineteenth century' would not know itself, could not express itself in Irish" (RF 108). Ar ndóigh, bhí ról tábhachtach ag na Scoileanna Náisiúnta i leathadh an Bhéarla mar a mhíníonn Ua Cnáimhsí (257) agus is mór an díol spéise, mar fhianaise theangeolaíoch, na seanmóirí a thug an tAthair Hugh McFadden i bparóiste Chloch Cheann Fhaola in 1853, nó is léir go raibh cuid de na hiasachtaí Béarla atá an-choitianta sa lá atá inniu ann, go raibh siad ar a laghad intuigthe an t-am sin i gceantar láidir Gaeltachta: ". . . *tá sin ag* ring*áil agus ag* sound*áil agus ag tuargaint ina chluasa . . .* " (Ó Labhraí eag.: 8).

Má mhaíonn Seosamh Mac Grianna in *An Druma Mór* gurbh é an tréimhse roimh Chogadh na Saoirse báire na fola i ngalldú na hÉireann: "Bhí an tSeanÉire ag fáil bháis agus an Éire Óg ag bruínteachas fá cholbha a leapa" (DM 93), is léir go raibh an Ghaeltacht faoi léigear le tamall maith roimhe sin maidir le leathadh an Bhéarla. Leabhair Bhéarla na chéad leabhair a léigh an Griannach (FF 128) agus níor léigh sé a chéad leabhar Gaeilge, *An Chéad Chloch* le Pádraig Ó Conaire, go dtí go raibh sé naoi mbliana déag (PÓC 3). San aiste 'Glory and the dream' a foilsíodh ar *Scéala Éireann* i 1932 (FF 126-130), deir sé gur scéalta laochais Béarla is mó a léadh sé. Luann sé *The Arabian Nights Entertainments*, *The Boyhood Hero of Erin* agus an dán 'Gougane Barra' le Callanan (Read:238) a léigh sé nuair a bhí sé trí bliana d'aois más fíor dó (FF 126). Lena chois sin, luann sé scéal áirithe fá throid chlaimhte a chorraigh go mór é. Maidir le 'Gougane Barra', is suimiúil go luaitear file a thiocfas nuair a bheas Éire saor, rud a chuirfeadh teideal féincheaptha Mhic Grianna i do cheann—'rí-éigeas na nGael san fhichiú céad seo':

> When Erin awakes, and her fetters are broken/ Some minstrel will come in the summer eve's gleaming/ When freedom's young light on his spirit is beaming/ To bend o'er my grave with a tear of emotion/ Where calm Avonbuee seeks the kisses of ocean/ And a wild wreath to plant from the banks of that river/ O'er the heart and the harp that are silent forever.

Tá tábhacht ar leith ag baint leis an litríocht Bhéarla sin mar is
follas ó na haistí a scríobh Mac Grianna, óna shaothar
dírbheathaisnéise agus go fiú óna shaothar cruthaitheach féin. Is
minic a bhíonn sé ag cuimhneamh ar phíosa litríochta a spreag é
ina ghasúr agus a d'fhan leis ó shin agus ní hiontas ar bith é an
litríocht sin a shamhlú le dóchas na hóige a bhí in easnamh go
mór air fá dheireadh a chaithréime liteartha óir is cinnte go
gcorraíonn siad tocht éigin domhain ann. Deir sé féin: ". . .
whether good or bad, the scanty literature of my boyhood caught
fire from an imagination which I have now lost" (FF 130). In *Mo
Bhealach Féin* agus é ag iarraidh codladh ar chnoc "a bhí chomh
crua le leic" os cionn Tonypandy, cuimhníonn sé ar dhán le
Clarence Mangan a léigh sé ar scoil agus tógann sé an ceo dá
intinn amhail is dá mba dheoch íocshláinte aige é (MBF 112).
Gan fiú sa chomhfhreagras truacánta sin a rinne Mac Grianna leis
an Ghúm fá *Dá mBíodh Ruball ar an Éan,* nach dtarraingíonn sé
véarsa filíochta air féin "which used to move me very much when
a very small precocious boy . . ." (DMRÉ 91).

Tá teorainn nádúrtha leis an ábhar léitheoireachta a bheadh
ar fáil ag Seosamh Mac Grianna agus é ag teacht aníos i Rann na
Feirste. Ní bheadh aige ach cibé leabhair a bhí sa bhaile nó sa
scoil. Nó mar a deir sé féin:"Thoisigh mé a léamh go hóg,
leabharthaí Béarla, ó ba iad ba choitianta, ba mhó a bhínn a
léamh" (FF 11). Le cois a ndeir Mac Grianna féin fá na leabhair a
bhí ar fáil aige, tá léargas ríspéisiúil againn ar an chineál litríochta
a bhí ag muintir Ghaeltacht Thír Chonaill i ndírbheathaisnéisí
'Mháire' áit a gcuireann sé síos ar an léann a thóg sé in Albain ó
Chonallaigh a bhí fán aois chéanna lena athair. In *Nuair a Bhí Mé
Óg* aithrisíonn Frainc Ac Gairbheath, náibhí as Rann na Feirste,
sleachta as *Sartor Resartus* (1838) le Thomas Carlyle agus as filíocht
Rabbie Burns (NBÓ 202-205) agus in *Saol Corrach* cuirtear síos ar
an teagasc a thug an Máistir Mac Comhail do 'Mháire' in Albain.
Ainneoin go molann an Máistir intleacht Carlyle agus an anailís a
dhéanann sé ar dhrochstaid Alban, is é an locht a fhaigheann sé
air nár "thuig sé riamh gurbh iad an *Union* agus an *Reformation* ab
athair is máthair d'iomlán an anáis" (SC 26). Is ar an ábhar go
dtugann an Máistir a *critique* féin ar Carlyle do 'Mháire' a deir sé
nár fhág a shaothar air ach "lorg beag éadrom, granú beag nach
raibh i bhfad ag cneasú" (SC 25). Ina dhiaidh sin, aithníonn sé

cumhacht shaothar Carlyle: ". . . d'fhágfadh an scríbhneoir céanna colaimneacha domhaine ionam murab é an teagasc a fuair mé ó Mhac Comhail nuair a bhí mé i mo stócach" (SC 25). Agus is léir nach go rómhaith a d'éirigh le 'Máire' gan géilleadh don chumhacht sin, mar a phléifear amach anseo. I ndeireadh na dála, tugann an Máistir Mac Comhail tús cadhnaíochta do Clarence Mangan agus do John Mitchel: "'Leabhar chomh breá agus a scríobhadh riamh'," ar seisean, "'Mitchel's *Jail Journal.*' . . . Nuair a bhí an *Jail Journal* léite cúpla uair agam thug an máistir leabhar eile de chuid Mitchel domh" agus is é atá sa dara leabhar sin aiste ar fhilíocht Mangan (SC 18,23).

B'iontach an rud é mura raibh scríbhinn éigin de chuid John Mitchel i measc na leabhar Béarla a léigh Seosamh Mac Grianna ina óige óir is léir óna liacht uair a dhéanann scríbhneoirí Gaeilge Thír Chonaill tagairt do Mitchel agus dá leabhar *Jail Journal* ina saothar, go raibh áit lárnach ag an Mhistéalach i gcultúr liteartha na scríbhneoirí Conallacha.[29] Deir Eoghan Ó Domhnaill, a bhí seacht mbliana níos óige ná Seosamh Mac Grianna, go mbíodh *Jail Journal* ag cuid mhór teaghlach agus é ag teacht aníos i Rann na Feirste (Ó Domhnaill 1953: 47). Chomh maith leis sin, bhí Mitchel ar cuairt sa chontae agus i Rann na Feirste féin in aimsir an Ghorta agus d'fhág sin go raibh daoine i Rann na Feirste a raibh cuimhne acu é a fheiceáil nuair a bhí 'Máire' óg: "Fear líomhtha a raibh gruag fhada dhubh air agus dhá shúil aige mar bheadh druithleogaí teineadh ann" an cur síos a rinne seanduine amháin air (RF 111).
Ba dhoiligh a shamhlú nach rachadh an meas sin ar Mitchel i bhfeidhm ar Sheosamh Mac Grianna ina óige ach ag cur síos ar mhuintir Ghaeltacht Thír Chonaill dó ag tús *An Druma Mór* deir sé: "Níor fhág Thurot nó Swift nó Grattan nó Emmet nó Mitchel nó Parnell, níor fhág siad oidhreacht ar bith acu" (DM 4). Mar sin féin, baineann an ráiteas sin le sliocht fá Ghaeltacht Thír Chonaill ina maíonn Mac Grianna go raibh "an Béarla agus an ghalltánacht ceilte air" (DM 3). Is dócha gur iarracht eile atá anseo 'Hidden Ireland' Corkery a lonnú i Rann na Feirste, "an baile is Gaelaí in Éirinn" (MBF 65);, agus ar an ábhar sin is doiligh dul ina mhuinín mar fhianaise stairiúil.[30] Anuas air sin, in *An Druma Mór* féin nuair

atá fir 'an Druma' ag caint ar Dhónall Ó Conaill a bhaint den
bhratach moltar John Mitchel ina áit agus luaitear ceathrú as
bailéad Béarla le tacú leis an mholadh (DM 160). Shílfeá ón
eachtra sin go raibh eolas éigin ar Mitchel i measc na bhfear,
bíodh gur eolas é a tháinig as foinsí neamhdhúchasacha. Is fiú a
lua, fosta, go n-áiríonn Mac Grianna an Mistéalach ar na scríbh-
neoirí Éireannacha a bhfuil ardlitríocht scríofa acu bíodh is nach
de 'chlann Shaw' iad (FF 107); (A 41).

   Cé nach n-admhaítear i gcónaí é, mar sin, is follas gurbh
fhórsa tábhachtach múnlaithe an litríocht Bhéarla sin a raibh
teagmháil ag an dá Ghriannach léi. Bealach isteach a bhí ann
chuig dioscúrsa eile cultúrtha a bhí beo ar imeachtaí agus ar
ghluaiseachtaí polaitiúla sóisialta sa Bhreatain agus in oirthear na
hÉireann. I dtaca le Carlyle, Mitchel agus Mangan, bhain siad
uilig le *milieu* liteartha a raibh na téarmaí tagartha céanna aige i
gcúrsaí litríochta agus i gcúrsaí polaitíochta ach sa bheag. Bhí an-
mheas acu, mar shampla, ar litríocht rómánsach na Gearmáine—
d'aistrigh Mangan agus Carlyle go leor de sin go Béarla agus i gcás
Carlyle agus Mitchel go háirithe, bhí an-aird acu ar an laochas
agus ar an fhearúlacht. Mura raibh siad ar aon intinn fá
pholaitíocht na hÉireann, bhí dáimh láidir ag Mitchel le Carlyle i
dtaca le stíl phróis agus aithnítear gur ar phrós Carlyle a bhunaigh
sé an stíl bhréagársa sin a chleachtann sé in *Jail Journal* (Yeats
1955: 214).

   Is féidir aontacht shoiléir a aimsiú i dtosaíochtaí scríbhneoirí
Gaeilge Thír Chonaill i dtaca leis an litríocht Bhéarla. I measc na
dtosaíochtaí is mó atá le sonrú, tá an bhá ghaoil atá acu le scríbh-
neoirí Albanacha agus go háirithe le Rabbie Burns agus le Walter
Scott.[31] Nuair a chuaigh 'Máire' go hAlbain a chéaduair chuir
Frainc Ac Gairbheath a léamh Burns é agus ba i *Tam o' Shanter's
Inn* a rinne sé a chomhrá leis (NBÓ 196). Tá an dúil a chuir
'Máire' i bhfilíocht Burns le haithint ar a mhinice a dhéantar
tagairt di ina shaothar. Maidir le Scott, is cosúil go raibh sraith
iomlán dá chuid leabhar ag clann Mhic Grianna sa bhaile i Rann
na Feirste.[32] Ina cheann sin, luann Tadhg Ó Rabhartaigh an
bheirt Albanach mar ábhar coitianta léitheoireachta ag carachtar
Conallach in *Mian na Marbh*: "Ba mhinic a léigh sé na scéaltaí a
scríobh Scott fá Albain, agus an fhilidheacht bhreagh a scríobh
Rabbaí Burns fá dtaobh daoithe" (1937: 83-84).

Níor imigh filíocht Rabbie Burns ar Sheosamh Mac Grianna ach oiread, rud is léir dúinn ó phíosaí mar 'Ceol na croiche'— aiste ina bpléitear na cosúlachtaí idir 'Séamus Mac Murchaidh' agus 'Macpherson's Farewell' le Burns (PÓC 223-6). Ach más deas don Ghriannach filíocht Burns is deise dó cuid úrscéalta Scott. Dála Néill Uí Dhónaill, a chuir Gaeilge ar *The Talisman* le Scott, d'aistrigh Mac Grianna *Ivanhoe* leis an údar céanna.[33] Ach is soiléire lorg Scott ar chuid de bhunleabhair Mhic Grianna. Is é an laochas gan chloí agus an stair mar ábhar cruthaitheach ba chionsiocair do *Eoghan Ruadh Ó Néill* agus *Réamann Ó hAnluain* agus ba dhoiligh ceachtar den dá leabhar sin a shamhailt gan oidhreacht Scott.[34] Cé gur laochas na hAlban is mó a thug ábhar do Scott, is suimiúil go raibh sé de rún aige ag am amháin úrscéal a bhunú ar Réamann Ó hAnluain[35] dála Sheosaimh Mhic Grianna a scríobh scéal Uí Anluain ach nach bhfuair foilsitheoir dó (Mac Congáil 1990b: 53). Ar ndóigh, bhí cuid úrscéalta Standish James O'Grady mar a bheadh droichead ann idir saothar Scott agus tionscnaimh stairiúla Mhic Grianna agus níl amhras ná gur ag déanamh aithrise ar O'Grady a bhí Mac Grianna chomh maith.

Maidir leis na hAlbanaigh, bheadh dáimh nádúrtha ag scríbhneoirí náisiúnaíocha as Tír Chonaill lena gcomh-Cheiltigh. D'fhéadfadh siad dul a thaiscéaladh i litríocht na nAlbanach gan géilleadh d'fhorlámhas cultúrtha Shasana. Bhí fosta, ar ndóigh, eolas fada ag muintir Thír Chonaill ar Albain tríd an obair shéasúrach a bhí ina traidisiún acu ón chéad leath den 19ú haois anall (Ua Cnáimhsí 1997: 168). Ba in Ayrshire, ceantar Burns, a bhí 'Máire' agus a athair ag obair mar aon le scaifte maith Conallach eile. Go deimhin, thuigfeá ón scéal 'An Bhratach' le 'Máire' gur mhó an t-eolas a bhí ag muintir Thír Chonaill ar bhailte móra na hAlban ná mar a bhí acu ar Bhaile Átha Cliath. I ndiaidh dó filleadh ón ardchathair cuireann seandaoine an bhaile ceist air: "Ar bhaile deas Baile Átha Cliath? An raibh sé chomh mór le Glaschú? An raibh sé chomh maiseach le hEdinburgh?" (CC 1: 122).

Chomh maith leis an dáimh nádúrtha stairiúil le hAlbain, chuidigh tosaíochtaí liteartha na *Young Irelanders* leis an dá Ghriannach a chur i dtreo scríbhneoirí na hAlban. Óir is tríd an scagadh a rinne na *Young Irelanders* ar litríocht Bhéarla an 19ú

haois a fuair an dá Ghriannach go leor dá gcuid tosaíochtaí
liteartha agus polaitiúla nó an méid acu nár tháinig as traidisiún
na Gaeilge. Ba é an rud a mhol Thomas Davis in áit náisiúnachas
Swift agus Grattan a leanúint: "Far healthier with all its defects,
was the idea of those who saw in Scotland a perfect model—who
longed for a literary and artistic nationality" (Rolleston:210). Ní
bheadh an náisiún Éireannach ar an neamhacra, dar le Davis, go
dtí go mbeadh a bhailéid féin aige mar a bhí ag na hAlbanaigh nó
ní raibh ag a mhacasamhail ach na bailéid a d'fhoilsigh leithéidí
Walter Scott:[36] "Worse than meeting unclean beds, or drenching
mists, or Cockney opinions, was it to have to take to the
mountains with a book of Scottish ballads. They were glorious to
be sure, but there were not ours . . ." (Rolleston:216). Ar an séala
sin a chuireann Davis fáilte roimh chnuasach d'fhilíocht Éirean-
nach le Charles Gavin Duffy, *The Ballad Poetry of Ireland* (1845) óir,
dar leis gur trí litríocht dá chuid féin a fhorbairt a thiocfadh bláth
ar an náisiún: ". . . never was there a book fitter to advance that
perfect nationality to which Ireland begins to aspire. That a
country is without national poetry proves its hopeless dullness or
its utter provincialism. National poetry is the very flowering of the
soul . . ." (Rolleston 211).

Le cois dearbhú breise a fháil ar an mheas a bhí acu ar
litríocht na hAlban, chuir scríbhneoireacht na *Young Irelanders*
comaoin níos doimhne arís ar an dá Ghriannach óir b'ionann
aontú le tosaíochtaí liteartha *Young Ireland* agus rud amháin a
dhéanamh den litríocht agus den chúis náisiúnta nó mar a deir
Eagleton (1995: 227): "The art of nineteenth-century Ireland
moves under the shadow of the political as surely as sexuality
remains embedded within the economic. If culture in Britain was
increasingly a bulwark against social unrest, in Ireland it was a
powerful contributor to it."

Tá an t-ionannú seo idir an náisiún agus an litríocht náisiúnta
an-tábhachtach ar fad ar chúiseanna éagsúla: chomh maith leis an
litríocht a cheangal d'fhás an náisiúin, cuireann sé dualgas
ábhalmhór ar an scríbhneoir aonair leas an náisiúin a dhéanamh.
I gcás Sheosaimh Mhic Grianna, thug sé leis dochuimsitheacht an
róil sin sa teideal a thug sé air féin 'rí-éigeas na nGael san fhichiú
céad seo' agus is furasta a fheiceáil gur ualach é, ar an drochuair, a
bhí deacair a iompar. Is cinnte fosta go raibh an tuiscint a bhí ag

Mac Grianna ar a ról mar scríbhneoir náisiúnta, go raibh sé ag brath go mór ar fhealsúnacht Davis agus ar thionscnamh liteartha náisiúnaíoch *Young Ireland*. Is ar an ábhar sin a shamhlaigh Mac Grianna ról an scríbhneora le ról polaitiúil réabhlóideach agus a chuaigh téis liteartha Thomas MacDonagh[37] go mór i bhfeidhm air.

Bunchloch sa tionscnamh liteartha náisiúnaíoch sin ba ea 'The Library of Ireland' (Rolleston: 243-248), aiste inar chuir Davis roimhe tosaíochtaí liteartha an náisiúin a iniúchadh, agus ar phríomhthorthaí an iniúchaidh sin bhí, mar a deir Sean Ryder (1993: 71): "the dissemination of biographies of Irish nationalist heroes such as *The Life and Times of Aodh O'Neill* (1846), written by none other than John Mitchel." Rinne Seosamh Mac Grianna cion fir leis an tionscnamh sin a chur i gcrích, rud is léir óna liacht píosaí beathaisnéise a scríobh sé ar laochra stairiúla mar Eoghan Rua Ó Néill agus Shéamus Mac Murchaidh agus ar fhilí móra Chúige Uladh, cé, mar a luadh cheana, gur spreag téamaí laochais an traidisiúin bhéil cuid mhór de sin.

Lón eolais í ar thionchar *Young Ireland* agus Davis ar fhealsúnacht liteartha Sheosaimh Mhic Grianna an tsraith aistí a scríobh sé ar *An Phoblacht* i 1926 ag tosú le 'Reputations beyond the seas' (FF 105-125). Tá an náisiúnachas go tréan sna píosaí seo agus d'aithneofá gur fear óg idéalach an t-údar (Iolann Fionn) a bhí i ndiaidh bheith páirteach i gcogadh náisiúnta. Ní thabharfaidh sé isteach ar chor ar bith do Gypo Nolan, an brathadóir in úrscéal Liam Uí Fhlaitheartha, *The Informer* (1925): "No volunteer, writing a book of fiction on the I.R.A., would have thought of such a character; a traitor in the rank of Ireland's army was a thing unheard of" (FF 110).[38] Cuireann sé alltacht ar an Ghriannach litríocht a fhealltach a bheith á scríobh ag peann Éireannaigh agus baisteann sé "The Frog-Spawn School of Irish Literature" (FF 110) agus "*Clann* Shaw" (FF 106) ar na scríbhneoirí sin a thug cúl don náisiún.

Téann tionchar Thomas Davis go smior sna haistí seo agus ní hiontas Mac Grianna ag cosaint Davis ar alt le John Eglinton a mholann "the 'de-Davisization' of Irish Literature" (FF 121).[39] Fógraíonn an Griannach a dhílseacht iomlán do thionscnamh náisiúnta liteartha *Young Ireland*: "Patriotism must ever be a master-passion with the Irish people until the chains of slavery are

broken" (FF 123). Agus gan fiú nach ndéanann sé reiligiún féin
de náisiúnachas Davis:

> The patriotism, the unbending separatism which he preached, has
> inspired many of our best poems, both in Irish and in Anglo-Irish.
> 'This terrible and splendid trust,' this 'heritage of the race of kings' .
> . . has endowed some of our poetry with meanings that must be lost
> to all but those baptised in our national faith. (FF 122)

Le taobh an spreagtha a fuair Thomas Davis agus a ghlúin
tírghráthóirí ó Scott agus Burns, bhí scríbhneoir eile Albanach a
d'fhág a lorg go smior ar *Young Ireland*, mar atá Thomas Carlyle.
Ní leor an teideal 'scríbhneoir' le cur síos a dhéanamh ar Carlyle:
d'fhóirfeadh fáidh, staraí, criticeoir nó aistritheoir chomh maith
céanna dó. Fathach liteartha a bhí ann ina am féin, mar is léir ó
fhianaise Basil Wiley a deir nach annamh a chluintí 'Carlyle is my
religion' óna lucht leanúna (112). Is amhlaidh fosta a bhí meas
fáidh ag cuid mhór de *Young Ireland* air (Kaplan: 336) agus ar an
ábhar sin chuir Charles Gavin Duffy cuireadh ar an saoi Albanach
teacht go hÉirinn go bhféachfadh sé le comhghuaillí a dhéanamh
de. Rinneadh seo d'ainneoin na feannadóireachta a bhí déanta ag
Carlyle ar mhuintir na hÉireann: "The Irish National character is
degraded, disordered; till this recover itself, nothing is yet
recovered. Immethodic, headlong, violent, mendacious: what can
you make of the wretched Irishman?" (1840: 17).

Thoiligh Carlyle teacht go hÉirinn i 1849 agus Duffy a bhí á
thionlacan thart ar thuras na tíre, Gaoth Dobhair Thír Chonaill
san áireamh. Chonaic sé iarmhairtí coscracha an Ghorta Mhóir
roimhe ach in áit trua a dhéanamh do mhuintir na hÉireann is é a
chuir siad samhnas air agus bhí lúcháir air iad a fhágáil ag a n-
anás féin ar a fhilleadh go Glaschú dó:

> Commercial capital of Britain, *this*; thank Heaven for the sight of real
> human industry with human fruits from it once more . . . . The sight
> of fenced fields, weeded crops and human creatures with whole
> clothes on their backs,—it was as if one had got into spring water out
> of dunghill-puddles; the feeling lasted with me for several days.
> (1882: 262)

Níor lúide meas Duffy agus a chomrádaithe ar Carlyle dá
mhéad a fhrith-Éireannachas, rud a bhí soiléir go maith blianta
ina dhiaidh sin nuair a d'éirigh le Duffy 'Carlyle' a bhaisteadh ar

bhaile de chuid na hAstráile (Kaplan: 338). Ba é an fáth a bhí leis an bhuanmheas sin an síol sin a bhí curtha ag *Sartor Resartus*,[40] éachtleabhar de chuid Carlyle, ina bhfuil cuntas ar shaol agus ar fhealsúnacht Diogenes Teufelsdröckh, fealsamh rómánsach Gearmánach a chum Carlyle d'fhonn a shoiscéal féin a chur i láthair an tsaoil. Is sa leabhar seo a dhéanann Carlyle an ceiliúradh is mó ar thraidisiún sin rómánsachas na Gearmáine a raibh sé faoi chomaoin aige agus Carlyle ba mhó a thug deis do léitheoirí Béarla a linne an traidisiún sin a bhlaiseadh tríd an iliomad aistriúchán agus aistí leis ar Goethe, Schiller, Richter, Heine agus Novalis (Shelston 1971: 10).

Bhí an oiread sin airde ag Duffy agus ag a chomrádaithe ar *Sartor Resartus* gur mhinic a léadh siad sleachta as le chéile agus nuair a fuair siad an fhaill, dhearbhaigh siad do Carlyle féin gur deisceabail dá chuid a bhí iontu (Kaplan 1983: 336). Dóchas tréan agus idéalachas a fuair Duffy i saothar Carlyle agus ba mhaith an lón intleachta ag réabhlóidigh an dá earra sin. Ach bhí tábhacht ar leith le staireolaíocht Carlyle a mbeadh a rian le feiceáil ar náisiúnachas na hÉireann go ceann i bhfad ina dhiaidh sin. Ba é an bhéim ar laochas agus ar fhir mhóra na staire buntréithe staire-olaíocht Carlyle: "History is the essence of innumerable Biographies" (1839, 2: 170), agus is furasta an líne a aimsiú idir sin agus tionscnamh beathaisnéisí Thomas Davis.

Is in *On Heroes, Hero-Worship and the Heroic in History* (1841) a mhíníonn Carlyle teoiric an laochais. Tuigtear dó go gcuirtear laochra ar an saol i ngach ré stairiúil agus go gcruthaíonn na fir mhóra sin stair an chine dhaonna: ". . . all things that we see standing accomplished in the world are properly the outer material result, the practical realisation and embodiment, of Thoughts that dwelt in the Great Men sent into the world" (185). Tá tionchar rómánsachas na Gearmáine le sonrú go láidir ar theoiric Carlyle, go háirithe: ". . . the emphasis which it places on the uniqueness of the individual experience set against the eternal and limitless perspectives of Time and Space" (Shelston: 15). Sa réamhrá a scríobh Carlyle do *On Heroes* (1841: 192) tugtar aitheantas do réamhleagan na rómánsach sin a thugann tús áite don indibhid agus a dhéanann feiniméan naofa rúndiamhair de: " 'There is but one Temple in the Universe,' says the devout Novalis, 'and that is the Body of Man. Nothing is holier than that high form. Bending before men is a reverence done to this Revelation in the Flesh. We touch Heaven when we lay our hand on a human body!' " Is dócha gur ón fhoinse seo a thagann an tagairt chéanna do Novalis atá in *An Druma Mór.* "Dúirt Novalis, fear léinn a bhí sa Ghearmáin: 'An té a leagas a lámh ar chorp duine, leagann sé a lámh ar Neamh' " (DM 134).

Tá go leor fianaise i saothar Sheosaimh Mhic Grianna gur tháinig sé faoi anáil Carlyle ní amháin tríd an scagadh a bhí déanta ag Thomas Davis air ach trína bhunléitheoireacht féin. San aiste 'An Alternative to the Gúm' áiríonn Mac Grianna Carlyle i measc deichniúir de mhórscríbhneoirí an domhain ar cheart a saothar a aistriú go Gaeilge (FF 187). San aiste 'Scríbhneoirí Gaeilge agus an Gúm' luann sé sainmhíniú Carlyle ar an rud is *genius* ann: "an infinite capacity for taking pains" (A 108). Lena chois sin, tá líne as 'Burns' le Carlyle[41] mar eipeagraf ag an aiste 'Ceol na croiche' (PÓC 223). Is léir fosta ó fhianaise 'Mháire', a deir go raibh bunús ar scríobh Carlyle léite aige (SC 25), gur ábhar coitianta léitheoireachta a bhí ann go háirithe ag fir féinteagasctha mar Fhrainc Ac Gairbheath a aithrisíonn sliocht fada as *Sartor Resartus* in *Nuair a Bhí Mé Óg.* Is é a deir Yeats faoi Carlyle ina dhírbheathaisnéis gurbh é "The chief inspirer of self-educated men in the 'eighties and early 'nineties" (214).

Le taobh na dtagairtí sin do Carlyle a léiríonn go raibh Seosamh Mac Grianna eolach ar a shaothar, tá iarmhairtí forleatacha an eolais sin le haithint ar chuid de na gnéithe is tábhachtaí i bhfealsúnacht Mhic Grianna féin. Tá an laochas mar ábhar litríochta agus mar mhodh maireachtála ar na nithe is túisce a shamhlófá leis an dá údar ach, lena chois sin, tá lorg grinnslítheach Carlyle le sonrú ar chuid de na téamaí is tábhachtaí i saothar Mhic Grianna ina n-áirítear an coincheapadh a dhéanann sé ar ról an ealaíontóra sa tsochaí.

Is in *Mo Bhealach Féin*, sa chéad chaibidil agus sa chaibidil dheireanach, atá *manifesto* Sheosaimh Mhic Grianna idir liteartha agus phearsanta. Is é macasamhail Fhorógra na Cásca é i saothar an Ghriannaigh idir an réamhrá stairiúil ina míníonn sé a chuid prionsabal i gcomhthéacs a staire pearsanta féin, na cuspóirí idéalaíocha a chuireann sé roimhe ina dhiaidh sin agus, ag deireadh na chéad chaibidle, an dúshlán: "Ach, arsa mise, a

Ghúm agus a chine dhaonna, toiseoidh mise mé féin anois ar neamhchead daoibh!" (MBF 11) Is é an léamh coitianta ar an *manifesto* seo gurb é báire na fola é in indibhidiúlachas Mhic Grianna. Ach más é atá ann, is ar éigean atá úire ar bith sa chineál indibhidiúlachais a shamhlaíonn Mac Grianna dó féin ar mhéad is atá sé ag brath ar smaointeachas Carlyle agus go háirithe ar an aiste 'The Hero as Poet' (Carlyle 1841: 243-270).

San aiste seo ar Dante agus Shakespeare, tógann Carlyle ar théis an laochais agus ar ról an fhir mhóir sa stair. Rí agus fáidh atá san fhile mhór, dar leis, ar cheart é a adhradh go dúthrachtach óir is é thar aon rud eile a bhronnann aontacht agus urlabhraíocht ar an náisiún:

> Yes, truly, it is a great thing for a Nation that it get an articulate voice; that it produce a man who will speak forth melodiously what the heart of it means! Italy, for example, poor Italy lies dismembered, scattered asunder, not appearing in any protocol or treaty as a unity at all; yet the noble Italy is actually *one*: Italy produced its Dante; Italy can speak! (Carlyle 1841: 270)

Cuirtear fir mhóra ar an saol, mar sin, le bheith ina n-urlabhraithe ag gach ré stairiúil agus ar an ábhar sin a deir Carlyle "Dante is the spokesman of the Middle Ages" (1841: 258).

Thuigfeá go raibh *On Heroes* léite ag Mac Grianna ón tagairt do Novalis in *An Druma Mór* ach is léir gur mhúnlaigh téis sin an laochais go leor dá bhuntuiscint ar a ról mar scríbhneoir. Is amhlaidh a dhearbhaíonn Mac Grianna gurb é urlabhraí mór an náisiúin Ghaelaigh é ina ré féin: "mise rí-éigeas na nGael san fhichiú céad seo in aimsir na hAiséirí." Téarma é 'rí-éigeas' a bhaineann leis an traidisiún Gaelach, go mór mór le ré na scoileanna filíochta ar a mbíodh rí-ollamh nó ardollamh i gceannas, ardollamh Éireann a tugadh ar Ghofraidh Fionn Ó Dálaigh mar shampla (Bergin 1970: 6, 16).[42] Ach is minic an teideal ríoga sin ag Carlyle: "King Shakespeare" agus "royal Johnson" (1841: 270; 310). "The poet . . . is a sovereign" a deir Ralph Waldo Emerson,[43] anamchara Meiriceánach Carlyle atá ar liosta mórscríbhneoirí Mhic Grianna (FF 187). Tá cosúlacht shoiléir ann fosta idir cur síos Carlyle ar aigne an fhile: "Poetry, therefore, we will call *musical Thought*. The poet is he who *thinks* in that manner" (1841: 247) agus meafar clúiteach Mhic Grianna ar léamh *An Chéad Chloch*: "nuair a léigh mé an leabhar seo stad mé

de chur focal Béarla le ceol m'aigne" (PÓC 5). Lena chois sin
uilig, san aiste 'The music of the thing that happens' "hero-bard"
a thugann Mac Grianna ar Thomas MacDonagh agus samhlaíonn
sé a ghaisce le Dante agus Shakespeare, dhá 'fhilelaoch' Carlyle
(FF 124).

Tá cosúlachtaí móra fosta idir *manifesto* Mhic Grianna agus an
dara cuid de théis Carlyle ar an fhilelaoch a mhaíonn gur fáidh é
a fhuasclaíonn rúin na cruinne dá chomhdhaoine:

> Poet and Prophet differ greatly in our loose modern notions of
> them. In some old languages, again, the titles are synonymous; *Vates*
> means both Prophet and Poet: and indeed at all times, Prophet and
> Poet, well understood, have much kindred of meaning.
> Fundamentally indeed they are still the same; in this most important
> respect especially, That they have penetrated both of them into the
> sacred mystery of the Universe. (1841: 244)

> But now, I say, whoever may forget this divine mystery, the *Vates*,
> whether Prophet or Poet, has penetrated into it; is a man sent hither
> to make it more impressively known to us. That always is his message;
> he is to reveal that to us,—that sacred mystery which he more than
> others lives ever present with. (1841: 245)

Is é an dála céanna ag Seosamh Mac Grianna é nuair a gheallann
sé, i líne dheireanach *Mo Bhealach Féin*, go mbeidh sé ina fhuas-
cailteoir rún ag na Gaeil: "Tá an saol mór lán den fhilíocht ag an
té dar dual a tuigbheáil, agus ní thráfaidh an tobar go deo na
ndeor. Agus a fhad agus mhairfidh mise beidh mé ag déanamh an
eolais chun an tobair seo do Chlanna Gael" (MBF 173).

Tá an t-eisintiúlachas sin a chleachtann Carlyle i dteoiric an
laochais le haithint go láidir ar na tagairtí a dhéanann Seosamh
Mac Grianna don tíolacadh mór a bhí aige mar fhile: "Within me
long ago a poet's soul was born" ('Flickers', leabhar nótaí 2).
Admhaíonn sé, mar sin féin, nach dtagann "a cheird chun an
tsaoil le duine ar bith" (PÓC 3). Mura dtagann, nach cuma má tá
anam an fhile ann ó thús ama. Is amhlaidh atá i gcás Sheosaimh
Mhic Grianna agus dar leis gur amaideach an mhaise dó gan an
fhírinne a aithint: "Le fiche focal a chur in aon fhocal amháin, ar
feadh bhunús dheich mblian bhí mé ar mo dhícheall ag iarraidh a
bheith beo cosúil le duine cothrom ar bith, agus go bhféadfadh
daoine dalla an domhain a aithint nach raibh mé mar bheadh
duine cothrom ann" (MBF 6). Tá an t-eisintiúlachas chomh tréan

sin ag Mac Grianna i dtaca leis an anam fileata gur minic a labhraíonn sé ar a anam mar earra luachmhar a shantaíonn daoine eile: "Is fada an lá ó thuig mé go rabhthas ag iarraidh m'anam a bhaint díom" (MBF 6). Ar an drochuair, threisigh an creideamh a bhí aige i dtíolacadh an fhile an pharanóia a bhí ag méadú ann i lár na 1930í, rud is léir ó dhá iontráil i leabhar nótaí dá chuid: "Sgéal fá fhear a raibh genius aige agus a fuair amach go raibh an saoghal i ndiaidh a anama, ghearr sé a sgeadamán agus d'fhág sé an leabhar ag an charaid a b'fhearr a bhí aige" (9 Iúil 1934), agus: "Fear a rabh genius aige agus a rabh an saoghal indiaidh a anama" (Meán Fómhair 1935).

Tá an bharúil chéanna ag 'Máire' fá bhuanna réamhchinntithe an scríbhneora cé gur searbhas seachas paranóia a chothaigh sé ann le himeacht aimsire. Is cosúil gur ghoill sé air go mbeadh sé de dhánacht i macasamhail Mháirtín Uí Chadhain scríbhneoir a thabhairt air féin, rud a thug air ceist a chur ar a raibh i láthair ag cruinniú de Chumann na Scríbhneoirí: "Cé faoi Dhia a rinne scríbhneoirí díbhse?" (Ní Mhuiríosa: 168) Ní hiontas ar bith gur Carlyle an crann bagartha atá aige ar ócáid eile ghearáin nuair is mian leis tuataí na litríochta a ionsaí: "There is an organised boycott against our books by what Carlyle would call hod-bearers who want to be architects and who are born for hod-bearing" (Mac Congáil 1990a: 39).

Díol spéise go luann Carlyle na *hod-bearers* ag deireadh an tsleachta as *Sartor Resartus* a aithrisíonn Frainc Ac Gairbheath in *Nuair a Bhí Mé Óg*. Sliocht é sin ina ndéantar ionsaí ar shaoithíní an chórais oideachais: "hide-bound peasants, without knowledge of man's nature or of boy's" (1838: 64) agus is é an fáth a luann Ac Gairbheath é gur theip ar 'Mháire' i scrúdú scoile a dhála féin. Is é a deir Frainc Ac Gairbheath fá ghasúr a éirigh leis i scrúdú na scoile: "An rud nach bhfuil sa duine ní chuirfidh scoil ná coláiste ann é" (NBÓ 205). Eisintiúlachas arís atá anseo agus é ag teacht leis an mhéid a deir Carlyle fán uaillmhian: "Fortune stands on a restless *globe* . . . . Ambition, literary, warlike, politic, pecuniary, never yet profited any man" (1839, 4: 182).

Mura bhfuil sé daite do dhuine bheith ina scríbhneoir mór ní bheidh rath ar a chuid iarrachtaí liteartha: "In the heart of the speaker there ought to be some kind of gospel-tidings, burning till it be uttered; otherwise it were better for him that he altogether held his peace" (1839, 4: 160). Is follas, mar sin, gur fhág saothar Carlyle níos mó ná 'gránú' ar 'Mháire' agus ní hiontas ar bith é gur chreid sé nach dtiocfadh le daoine áirithe bheith ina scríbhneoirí ná nach dtiocfadh le muintir na Galltachta Gaeilge a fhoghlaim. Agus lean sé oide a mhúinte nuair a chuaigh sé chun domlais fán saol a bhí thart air le himeacht aimsire óir fá dheireadh a shaoil liteartha, chaill Carlyle cibé ciall a bhí aige don mheasarthacht agus tharraing míchlú air féin as a chuid tuairimí antoisceacha (Mac Congáil 1990a: 40; Williams: 95).

Ceist atá ar shlí a fiafraithe cad chuige a mbeadh an oiread sin airde ag náisiúnaithe Éireannacha mar Fhrainc Ac Gairbheath agus 'Mháire' ar mhacasamhail Carlyle a léirigh gráin do mhuintir na hÉireann ina shaothar. "Crowds of miserable Irish darken all our towns" a deir sé faoi na hÉireannaigh a tháinig go Sasana in aimsir an drochshaoil (1840: 18). Ba dhuine de na haimleoirí sin 'Máire', cé gur tháinig sé go hAlbain níos mó ná leathchéad bliain i ndiaidh do Carlyle an píosa sin a scríobh. Mar sin féin, tá íoróin mhór ann sa mhéid is gur fhionnachtain de chuid 'Mháire' ba ea scríbhneoireacht Carlyle agus gur in Albain i gcuideachta Fhrainc Ac Gairbheath agus an Mháistir Mhic Comhail a thosaigh sé a léamh a shaothair bíodh is go raibh léamh níos criticiúla ag Mac Comhail air (NBÓ 202; SC 22).

Tá cuid de fhreagra na ceiste sin san urraim a bhí ag macasamhail Charles Gavin Duffy do Carlyle agus an dóigh ar síothlaíodh a chuid teoiricí trí náisiúnachas *Young Ireland*. Ach níor mhiste ina dhiaidh sin anailís a dhéanamh ar an léamh a bhí ag Frainc Ac Gairbheath ar shaothar Carlyle. Is suimiúil an leas a bhaineann an fear oibre féinteagascytha as *Sartor Resartus* leis an mheánaicme a bhí os a chionn a cháineadh. Tarraingíonn sé air leabhar Carlyle le tabhairt faoin chóras oideachais Ghallda nach n-aithníonn ach an tsaoithíneacht dar leis: "B'fhearr do ghasúr oíche mhaith scéalaíochta ná bliain ar an scoil, nuair nach mbeadh máistir na scoile ina scéalaí. Agus is annamh a bhíos, go háirid i dtír atá faoi smacht" (NBÓ 201). Is dócha gurbh é an meon freasúrach sin a léiríonn Carlyle ina shaothar a thaitin le macasamhail Ac Gairbheath a bhí taobh amuigh den saol oifigiúil intleachtúil. Tógadh Carlyle i mbaile beag tuaithe, Ecclefechan in iardheisceart na hAlban, agus bhí meas aige i gcónaí ar fheirmeoirí agus ar oibrithe. Chuireadh galántacht agus saoithíneacht déistin air, go háirithe agus é ina chónaí i Londain i measc *literati* a bhí coimhthíoch go maith aige: "A mass of richest spices putrified into a dunghill" a thug sé ar Coleridge (Wiley: 119). Agus ar ndóigh, tá an seanbhlas céanna ag 'Máire' ar shaoithe a linne: "Congenital idiocy in university robes mumbling inanities about Gaelic Literature and Gaelic Scholarship" (Mac Congáil 1990a: 39).

Is é an meon freasúrach sin atá le haithint arís i *manifesto* Sheosaimh Mhic Grianna, go háirithe nuair a dhiúltaíonn sé do chloíteacht a chuid comhghleacaithe: "Is fada an lá ó scar mé le cuid mhór den chathéide a bhíos ar bhunús achan fhear eile— post seascair agus barúlacha a fhóireas dá shó féin" (MBF 5-6). Dála Carlyle, creideann Mac Grianna gur dallamullóg iad comhghnásanna a linne ar ceart diúltú glan dóibh: "Tá an saol uilig taobh thall den scáth bheag focal a chuir muid air, agus ní hionann ciall thall ansin agus abhus, an áit nach bhfuil muid ach ag siúl le gnás agus le comhairle, mar bheadh daill ag déanamh an eolais dá chéile. B'fhearr liom a bheith corr ná a bheith ceangailte. B'fhearr liom siúl sa ré dorcha ná a bheith dall" (MBF 159).

Arís eile, tá múnla Carlyle le haithint ar mhana Mhic Grianna idir smaointeachas agus mheafair. Is sna sleachta sin in *Sartor Resartus* ina bhfuil cur síos ar iompú an laoich, Teufelsdröckh, ina 'chreidmheach' is mó atá an chosúlacht le sonrú. Dála an té a chruthaigh é, diúltaíonn Teufelsdröckh do dhaille a chomhdhaoine nach léir dóibh mistéir an tsaoil ach a bhfuil ceangal an chomhghnáis orthu i dtólamh: "Nay, what is Philosophy throughout but a continual battle against Custom; an ever-renewed effort to *transcend* the sphere of blind Custom, and so become Transcendental?" (1838: 158) Dar leis go bhfuil sé beo i ré atá faoi chrann smola ag an amhras agus ag an neamhshuim, an 'everlasting no' (98) mar a bhaisteann sé air, agus is é is rún dó cúl a thabhairt don spadántacht intleachtúil sin agus a shaol a chaitheamh le hiontas. Is é a bhaisteann sé le tréan fáidhiúlachta ar an 'chreideamh' úr sin, "the EVERLASTING YEA, wherein all contradiction is solved: wherein who so walks and works, it is well with him" (117).

Is amhlaidh fosta, a admhaíonn Seosamh Mac Grianna in *Mo Bhealach Féin* go raibh sé féin seal ag géilleadh don chomhghnás.

"Inseoidh mé an fáth nár scar mé le mo leathchairde seal mór de
mo shaol, an fáth nach ndeachaigh mé a fhad agus ba mhian liom
ar bhealach an aoibhnis agus an tseachráin sí . . . . bhí eagla fada
buan orm romham féin" (MBF 5-6). Ach tá an seal sin thart agus
is é an gháir chatha chéanna atá ag Mac Grianna agus atá ag laoch
Carlyle nuair a thugann sé droim láimhe do chúngach intleachtúil
a linne, "the CENTRE OF INDIFFERENCE" i bhfocail
Teufelsdröckh (1838: 112), agus dála laoch Carlyle, is é bealach na
n-iontas an tslí éalaithe aige: "Is é an rud a ba mhaith liomsa an
saol uilig a chur ar mhullach a chinn agus ansin bheadh draíocht i
rud ar bith dá mba do do thochas féin é. Go dearfa, ní abróinn go
bhfuil cead ag duine é féin a thochas mar atá an saol fá láthair"
(MBF 11). Agus arís eile, má shiúlann sé tríd an 'ré dorcha' ní
bheidh sé dall, rud a mhaíonn Teufelsdröckh in *Sartor Resartus*:
"The man who cannot wonder, who does not habitually
wonder . . . is but a Pair of Spectacles behind which there is no
Eye (41).

An *malaise* sin a mhothaigh Seosamh Mac Grianna lena ré féin,
go háirithe ag deireadh na 1920í agus ag tús na 1930í, tá a
chomhionann le fáil sa chomhthéacs pholaitiúil shóisialta a
bhíodh ag cur caite ar Carlyle sa 19ú haois. Ba é an fóntachas
(*utilitarianism*), a bhí in uachtar i measc smaointeoirí agus
polaiteoirí a linne, a chuir gráin air. Jeremy Bentham (1748-1832)
is mó a thionscain an fóntachas mar theoiric pholaitiúil eacna-
maíoch a raibh a cuid fréamhacha i réasúnachas na bhfealsamh
Francach agus in ábharachas Hobbes, Locke agus Hume Shasana.
Dar le Carlyle gurbh é an réasúnachas sin agus an bhéim a bhí
aige ar phrionsabail a chruthú trí amhras a chaitheamh ar gach
rud ar dtús, ba chionsiocair le héiginnteacht agus le hainchrei-
deamh mór a linne: "We have called it an age fallen into spiritual
languor, destitute of belief, yet terrified at Scepticism; reduced to
live a stinted half-life, under strange new circumstances" (1839: 4,
160).

As modh sin an amhrais a tháinig bunchuspóir an fhóntachais
mar atá, gach rud a mheas ar a úsáidí féin (Everett 1966). Le
himeacht aimsire, in áit leas daoine a dhéanamh mar a ceapadh i
dtús báire, ba é an toradh a bhí ar an fhóntachas neamhthró-
caireacht agus meicniúlacht a chothú in institiúidí na sochaí. Ar
na samplaí is measa de chur chuige rólitriúil an fhóntachais bhí

na scoileanna *Lancasterian* a ndéanann Charles Dickens aoir orthu in *Hard Times* (1854). Ba é an t-aon mhodh teagaisc a chleachtaí sna scoileanna sin na daltaí a líonadh le fíricí a rachadh ar sochar dóibh, is cosúil, sa saol:

> 'Bitzer,' said Thomas Gradgrind. 'Your definition of a horse.'
> 'Quadruped. Graminivorous. Forty teeth, namely twenty-four grinders, four eye-teeth, and twelve incisive. Sheds coat in the spring; in marshy countries, sheds hoofs, too. Hoofs hard, but requiring to be shod with iron. Age known by marks in mouth.' Thus (and much more) Bitzer.
> 'Now girl number twenty,' said Mr Gradgrind. 'You know what a horse is'. (Dickens 1854: 50)

Pléitear an dochar a dhéanann an fóntachas antoisceach sin don tsochaí Shasanach in úrscéal Dickens agus is ar an ábhar sin a thoirbhir sé *Hard Times* do Thomas Carlyle, an té is mó a d'ionsaigh an eiriceacht úr.

In 'Sign of the Times'(1829), aiste luath le Carlyle, cáintear meicniúlacht thíoránta an fhóntachais a bhfuil an tsochaí ag géilleadh di:

> Were we required to characterise this age of ours by any single epithet, we should be tempted to call it, not an Heroical, Devotional, Philosophical or Moral Age, but, above all others, the Mechanical Age. It is the Age of Machinery, in every outward and inward sense of that word; the Age which, with its whole undivided might, forwards, teaches and practises the great art of adapting means to ends. Nothing is now done directly or by hand; all is by rule and calculated contrivance.
> Men are grown mechanical in head and in heart, as well as in hand. They have lost faith in individual endeavour. (1839, 1: 100, 103)

Anailís thráthúil a bhí sa mhéid thuas ag am a foilsithe agus is díol spéise na cosúlachtaí a aithnítear idir sleachta in *Das Capital* Marx agus an tráchtaireacht sin le Carlyle (Craig: 25-26). In *Nationalism in Ireland* (1982) léiríonn Boyce gurbh é an frithfhóntachas a chuir Thomas Davis bealach rómánsáchas na Gearmáine ar neamhchead do Dhónall Ó Conaill a bhí ar thaobh an fhóntachais (155), agus ba é an frithfhóntachas, ar ndóigh, a threisigh an dáimh a bhí ag Davis le smaointeachas Carlyle.

Nuair a théann Seosamh Mac Grianna i ndeabhaidh le maorlathas an Ghúim is iad na duáilcí céanna a chuireann sé síos dó agus a chuireann Carlyle síos d'institiúidí stáit in aois an

fhóntachais a raibh béim ar leith acu ar staitisticí. Is do mhaor-
lathas den chineál sin a thagraíonn an *circumlocution office* in *Little
Dorrit* le Dickens (Shelston 1971: 21) agus is é a spreagann racht
Carlyle in *Latterday Pamphlets* (1850):

> From all corners of the wide British Dominion there rises one
> complaint against the ineffectuality of what are nicknamed our "red-
> tape" establishments, our Government Offices, Colonial Office,
> Foreign Office and the others, in Downing Street and the neighbor-
> hood . . . . Every colony, every agent for a matter colonial, has his
> tragic tale to tell you of his sad experiences in the Colonial Office;
> what blind obstructions, fatal indolences, pedantries, stupidities, on
> the right and on the left, he had to do battle with; what a world-wide
> jungle of red-tape, inhabited by doleful creatures, deaf or nearly so
> to human reason or entreaty, he had entered on; and how he paused
> in amazement, almost in despair; passionately appealed now to this
> doleful creature, now to that, and to the dead red-tape jungle . . . .
> (Shelston : 295)

Daoine leamha conróideacha a fuair Seosamh Mac Grianna in
oifig an Ghúim agus iad ag cur lámhscríbhinní thart ó dhuine go
duine go dtí go slogfaí sa deireadh iad mar a shlogfadh ainbhei-
thíoch mionbhia. "The Gargantuan paper giant" a thugann sé ar
an scéim foilsitheoireachta (FF 181) agus cumann sé scéal beag
apacrafúil a léiríonn an aicíd atá ar lucht an Ghúim:

> They had an amazing way of making every little trifle the subject for
> a dozen or so of official documents. I was in mortal terror of leaving
> my hat behind in the office, lest I should have to fill several forms of
> application for its return , and lest there should be a separate file
> opened for it by the secretary, perhaps a separate department, a
> "Roinn um Seanhataí", and that there should be endless papers, red,
> white and blue, made awe-inspiring by the Ministerial signature, to
> be faced. (FF 182)

Is é an tsamhail chéanna a thugann Carlyle agus Mac Grianna do
neamhhinniúlacht na státseirbhíse, mar sin, ach is suimiúla mar
ábhar anailíse an rómánsaí ag diúltú do threalamh agus do
mhodhanna an Stáit. I gcás Carlyle, bhí cath soiléir le troid idir
meicniúlacht an fhóntachais ar thaobh amháin agus rómánsachas
an athdhúchais ar an taobh eile. I dtaca le Seosamh Mac Grianna,
baineann cuid mhór den diúltú sin do threalamh an Stáit leis an
athdhúchas rómánsach a fuair sé i náisiúnachas *Young Ireland* agus
i saothar Carlyle. Níor chóir, áfach, gan tagairt a dhéanamh do
thimpeallacht chultúrtha pholaitiúil Mhic Grianna sna 1920í agus

sna 1930í a chothaigh go leor den fhrithmhaorlathas sin ann. Tá a oidhreacht mar scríbhneoir Gaeltachta le háireamh, mar shampla, agus an coimhthíos a mhothaigh sé i sochaí leath-thionsclaíoch na mbailte móra Galltachta. Is follas chomh maith, gur threisigh an t-aighneas polaitiúil idir poblachtaigh agus lucht an tSaorstáit claonadh an fhrithmhaorlathais sa Ghriannach mar is léir ón chonspóid fán Ghúm ag tús na 1930í a raibh bunús láidir polaitiúil léi—Cumann na nGaedheal ag cosaint an Ghúim (FF 189) agus poblachtaigh mar Dhonn Piatt agus 'Máire' á cháineadh.

Tá sampla maith de dhíomá an rómánsaí i ré an iarchogaidh againn in *Angela's Ashes* le Frank McCourt mar a bhfuil cur síos ar sheanóglach (athair an údair) agus é ag iarraidh cúnamh dífhostaíochta ar 'oifigeach' de chuid an IRA: "Dad says to me, Remember this, Francis. This is the new Ireland. Little men in little chairs with little bits of paper. This is the Ireland men died for" (50). Díol spéise go n-insíonn údar *Angela's Ashes* dúinn gurbh é *Jail Journal* John Mitchel an leabhar ab fhearr lena athair (231).

Le cois na gráine a bhí ag Seosamh Mac Grianna ar mhaorlathas an tSaorstáit, áfach, tá claonadh ginearálta ina shaothar in éadan gnéithe den saol nua-aimseartha tionsclaíoch atá gaolmhar go maith don bharúil a bhí ag Carlyle agus ag Dickens den tsochaí thionsclaíoch. Fiafraíonn sé, mar shampla, de cheannfort an I.R.A in *Mo Bhealach Féin*: "An mbrisfeadh sibh na teileafóin agus an ndófadh sibh na foirmeacha?" (MBF 54) Go minic is é an frithuirbeachas sin, a phléitear i gcaibidil a seacht, a ghineann na barúlacha céanna. Ach is claonadh é seo in éadan thosca an tsaoil nua-aoisigh a gheobhadh Mac Grianna ní amháin ag Carlyle ach ag macasamhail Yeats, Wordsworth agus ag na 'hIdéalaigh' Mheiriceánacha, go háirithe Henry D. Thoreau (1817-1862) agus Ralph Waldo Emerson (1803-1882).

I dtaca leis an bheirt dheireanach sin, bhí siad faoi chomaoin mhór ag smaointeachas Carlyle, rud a d'fhógair siad in aistí ar an saoi Albanach.[44] Is cuí go luann Seosamh Mac Grianna Emerson taobh le Carlyle i liosta na mórscríbhneoirí óir bhí caidreamh domhain intleachtúil idir an bheirt sin a mhair thar leathchéad bliain. Ach tá na cosúlachtaí is follasaí le sonrú idir Thoreau agus Seosamh Mac Grianna cé gurb é Emerson a luaitear in 'An

Alternative to the Gúm'. Ba é *Walden* (1854) le Thoreau, cuntas ar dhá bhliain a chaith an scríbhneoir ina chónaí leis féin i mbothán cois locha, a spreag 'The Lake Isle of Innisfree' le Yeats (Yeats: 153), dán a shamhlófá leis an fhonn láidir éalaithe a gcuireann Mac Grianna síos air go minic in *Mo Bhealach Féin*: "Apaíonn intinn agus anam an duine ar an fhairsingeach agus ar an uaigneas" (MBF 60).

Is é an oidhreacht is mó a d'fhág Thoreau gur chaith sé a dhúthracht leis an indibhidiúlachas tréan a mhol Emerson—thug sé cúl don tsibhialtacht agus d'fhill ar an saol 'nádúrtha'. Ba é *Walden* toradh mór liteartha an dúshláin sin agus is suimiúil fosta gur scríobh an Meiriceánach téis ar an siúl dar teideal *Walking* (1862). Tá an dúshlán céanna in *Mo Bhealach Féin* ar ndóigh, an fear aonair beo ar a acmhainní féin ar neamhchead dá chomhdhaoine. Cosúlacht eile idir Mac Grianna agus Thoreau is ea an dúil a bhí ag Thoreau san 'Fhiannaíocht' mar a athghineadh í i saothar Macpherson (MacKillop: 240) agus ní hiontas ar bith é an lón céanna rómánsachais a fháil sa litríocht sin agus a fuair Seosamh Mac Grianna.

Is léir, mar sin, gur chothaigh traidisiún rómánsachais an Bhéarla an mianach mór Boihéamach i saothar agus i saol Sheosaimh Mhic Grianna. Ní furasta gach gné den leasú sin a iniúchadh, áfach, dá inspéise é. Díol spéise, mar shampla, go gcastar móitíf an éin ghafa orainn in 'The Prelude' le Wordsworth nuair a chuireann sé síos ar an chuid sin dá shaol a chaith sé ar an ollscoil: "ranging like a fowl of the air, I was ill-tutored for captivity" (121).[45] Samhlaíonn Mac Grianna an braighdeanas céanna le saol an Choláiste (MBF 6; FF 12) agus is é an colmán gafa a léiríonn braighdeanas na cathrach in *Mo Bhealach Féin* (MBF 15). Litríocht rómánsach agus scéalta laochais a bhí ag Mac Grianna ina ghasúr dó (FF 126-130) agus is léir gur minic a mhúnlaigh siad a shamhlaíocht féin. Ach is é an téis théagartha iomlánaithe a chruthaigh Carlyle as traidisiún an rómánsachais agus an tarchéimnitheachais is mó a fheicimid i saothar Mhic Grianna.

Mar is follas ó *On Heroes*, thug Carlyle tús áite don fhearúlacht agus don fhisiciúlacht. Chuir sé an oiread sin béime ar an dá ghné sin go gcuirtear síos dó go minic gur cúiteamh a bhí uaidh dá éagumas gnéis féin (Williams 1958: 90). Tá saothar liteartha Mhic Grianna ar maos san fhearúlacht chéanna cé gur minic gurb é an traidisiún béaloidis an múnla atá aige. Mar sin féin, i dtaca leis an choincheap a chruthaigh Carlyle den fhilelaoch agus an bharúil atá aige dá chomhscríbhneoirí, tá dearcadh Mhic Grianna an-chóngarach dó mar is léir arís in *Mo Bhealach Féin*: "Is iomaí uair, ar ndóigh, a dúirt mise le scríbhneoirí na Gaeilge: " Pleoid oraibh, a mharlaí, an ea nach bhfuil dul agaibh an máilín a thógáil?' Agus thóg mé an máilín achan iarraidh" (MBF 172). Sintéis é an ráiteas sin, ar bhealach, den laochas dúchais agus de nualaochas Carlyle i smaointeachas Mhic Grianna.

Chuireadh díobháil fearúlachta a chuid comhscríbhneoirí samhnas ar Carlyle, rud a léiríonn sé agus é ag trácht ar Byron:

. . . look at poor Byron, who really had much substance in him. Sitting there in his self-exile, with a proud heart striving to persuade itself that it despises the entire created Universe; and far off, in foggy Babylon, let any pitifulest whipster draw pen on him; your proud Byron writhes in torture—as if the pitiful whipster were a magician, or his pen a galvanic wire struck into the Byron's spinal marrow! Lamentable, despicable,—one had rather be a kitten and cry mew! (1839, 4: 158)

Nuair a áirímid an dúil a bhí ag Carlyle i Rabbie Burns de rogha ar ghalántacht aos liteartha London, is furasta an dáimh a bhí ag oibrithe mar Fhrainc Ac Gairbheath leis a thuiscint. Mar sin féin, is tábhachtaí 'teoiric an laoich', mar a chuir Carlyle síos air, ná na laochra iad féin. Agus sa tionscnamh beathaisnéisí Éireannacha a spreag sé tá an fhearúlacht sin go tréan. Sampla maith de luach na fearúlachta sna beathaisnéisí náisiúnaíocha is ea *Beatha Sheáin Mistéil* le Niall Ó Dónaill agus an réamhrá a scríobh Arthur Griffith (1913) do *Jail Journal*. An chonclúid chéanna agus an focal céanna scoir atá acu beirt fá phríomhbhua an Mhistéalaigh: "This was a Man" a deir Griffith agus deir an Dálach: ". . . theagasg sé soiscéal na fearamhlachta do fhearaibh Éireann, agus bhí sé féin ar mhac comh fearamhail agus thóg Éire ariamh" (1937: 284).

Tá an mana fearúil sin an-choitianta i saothar Sheosaimh Mhic Grianna, ní amháin agus é ag trácht ar laochra ach go fiú sna léirmheasanna a scríobh sé ar leabhair: "A brave book is the next best thing to the company of a brave man" a deir sé sa léirmheas a scríobh sé ar úrscéal Standish O'Grady, *The Flight of the Eagle* (FF 131). Agus san aiste chéanna, léiríonn sé a dhílseacht don fheachtas theagascach liteartha sin a thionscain Thomas Davis:[46] "I would point to Standish O'Grady's story of the capture and escape of Red Hugh O'Donnell as one of our bravest, most bloodful books. *The Flight of the Eagle* should be put into every growing boy's hands. Mature people will revel in it too. Even those too old to love the vigorous muscle-twisting will feel a thrill" (FF 131).

Ní i gcónaí a bhíonn Mac Grianna ag teacht le O'Grady mar gheall ar an chlaonadh Angla-Éireannach a bhí sa Ghrádach ó dhúchas (FF 139) ach is cinnte gur chleacht sé an *genre* céanna 'stairiúil' leis, go háirithe in *Eoghan Ruadh Ó Néill* (1931). De nádúr an *genre* sin, ar ndóigh, an "vigorous muscle-twisting" nó an 'fhisiciúlacht' sin ina gcuirtear síos ar chomhrac agus is é an ghné sin de shaothar ficsin Mhic Grianna a chuireann cuma áibhéalach ar chuid dá aistí. Ag caint ar ról an fhile náisiúnaíoch, mar shampla, deir sé: "The refinement that is not coupled with good triceps muscles is not healthy; it is the morbid refinement of the enervate. The greatest of bards and thinkers were also good men of action, the Dantes and Cervantes and Shakespeares of this world" (FF 124). Tá leabhar nótaí de chuid Mhic Grianna breac ballach le sceidil aclaíochta a dhearbhaíonn an aird chéanna ar neart coirp: "Strongman's hike. . . . Idea make biceps of legs more supple. Concentrated and continuous leg stretching and bending in general (Mí Iúil 1934, leabhar nótaí 2).

I ndeireadh na dála, comhartha is ea an fhisiciúlacht seo ar an laochas agus ar an athdhúchas ar geall le cultas é i luathshaothar Mhic Grianna. Agus cá hionadh sin nuair atá an dá earra sin de dhlúth agus d'inneach sa traidisiún scéalaíochta a raibh clann Mhic Grianna ar maos ann? Ach nuair a shaothraigh Mac Grianna an *genre* 'stairiúil' dála Standish O'Grady, bhí sé ag tarraingt ar chur chuige agus ar stíl a bhunaigh Walter Scott a chéaduair ach ar chuir Carlyle bunús teoiriciúil leis. I réamhrá *The Flight of the Eagle* mar shampla, maíonn O'Grady an dáimh atá aige leis an chur chuige a bhí ag Carlyle in *The History of Fredrick the Great* (O' Grady 1897: v).

Tá léiriú maith againn ar thréithe na staireolaíochta sin a dtagraíonn O' Grady dó in aiste Carlyle ar Walter Scott:

. . . these Historical Novels have taught all men this truth, which looks like a truism, and yet was as good as unknown to writers of history and others, till so taught: that the bygone ages of the world were actually filled by living men, not by protocols, state-papers, controversies and abstractions of men. Not abstractions were they, not diagrams and theorems; but men, in buff or other coats and breeches, with colour in their cheeks, with passions in their stomach, and the idioms, features and vitalities of very men. (Carlyle 1839, 4: 176-7)

Cosnaíonn Carlyle na húrscéalta stairiúla óir, a dhála féin, ceadaíonn siad insint chruthaitheach shamhlaíoch murab ionann is an stair chomhghnásach. In *The History of Fredrick the Great*, ionsaíonn sé an staraí comhghnásach, ar a mbaisteann sé 'Dryasdust', as siocair nach bhfuil aird aige ach ar na fíricí loma gan maisiú ar bith orthu (Carlyle 1858). Ar ndóigh, ní ar mhaithe le taifead simplí staire a chruthú a bhí Carlyle ag scríobh ach lena fhealsúnacht shoiscéalach féin a chur i láthair shochaí a linne. Is cuid de bhundamhna na fealsúnachta sin teoiric an laochais agus an t-athdhúchas mór atá i saothar Carlyle. Mar a deir Williams (1958: 90):

The larger part of Carlyle's writing is the imaginative re-creation of men of noble power. Lacking live men, we enter a social contract with a biography. The writings on Cromwell, on Frederick the Great, and on others, embody this most curious of experiences: a man entering into personal relations with history, setting up house with the illustrious dead.

Ní amháin go bhfuil an caitheamh céanna i ndiaidh an tseansaoil ag Mac Grianna ina chuid leabhar staire, ach is cuid thábhachtach é dá shaothar ficsin agus dá shaothar dírbheathaisnéise. Cuideachta taisí atá aige in *Mo Bhealach Féin* nuair a shamhlaíonn sé é féin le "Réamann Ó hAnluain sna seanlaetha breátha" (MBF 26) nó nuair a chuireann sé ainm Airt Mhic Cumhaigh i leabhar an tsiopa garaíochta (MBF 22) agus go fiú nuair a bhuaileann sé mac an tiarna talaimh mar a "bhuailfí le tua chatha gallóglaigh é" (MBF 18). Is tréine go minic na taisí stairiúla seo i ndírbheathaisnéis Mhic Grianna nuair atá fonn éalaithe air—i ndiaidh eachtra an cholmáin mar shampla (MBF 15)—agus de ghnáth is ag éalú ó shochaí a linne atá sé. Aithníonn Carlyle an t-éalúchas seo i saothar Scott agus cuireann sé síos dó gur míshásamh leis an tsochaí chomhaimseartha is cúis leis:

The reader was carried back to rough strong times, wherein those maladies of ours had not yet arisen. Brawny fighters, all cased in buff and iron, their hearts too sheathed in oak and triple brass, caprioled their huge war-horses, shook their death-doing spears; and went forth in the most determined manner, nothing doubting. The reader sighed, yet not without a reflex solacement: "O, that I too had lived in those times, had never known these logic-cobwebs, this doubt, this sickliness; and been and felt myself alive among men alive! (Carlyle 1839, 4: 160-1)

Is é an taobh dorcha de laochas agus de mheánaoiseachas Carlyle an mhí-úsáid a bhain lucht ollsmachtachais as an bhéim a chuireann sé ar neart fisiciúil agus ar cheannairí uilefheasacha. Is cosúil, mar shampla, gur thug Hitler cóip de *Fredrick the Great* leis isteach sa 'ghualchró' i mBeirlín (Shelston 1971: 22). Ní hiontas ar bith é, go háirithe nuair a chuimhnítear go gcuirtear síos do Carlyle gurbh é a chum an mana 'might has the right' (Carlyle 1851: 169).[47] Tá iarracht den fhaisisteachas in áiteanna ag Mac Grianna: in 'An Cogadh san Aibisín', mar shampla, molann sé an sracadh atá in Mussolini: ". . . fear mór fearúil toilghnústa . . . . Níl ins an chuid eile de lucht stiúrta na náisiún mór ach fágálaigh lena thaobh" (FF 90). Tá an claonadh céanna le sonrú in *Mo Bhealach Féin* nuair a cháineann sé "na daoine a chruinnigh ciall nuair a ba chóir dóibh neart a chruinniú" (MBF 173) agus tá an-chosúlacht idir sin agus an méid a deir Carlyle: "For indeed the Wiser and the Braver are properly but one class; no wise man but needed first of all to be a brave man, or he never had been wise" (1843: 259). Ina dhiaidh sin uilig, áfach, nuair a áirímid an bhá a bhíonn aige le Mac Mhaitiú, an fear dubh a casadh air sa Bhreatain Bheag (MBF 97), is léir nach ag leanúint chiníochas Carlyle atá sé ar chor ar bith. Má chreid faisistigh na hEorpa i ré ghlórmhar na Meánaoise, dála Carlyle, is é a chreideann Mac Grianna go bhfuil "saol na Meánaoiseann ins an Eadaib" agus ar an ábhar sin gur "fearr an fear an fear dubh" (FF 91). Is ceart fosta cuimhneamh ar *milieu* polaitiúil agus sóisialta na 1930í ina raibh an bhochtaineacht agus an éiginnteacht in uachtar óir is iad na coinníollacha sin a d'fhág cuma mheallacach go leor ar rialtas láidir. Is iontach, mar shampla, go n-admhaíonn Marxach mar Liam Ó Flaithearta an meas atá aige ar Mussolini agus é ag scríobh i 1934 (O'Flaherty 1934: 32).

Léiriú maith é an sampla deireanach sin ar an dóigh a dtéann soiscéal Carlyle i gcion ar shaothar Mhic Grianna: bíonn sé seal ag géilleadh dó agus seal ag déanamh a chuid féin de ach is léir, i rith an ama, gur cuid lárnach é saothar Carlyle de chruinneshamhail intleachtúil an dá Ghriannach. Chan ionann is Seosamh, áfach, ní dhearna 'Máire' aithris lom ar an ghné is feiceálaí de scríbh-neoireacht Carlyle, mar atá, an stíl phróis a chleacht sé. Is gnách *Carlylese* a thabhairt ar an stíl sin ar mhéad atá sé éagosúil go fiú leis an phrós Victeoiriach. Is iad na comharthaí sóirt is mó atá aige an choimhréir aduain, na hiasachtaí Gearmánacha agus an fháidhiúlacht bhíobalta (Bloom ed. 1986: 19-21). Tá an teanga bhíobalta sin le sonrú go láidir, mar shampla, nuair a labhraíonn Carlyle go díreach leis an léitheoir lena chur ar bhealach a leasa: "Swallow not the Circedraught, O weakly-organised individual; it is fell poison; it will dry up the fountains of thy whole existence, and all will grow withered and parched; thou shalt be wretched under the sun!" (Carlyle 1839, 4: 158) Nó nuair a ligeann sé a racht le coirpigh Shasana faoi na príosúin úra chompordacha: "Shall we say, *May he*, may the Devil give you good of it, ye Elect of Scoundrelism?" (Shelston 1971: 290)

Tá an nuabhíobaltachas sin le sonrú ar na hionsaithe a dhéanann Mac Grianna ar " ye men of the Pale . . . " (FF 196):

> Think you spawn of the robber Norman, and all who are your slaves, how little money means to men of that type whom we have with us in plenty today. (FF 194)

> Here we are in exile, as much as a Palesman would be in Paris or Moscow. Rather cruel, is it not, ye men of the Pale? But add to it that we are exiles in our own land. . . . So there we are. 'By the rivers of Babylon we sat and wept when we remembered Sion'. (FF 196-7)

Carlylese ar dóigh atá ansin idir 'ye' an tseanmóirí agus an cúlra bíobalta. Ar ndóigh, rinne John Mitchel aithris ar an *Carlylese* i bhfad roimhe sin in *Jail Journal* agus tá na hionsaithe sin a dhéanann Mac Grianna an-ghaolmhar do phrós Mitchel idir ábhar agus stíl, go háirithe na sleachta a ndéanann 'Máire' athfhriotal orthu in *Saol Corrach*. "Dublin City . . . with its bay and pleasant villas—city of bellowing slaves, villas of genteel dastards—lies now behind us" (SC 18).

Is dócha fosta go mbeadh Béarla an 19ú haois—agus go
háirithe an cineál Béarla a scríobhtaí fá lár an 19ú haois—go
mbeadh sé seanaimseartha agus mífhaiseanta nuair a bhí Mac
Grianna i mbun pinn. Le cois a bheith stálaithe go maith, tá go
leor den 'Bhéarla mhaide' sna haistí sin a léiríonn coimhthíos
áirithe i mBéarla Mhic Grianna. Tá sampla den chineál sin sa
léirmheas a scríobh an Griannach ar *The Flight of the Eagle:* "It is a
rich book for boys, and men too, with broad chests, yet who are
not all chest" (FF 134). Cuireann sé seo uilig le tábhacht an
'droch-Bhéarla' a labhraíonn cuid de charachtair *An Druma Mór.*
An é, mar shampla, gur tháinig sé sin as taithí phearsanta an údair
féin nár tháinig an Béarla chomh réidh sin leis? Is íorónta fosta an
aithris a dhéanann Mac Grianna ar an *Carlylese* óir ní raibh
foighde ar bith ag Carlyle le Béarla na nÉireannach: "The Irish
speak a partially intelligible dialect of English" (1840: 18).

Is é an frith-Éireannachas sin ag Carlyle a deir in áit eile: "The
time has come when the Irish population must be improved a
little or exterminated" (1840: 19) a fhágann gur iontach linn an
úsáid a bhaineann Mac Grianna as a shaothar gan trácht ar an
ghradam a thugtar don Saoi Victeoiriach dá bharr. Óir is léir gur
foinse rafar bhisiúil é saothar Carlyle ag an Ghriannach idir indib-
hidiúlachas agus athdhúchas *Mo Bhealach Féin,* staireolaíocht
leabhar staire Mhic Grianna agus *Carlylese* a chuid aistí. Thairis sin
uilig, is follas go bhfuair Mac Grianna treoir as *On Heroes* i dtaca le
carachtracht *An Druma Mór.* Is é atá i gceist anseo, an chomparáid
a dhéantar in *An Druma Mór* idir caithréim Phroinsís Bheagaide
agus Mathamad:

> Bhí sé leathchéad bliain i 1911. . . Níor shamhail aon duine ná go
> mbeadh sé beo gan cháil, gan iaróg, go dtigeadh an aois air agus go
> gcromadh sé ar bhata, agus go dtéadh sé fá chéim mhall chorrach in
> araicis na huaighe. Ach ní raibh a fhios ag aon duine go raibh
> Mathamad os cionn leathchéad bliain nuair a chuaigh sé amach a
> thabhairt creidimh don Domhan Thoir. . . . (DM 50)

Ní amháin go soláthraíonn Carlyle an t-eolas céanna beathaisnéise
ach d'fhéadfadh sé bheith ag caint ar Phroinsias Bheagaide nuair
a chuireann sé síos ar sháinn Mathamad:

> . . . the fifty-third [year] of Mahomet's life. He was now becoming an
> old man; his friends sinking round him one by one; his path
> desolate, encompassed with danger: unless he could find hope in his

own heart, the outward face of things was but hopeless for him. It is
so with all men in the like case. Hitherto Mahomet had professed to
publish his Religion by the way of preaching and persuasion alone.
But now, driven foully out of his native country, since unjust men
had not only given no ear to his earnest Heaven's-message, the deep
cry of his heart, but would not even let him live if he kept speaking
it,—the wild Son of the Desert resolved to defend himself, like a man
and Arab. (1841: 230)

Maidir le smaointeachas Carlyle a bheith ina fhórsa
múnlaitheach i saothar Mhic Grianna, rud is treise agus is buaine
a lorg, is féidir a mhaíomh gur minic a dhéanann Mac Grianna
claochlú air sin seachas lomaithris. Nó mar a deir Yeats fán úsáid a
bhain Mitchel as Carlyle: "to abase what his master loved, to exalt
what his master scorned" (1955: 214-215). D'fhéadfá sin a
mhaíomh fán mheas atá ag Mac Grianna ar an chine dhubh, mar
shampla, áit a raibh drochmheas ag Carlyle air (Carlyle 1843:
287). Is léir fosta go bhfuil athdhúchas Carlyle bunaithe ar fhoinsí
atá Ceilteach chomh maith le rud ar bith eile. An *Vates* a shamh-
laíonn sé leis an fhilelaoch ar file agus fáidh é (1841: 244), tá
bunús Laidine agus Gallach leis araon (Mac Cana 1968: 12). Agus
ar ndóigh, is coincheap é an file mar shaoi a bhfuil tíolacadh ar
leith aige atá fréamhaithe go domhain i dtraidisiún na hÉireann
mar a mhíníonn Ó hÓgáin (1982).

Is cuí fosta, tionchar Fhiannaíocht Macpherson a lua nó is é a
bhí ina spreagadh ag leithéidí Goethe, Napoleon, Cooper, Scott
agus Thoreau a raibh dáimh ag Carlyle leo uilig (MacKillop 1986:
81-82). Lena chois sin, tá staireolaíocht Carlyle, leis an neamhaird
atá aige ar fhíricí, gaolmhar go maith do thraidisiún scéalaíochta
na Gaeltachta lenar tógadh Seosamh Mac Grianna. Léiriú maith
ar an mheas sin ar achmainn chruthaitheach an scéil seachas ar
fhíricí is ea cur síos 'Mháire' ar fhorbairt scéal na Crúbaí in *Rann
na Feirste*. "Ba é imtheacht a' churaigh ádhbhar a sgéil agus ní
mhillfeadh aon duine ach miollda maide é ag innse goidé d'éirigh
dó 'na dhiaidh sin. . . " (1942: 52). Nuair a áirímid na luachanna
sin a bhí ag scéalaithe na Gaeltachta ní hiontas ar bith é an méid a
deir Niall Ó Dónaill (1990: 114): "Ní fear staire ceart a bhí i
Seosamh Mac Grianna, ach spreagadh eachtraí staire a intinn go
millteanach agus lasadh siad a shamhlaíocht mar a lasadh
bladhaire an barrach." Ar ndóigh, d'fhéadfadh duine an rud
céanna a rá fá Carlyle.

Is suimiúil mar a thagann cuid de luachanna thraidisiún na Gaeilge ar ais chuig Mac Grianna trí idirghabháil Carlyle. Gné choitianta den choilíniú, ar ndóigh, an chreach a dhéanann an coilíneach ar chultúr an bhundúchasaigh, cé go raibh Carlyle céim amháin amach ó bheith ina bhundúchasach mar Albanach. Gné eile den choilíniú an aithris a dhéanann an té a choilínítear ar chultúr na himpireachta dá ainneoin féin. I gcás Mhic Grianna, lean sé Davis agus Mitchel ar bhealach an náisiúnachais chúng a bhí ag brath, mar a mhaíonn David Lloyd (xi), ar mhúnla cultúrtha na himpireachta. Is deacair, ar ndóigh, don té ar imríodh forlámhas mór cultúrtha air peirspictíocht fhairsing a bheith aige nuair atá an daoirse ag cur crua air. Nó mar a deir Mac Grianna féin:"Is fearrde na suáilcí dúshraith de mhaoin an tsaoil a bheith fúthu" (MBF 7). Is ar an ábhar sin atá Yeats ábalta cúngach *Young Ireland* a aithint (1955: 204) óir ba den aicme chéanna é leo agus sa deireadh is é Yeats, seachas Mac Grianna, a mholann Edward Said in *Culture and Imperialism* (288) as éacht an díchoilínithe chultúrtha.

Nuair a áirítear cúlra náisiúnachais Mhic Grianna ní hiontas ar bith é an 'dúilbhriseadh'[48] a tharla dó i dtaca leis an phoblachtachas : "I, personally, was born into the Sinn Féin revolt. Though it no doubt did me good, I could never be in full sympathy with it. Its everything except its aim was alien to me. I am sorry to say that I have never yet grown to like a single Sinn Féiner or Republican" (FF 196). Ní dócha go mbíodh mórán dóchais ag an Ghriannach as gluaiseacht ar bith polaitiúil a tháinig i ndiaidh na Meánaoise, rud a dhearbhaíonn sé in *An Druma Mór* nuair a dhéanann sé aoir agus scigaithris ar an pholaitíocht agus nuair a deir sé gurb í "an díth céille is mó atá ag leanstan don Éireannach" (DM 48). Ba é *bête noir* Carlyle Eagnaíocht an 18ú haois agus poblachtachas Réabhlóid na Fraince a lean í (Shelston: 14) agus iarracht atá sa mheánaoiseachas sin a mhol sé filleadh ar am idéalach. Is é an difear fosta idir poblachtachas '98 agus náisiúnachas *Young Ireland* an meath a tháinig ar chuspóirí na hEagnaíochta mar a mhaíonn Ryder (1999: 52-53):

> The all-important discursive shift from the radical Enlightenment republicanism of the 1790s to the romantic nationalism of the early nineteenth-century . . . is a shift from the conception of the state

based upon rational, universal principles, to a conception of the state based upon organic tradition, cultural specificity, and heroic lineage.

Ar an ábhar gur náisiúnaí seachas poblachtach é Mac Grianna a bhí an claonadh láidir coimeádach sin ann a fheicimid ag Carlyle agus is é atá le sonrú ag deireadh *Mo Bhealach Féin* nuair a dhéanann sé a mhór de "Thiarna Gleann na gCraobh" ag rá go bhfuil: "barraíocht cainte ann fá cheart an duine shuaraigh. Fuair an duine suarach cead a chinn le céad bliain agus is olc an gnoithe a rinne sé" (MBF 170; 169).

Ní féidir gach claonadh coimeádach frith-nua-aimseartha a chastar orainn i saothar Mhic Grianna a chur síos do thionchar Carlyle. Is cinnte gur cosúil go maith an staireolaíocht agus coincheap an fhile sa traidisiún Gaelach agus i saothar Carlyle. Ach is é stádas Carlyle, mar dhuine de na hintleachtóirí traidisiúnta a bhfuil ard-stádas acu (Eagleton 1999: 2), a fhágann go mbíonn aird ag Mac Grianna air, rud a léiríonn sé go díreach agus go hindíreach ina shaothar. Thairis sin, is é an téis iomlánaithe fhreasúrach sin a sholáthraíonn Carlyle a thugann cumhacht ar leith dó i measc mhacasamhail Fhrainc Ac Gairbheath agus na haicme sin daoine ar di Seosamh Mac Grianna. Nuair a áirímid, fosta, gur scríbhneoirí *Young Ireland* is mó a mhúnlaigh idé-eolaíocht an náisiúnachais in Éirinn sa dara leath den 19ú haois (Howes 151), is ea is fearr a thuigimid gur chuid d'oidhreacht intleachtúil Mhic Grianna an dioscúrsa Béarla sin a bhí in uachtar sa leathchéad bliain sular rugadh é.

Caibidil 3

MAC GRIANNA AGUS MANGAN:
AN tAISTRIÚ AGUS AN tATHMHÚNLÚ

San aiste 'Idir dhá cheann na himní', déanann Declan Kiberd cur síos ar an 'teorainn bhréige' idir litríocht Bhéarla na hÉireann agus litríocht Ghaeilge na hÉireann atá fréamhaithe, dar leis, san ionsaí a rinne an Piarsach ar 'Irish Literary Theatre' Yeats (1993: 77). Cineál de chríochdheighilt litearta an toradh a bhí ar an ionsaí sin de réir Kiberd agus tugann sé ár ndúshlán an teorainn sin a réabadh más mian linn tuiscint cheart a fháil ar mhacasamhail Mhic Grianna agus Uí Chonaire chomh maith le Joyce agus Synge. Is ábhar ióróna é gurbh í an teorainn teanga sin, i measc nithe eile, a chruthaigh an dáimh as cuimse idir saothar Sheosaimh Mhic Grianna agus saothar James Clarence Mangan. Aistritheoirí móra a bhí iontu beirt sa chiall is leithne den fhocal sin óir ní hé amháin gur aistrigh siad téacsannna ach, mar ealaíontóirí, rinne siad aistriú iomlán ar a bhféiniúlacht féin a sháraigh na teorainneacha éagsúla teanga, cultúir agus polaitíochta a bhí ceaptha thart orthu. Rud eile a tháthaigh an bhá ghaoil a bhí ag Mac Grianna le Mangan, an droch-chinniúint a mheas siad beirt a bheith os a gcionn. Ar ndóigh, d'fhéadfá an 'chinniúint' sin a shamhlú leis na ceangail a chuir an tsochaí orthu óir níorbh éagosúil a gcás le cás Stephen Dedalus, *alter ego* Joyce, a deir in *A Portrait of the Artist as a Young Man*: "When the soul of a man is born in this country there are nets flung at it to hold it back from flight. You talk to me of nationality, language, religion. I shall try to fly by those nets."

Is dócha gur bá pholaitiúil is túisce a chothaigh an meas a bhí ag Seosámh Mac Grianna agus ag a chomhscríbhneoirí Conallacha ar fhilíocht Mangan go háirithe nuair a rinneadh an file a chanónú i ndiaidh na bainte a bhí aige le fealsúnacht pholaitiúil liteartha *Young Ireland*—"the poet of Young Ireland" a baisteadh air ina am féin (Chuto 1996: xix). Léiríonn an Griannach an aird sin ar Mangan mar laoch náisiúnaíoch nuair a

73

ionsaíonn sé an dream gallda scríbhneoirí a dtugann sé *"Clann Shaw"* orthu, ag rá: "There was an Irishman of genius named James Clarence Mangan. He never went beyond Dunleary, and he wrote poems which all the world agrees have not been surpassed, if equalled, in Anglo-Irish literature" (FF 106). Tá an bharúil chéanna ag an Mháistir Mac Comhail in *Saol Corrach* fá áit Mangan mar fhile náisiúnta: " 'Más ceadmhach', ar seisean, 'file náisiúnta a ghairstean d'fhear ar bith dar scríobh i mBéarla in Éirinn, ag Clarence Mangan atá an chraobh sin tabhaithe' " (SC 23-24).

San aiste a scríobh Mitchel ar Mangan,[49] déantar an t-éileamh sin a mhíniú go beacht:

> He was a rebel politically, and a rebel intellectually and spiritually,— and a rebel with his whole heart and soul against the whole British spirit of the age .. . . I have never yet met a cultivated Irish man or woman, of genuine Irish nature, who did not prize Clarence Mangan above all the poets that their island ever nursed. (O'Donoghue ed. xxviii- xxix)

Ní amháin go gcomhlíonann an Mistéalach tionscnamh liteartha náisiúnta Thomas Davis nuair a chuireann sé fílíocht Mangan i gcomhthéacs an náisiúin, cuireann sé saol agus saothar an fhile i gcosúlacht leis an tír féin: "His history and fate were indeed a type of shadow of the land he loved so well. The very soul of his melody is that plaintive and passionate yearning which breathes and throbs through all the music of Ireland" (xxxvii). Arís eile, géilleann Mitchel do théis Carlyle in 'The poet as hero' áit a molann Carlyle Dante as aontacht agus urlabhraíocht a bhronnadh ar an náisiún Iodálach agus ar ndóigh, is coincheap é seo a fheicimid i *manifesto* Sheosaimh Mhic Grianna in *Mo Bhealach Féin*.

Má thug Mac Grianna leis cuid mhór de smaointeachas Carlyle agus *Young Ireland* is ar leibhéal na healaíne agus ar an leibhéal daonna is mó a léiríonn sé bá le Mangan. "Séamus Ó Mongáin, an duine bocht" a thugann sé air in *Mo Bhealach Féin* (112) agus é ag tagairt, is dócha, don anró a d'fhulaing an file ina shaol. Is i ndírbheathaisnéis Mangan atá an cur síos is clúití ar an anró sin agus is ann fosta atá an-chosúlachtaí le sonrú idir an tuiscint a bhí ag Mac Grianna air féin mar ealaíontóir agus an cur síos a dhéanann Mangan air féin mar fhile a raibh bua aige a rinne a leas agus a aimhleas araon. Mar a deir Kilroy (1968: 7): "Like Poe and the

French poets of his time, Mangan is *un poète maudit*, and the *Autobiography*, although only a partial record of his life, is a timeless expression of his poetic impulse."[50]

Dála Mhic Grianna, a raibh "eagla fada buan" air roimhe féin ina óige (MBF 6), deir Mangan: "In my boyhood I was haunted by an indescribable feeling of something terrible" (Kilroy 1968: 9). Ón fhíorthús, labhraíonn Mangan ar an droch-chinniúint a mheas sé a bheith os a chionn: "my own disastrous destiny" (9), rud a thabharfadh an líne sin le hAodh Ó Dónaill i do cheann "murab é gur rugadh faoin chinniúint mé nárbh fhéidir mo thabhairt in éifeacht" (FI 139). Líne í sin a tharraingíonn Seosamh Mac Grianna air féin in *Mo Bhealach Féin* (160) agus in *Dá mBíodh Ruball ar an Éan* (3), áit a gcuirtear casadh beag inti i mbéal Mhánais Mhic Giolla Bhríde: "Ba í an mhéin rúin sin a thug orm gan teacht in éifeacht riamh."

Tá déachas mór ag baint le cuntas Mangan ar a shaol óir, d'ainneoin na tagartha a dhéanann sé dá dhroch-chinniúint, diúltaíonn sé don réamhordú agus deir sé: "I believe every individual to be the architect of his own happiness or misery" (10). Ina dhiaidh sin, cuireann sé an locht ar an tógáil a fuair sé as an drochrath a bhí air ina shaol. Is cosúil gur tíoránach a bhí in athair an fhile:

> If any one can imagine such an idea as a human boa-constrictor *without his alimentive propensities* he will be able to form some notion of the character of my father. May GOD assoil his great and mistaken soul and grant him eternal peace and forgiveness!—but I have an inward feeling that to him I owe all my misfortunes. (14)

Ba de bharr an atmaisféir bhrúidiúil sin a rinne Mangan éan corr de féin: "I isolated myself in such a manner from my own nearest relatives that with one voice they all proclaimed me mad" (15).

Is ar an téad chéanna a mhíníonn Seosamh Mac Grianna an "eagla fada buan sin" a bhí air roimhe féin ach amháin go gcuireann Mac Grianna an bhéim ar an tíolacadh a bhí ann mar ealaíontóir: "Níorbh iontas domh sin agus go raibh mo mhuintir féin anuas riamh orm, mar bheadh contúirt ionam a mbeadh an saol ceilte uirthi" (MBF 6). Is tíolacadh é 'bua na filíochta' (MBF 6) mar sin, a bhfuil idir mhaith agus olc ann ach gur mó sa deireadh an t-olc. Is ag tagairt don déachas sin atá Mac Grianna nuair a deir sé: "Chaill mé—an toirtín mór agus an mhallacht" (MBF 10). An rud céanna atá i gceist aige sna tagairtí sin don *genius* atá sa leabhar nótaí. Móitíf an-choitianta sa litríocht rómánsach Ghotach, mar a mhaíonn Kilroy(1968), an file mallaithe, rud is léir fosta ón teideal clúiteach a thug Baudelaire ar a chnuasach filíochta *Les Fleurs du Mal*.

Is ar ábhar sin an *genius* atá faoi chrann smola a cumadh an dá dhán dhírbheathaisnéiseacha, 'Genius' le Mangan agus 'Flickers' le Mac Grianna.

Flickers
(Poems or poem)

My being is a faggot
lit by the deathless fire
. . . Weird shadows
dancing on the wall,

5   And tongues of flames
that leap and vanish
Within me long ago a poet's soul was
born
A music and a glow

10 like the glow of
dark upon the fringe
of a great flame.
I saw a hidden
wealth of life,

15 I heard a hidden
laughter,
And great deeds
left to motion
inebriate

20 And great beings lived
and talked with me,
That those around me
did not know.
I could walk alone

25 upon a beach
On towards where
hills were folded on the sky
I could listen . . . .
But I was often deaf

30 But things around
    me are (scriosta amach) were as thoughtless
    of my dream
    And people's emnity
    raged in cold wounding sneer.

35 I said, I'll get a
    place where none
    of these can come
    And while that
    mood lasted I

40 was whole as a bark
    with her white sails
    spread and her
    bosoming sides
    moving amply over
45 the waters.

Genius

O Genius! Genius! all thou dost endure
First from thyself, and finally from those
The Earth-bound and the Blind, who cannot feel

That there be souls with purposes as pure
5   And lofty as the mountain-snows, and zeal
All quenchless as the spirit whence it flows! –
In whom that fire, struck but like spark from steel
In other bosoms, ever lives and glows!
Of such, thrice-blest are they whom, ere mature

10 Life generate woes which God alone can heal
His mercy calls to a loftier sphere than this –
For the mind's conflicts are the worst of woes,
And fathomless and fearful yawns the Abyss
Of Darkness thenceforth under all who inherit

15 That melancholy, changeless hue of heart,
Which flings its pale gloom o'er the years of Youth –
Those most—or least—illumined by the spirit
Of the Eternal Archetype of Truth. –
For such as these there is no peace within

20 Either in Action or in Contemplation,
From first to last,—but, even as they begin,
They close, the dim night of their tribulation,
Worn by the torture of the untiring breast,
Which, scorning all, and shunned of all, by turns,

25   Upheld in solitary strength begot
      Upheld by its own unshared shroudedness of lot,
      Through years and years of crushed hopes throbs and burns,
      And burns and throbs, and will not be at rest,
      Searching a desolate Earth for that it findeth not!
      (Kilroy 1968: 20-21)

An t-ábhar céanna atá ag an dá dhán, an duine a bhfuil bua
aige nach dtuigeann a chomhdhaoine agus atá ina ualach aige sa
deireadh mar a deir Mangan: "And fathomless and fearful yawns
the Abyss/ Of Darkness thenceforth under all who inherit/ That
melancholy, changeless hue of heart" agus i gcás Mhic Grianna an
díomá a léirítear idir an dara véarsa, ina gcuirtear síos ar an bhua
atá aige, agus an tríú véarsa ina gcuirtear síos ar an neamhaird
agus an naimhdeas a fuair sé i measc daoine eile: "But things
around/ were as thoughtless/ of my dream/ and people's
emnity/ raged in cold wounding sneer." Tá an meafar céanna sa
dá dhán ag cur síos ar bhuaine bhua na filíochta: "My being is a
faggot/ lit by the deathless fire. . . Within me long ago a poet's
soul was born/ A music and a glow of/ like the glow of / dark
upon the fringe/ of a great flame" (Flickers) agus "In whom that
fire, struck but like spark from steel/ In other bosoms, ever lives
and glows!" (Genius).

Ní fhéadfá gan suntas a thabhairt ach oiread don mhaoith-
neachas atá sa dá dhán, go háirithe i ndán Mangan agus é ag
trácht ar na hanamacha sin "with purposes as pure/ And lofty as
the mountain snows. . . ." Tá cuid den mhaoithneachas chéanna i
ndán Mhic Grianna nuair a chuireann sé síos ar an bhua rúnda
sin a bhí aige nár léir d'aon duine eile (20-27) ach ina dhiaidh sin
tá searbhas ann sa véarsa deireanach nuair a luann sé naimhdeas
daoine eile (33-34). Is é an t-eisintiúlachas sin a mbíonn Mac
Grianna agus Mangan ag géilleadh dó a fheicimid sna híomhánna
de bhua na filíochta mar bhladhaire gan mhúchadh. Is é an an t-
eisintiúlachas céanna a dhéanann ualach den bhua fhileata a
fhágann an file ina aonarán cráite mar a mhaíonn Mangan:
"Worn by the torture of the untiring breast/ Which, scorning all,
and shunned of all/ by turns, Upheld in solitary strength begot/
Upheld by its own unshared shroudedness of lot". Tá an
buaireamh sin le sonrú go minic i leabhair nótaí Mhic Grianna

agus mheasfá go ndéanann sé deighilt mhór idir é féin agus a chomhdhaoine, rud is léir ón iontráil, a luadh cheana, inar scríobh Mac Grianna go mbeadh air daoine a sheachaint.

Aithnítear *vates* Carlyle i ndánta mar 'The Envoy' ina maíonn Mangan gur teachtaire atá ann don náisiún, dála Mhic Grianna: "Cloaked in the Hall, the Envoy stands, his mission unspoken/ While the pale, banquetless guests await in trembling to hear it" (Kilroy 1970: 55). Is léir, mar sin, idir an fháidhiúlacht agus an déachas a luaitear thuas, go raibh bá mhór ag Mac Grianna le Mangan mar dhuine a raibh an tíolacadh céanna fileata aige. Ach is cuí tagairt fosta do na cosúlachtaí pearsantachta atá le sonrú idir an bheirt, go mór mór an lionn dubh a chráigh iad óir is claonadh é seo atá in uachtar in ealaín Mangan agus i saothar Mhic Grianna. Tá sampla maith againn den dúil seo sa tsamhlaíocht Ghotach ag Mangan sa dán 'The Sunken City' (Chuto ed. 291-292), dán a aithrisíonn Seosamh Mac Grianna in *Mo Bhealach Féin* (112). Is cosúil go raibh an dán léite ag Mac Grianna ar scoil agus cuidíonn an chuimhne leis oíche chrua a chaitheamh agus é ina luí ar chnoc os cionn Tonypandy. Aistriúchán é 'The Sunken City' ar dhán leis an fhile Ghearmánach, Wilhelm Mueller, cé nach ndeir Mac Grianna ach gur dán é a rinne "Seámus Ó Mongáin, an duine bocht" (112).

Ar an ábhar gur aistriúchán é 'The Sunken City', dar leat nár chóir cuid ar bith dá bhfuil ann a chur síos do Mangan féin. Buncheist é, i gcomhthéacs 'léann an aistriúcháin', áfach, cé acu atá an t-aistritheoir ina údar é féin nó ina ghníomhaire don téacs. Is é is tábhachtaí anseo, mar sin féin, an úsáid a bhaineann Mac Grianna as an dán agus, ón eolas a thugann sé dúinn, is léir gur shíl sé gur bundán de chuid Mangan a bhí ann. Is dán fáthchiallach é 'The Sunken City' ina ndéantar cathair fho-uisce de chuimhní cinn an fhile: "So the bells of Memory's Wonder-city/ Peal for me their old melodious chime:/ So my heart pours forth a changeful ditty/ Sad and pleasant, from the by-gone time" (Chuto ed.: 292). Tá maoithneachas mór sa véarsa sin, ar ndóigh, atá ag teacht leis an chomhthéacs ina luaitear an dán in *Mo Bhealach Féin*, mar atá, an t-údar ag cuimhneamh ar phíosa litríochta a chuaigh i bhfeidhm air ina óige.

Ach chomh maith leis an chaitheamh mhaoithneach sin i ndiaidh na seanlaethanta atá thart, tá blas den ealaín Ghotach in 'The Sunken City' atá le haithint arís in áiteanna ag Mac Grianna, go háirithe nuair atá sé ag scríobh fán chathair. Is sa chúigiú véarsa is mó atá an ghné sin den dán le sonrú: "Domes, and towers, and castles, fancy-builded/ There lie lost to daylight's garish beams/ There lie hidden till unveiled and gilded/ Glory-gilded, by my nightly dreams!" (292) Cuireann an oíche maise ar an uile rud, mar sin, agus is í mistéir na hoíche a mhúsclaíonn samhlaíocht an fhile. Is é an dála céanna ag Mac Grianna é in *Mo Bhealach Féin* nuair a deir sé fá bhean a raibh sé ar lóistín aici: "Bhí sí dubh, agus bhí dreach uirthi a raibh scéimh mhínádúrtha inti a bhéarfadh cathair i ndiaidh oíche i do cheann" (12). Agus arís, san aiste, 'Ag siúl na sráideanna', luann Mac Grianna an claochlú sin a thagann ar an chathair ar lón samhlaíochta aige é: " An teach nach raibh ann ach brící tráthnóna rinne an oíche bruíon sióg de." (A 63).

I gcomhthéacs *Mo Bhealach Féin* agus 'Ag siúl na sráideanna', baineann an cor samhlaíochta sin leis an nuacht a fuair Mac Grianna i dtimpeallacht na cathrach, rud nach ionann é agus cás Mangan a chaith a shaol fá Bhaile Átha Cliath. Is mór an díol spéise an focal 'mínádúrtha' ag Mac Grianna ag cur síos ar an chineál áilleachta "a bhéarfadh cathair i ndiaidh oíche i do cheann" (12). Léiríonn sé seo réamhchlaonadh a phléifear amach anseo, mar atá, gur rud mínádúrtha í an chathair ach gur rud nádúrtha é an tuath. Is fiú a lua anseo gur ceist thábhachtach é cé acu a mheas Mangan a bhí an chathair nádúrtha nó mínádúrtha óir cuirtear an dá bharúil síos dó ag brath ar dhearcadh an tráchtaire. Deir Terry Eagleton, mar shampla: "James Clarence Mangan detested Nature, which crops up in his work only as part of a *paysage moralisé*" (1995: 5). Ach a mhalairt atá fíor dar le John Mitchel: "He passionately loved all sights and sounds of Nature; yet his hard fate held him chained in dreariest haunts of a crowded city all his life" (O'Donoghue 1903: xl).

Baineann dearcadh Mitchel le traidisiún an náisiúnachais rómánsaigh a cheanglaíonn an dúlra agus an tuath don tír agus don náisiún féin ach i dtaca le hEagleton, is é atá uaidh, mar Mharxach, díriú ar dhaoine, ar an tsochaí agus ar an stair ábhartha seachas ar sheachmall éigin rómánsach.

Sampla maith é an dá bharúil chontrártha sin den úsáid a
baineadh agus a bhaintear go fóill as saothar Mangan mar urra le
tráchtaireacht pholaitiúil chultúrtha. Is é is cúis leis sin go minic
an éiginnteacht mhór a bhaineann le saol agus le saothar an fhile.
Is ar an ábhar sin a thugann David Lloyd (1987: 26-27) dúshlán na
dtráchtairí atá ag brath ar "canonical assumptions" fá shaothar
Mangan agus tugann sé faoi chanóin na beathaisnéise a bhréagnú.
Cé gur geall le pátrún ag Mangan gluaiseacht an náisiúnachais
chultúrtha, áfach, ní féidir a rá gurbh í amháin a chuir saothar
agus beathaisnéis an fhile in aimhréidhe. Is é fírinne an scéil é gur
cheil sé a phearsa féin lena chuid aistriúchán agus gur dhoiligh
ina dhiaidh sin tranglam a shaothair a roiseadh. Is líonmhaire ar
fad aistriúcháin Mangan ná a bhundánta féin agus is minic nach
aistriúcháin chearta atá aige ar chor ar bith, rud a thugann ar O'
Donoghue (1903) 'Oriental Versions and Perversions' a thabhairt
ar chuid acu, mar a mhíníonn Lloyd: "The versions range from
recognizably faithful translations to total transformations based, it
seems, on the slightest verbal or thematic hints in the original
poem. On other occasions, sources for versions attributed to
existent writers have not been traced, which may mean only that
they are so thoroughly adapted as to be unrecognizable" (103).

Tá an deacracht chéanna againn le saothar Sheosaimh Mhic
Grianna nuair is léir go ndearna sé a leagan féin de scéal nó de
dhán gan an bhunfhoinse a lua. Luann Séamus Ó Néill an úsáid a
bhain Mac Grianna as 'The Foray of Conn O'Donnell, AD 1495' le
Florence Mac Carthy mar bhunús don ghearrscéal 'Creach
Choinn Uí Dhónaill'.[51] Ba ar scéal sa leabhar *Legendary Stories of
the Carlingford Lough District* a bunaíodh an gearrscéal 'Clog an
Aithreachais' (PÓC 118-129) mar a mhaíonn Ciarán Ó Duibhín
(1988: 27). Tá go leor samplaí againn fosta de scéalta béaloidis a
thug creatlach do Mhac Grianna: 'Teampall Chonchúir' (DD 19-
27) agus 'Ar an Trá Fholamh' (GG 73-79) i measc scéalta eile. Ach
mar a mhíníonn Aodhán Mac Póilín sa scagadh atá déanta aige ar
'Ar an Trá Fholamh', ní ghéilleann Mac Grianna do 'fhíricí' an
bhunscéil nuair is mian leis a shéala féin a fhágáil ar an insint nó
ar an ábhar (1981: 269).
Is féidir an t-athmhúnlú seo a fheiceáil go soiléir sa scéal 'Dhá
Chroí Cloiche' (DD 32-37) atá bunaithe, is cosúil, ar dhán le

Robert Browning, 'The Statue and the Bust'.[52] Is ionann bunch-
námha an scéil sa dá phíosa: bean uasal atá ag amharc amach ar
chearnóg taobh amuigh dá teach agus a fheiceann tiarna nó diúc
ag dul thart ar dhroim capaill. Titeann an dís i ngrá le chéile ach
ar an drochuair tá an bhean pósta ar dhuine eile. Dá mhéad a
ngrá ar feadh na mblianta ní dhéanann siad a dhath lena chomh-
líonadh. Sa deireadh, nuair is léir nach mbeidh siad le chéile
choíche, iarrann an bhean ar dhealbhóir a cosúlacht a ghearradh
i gcloch agus í mar a bhíodh sí ina hóige. Tamall ina dhiaidh sin,
iarrann an diúc/tiarna an rud céanna agus cuirtear an dá dhealbh
ina seasamh ag amharc ar a chéile, dealbh na mná i bhfuinneog a
tí agus dealbh an fhir sa chearnóg taobh amuigh. Ag deireadh
dhán Browning agus scéal Mhic Grianna cáintear an easpa
misnigh a bhí sa "dís chloíte seo nár dhúirt an focal a bhí ar shlí a
ráite, agus nár bhuail an buille a bhí ar shlí a bhuailte, agus nár
imir a gcluiche ar a lúth go ndeachaigh an uair thart" (DD 36). Tá
an bharúil chéanna ag Browning de chloíteacht na beirte agus is é
a mholann sé do dhaoine eile: "Stake your counter as boldly every
whit/ Venture as warily, use the same skill/ Do your best, whether
winning or losing it/ If you choose to play! —is my principle/ Let
a man contend to the uttermost/ For his life's set prize, be it what
it will!" (126)

Tá cuma an ghnáthaistriúcháin ar 'Dhá Chroí Cloiche' in
áiteanna, mar shampla nuair a chuireann an bhean uasal sonrú
san fhear agus í lena cuid banseirbhíseach: "They saw how the
blush of the bride increased—/ They felt by its beats her heart
expand—/ As one at each ear and both in a breath/ Whispered,
'The Great-Duke Ferdinand' " (118). Is beag idir sin agus cur síos
Mhic Grianna: ". . . phreab a croí go tiubh agus las a grua.
D'amharc an bhantracht amach agus labhair siad gos íseal: 'Sin
Tiarna Dhún Seilge ag teacht chun na cathrach as an Áras'" (DD
33). Ach is minic fosta a sháraíonn Mac Grianna saibhreas
íomhánna an bhunsaothair: "'Hair in heaps lay heavily/ Over a
pale brow spirit-pure—/ Carved like the heart of a coal-black
tree/ Crisped like a war-steed's encolure/ And vainly sought to
dissemble her eyes/ Of the blackest black our eyes endure" (118).
"Is iomaí fear óg a rinne neamart san arán laethúil, agus a chum
filíocht di, dona folt dubh cas a bhí ag dortadh ar a cuid
aolchíoch mar bheadh dealbh toinne a ghearrfaí in eabonaigh,

agus dona cuid dearc marbhroscach mall a bhí mar bheadh
abhainn na Glaslinne faoi spéir shiocáin[53] i gciúnas
meángheimhridh" (DD 33). Ach is san athrach a chuireann Mac Grianna ar insint an scéil
is fearr a léirítear an t-athmhúnlú. Is é an chéad rud gurb é
Cúchonnacht, dealbhóir cáiliúil a insíonn scéal na leannán don
údar agus is ar fheabhas an dá dhealbh a ghearrann sé atá cuid
mhaith de bhéim an scéil. Cuireann an t-údar síos ar bhuanna
Chúchonnacht mar ealaíontóir agus mar chomhráiteach agus
mheasfá nár mhiste leis an méid céanna a bheith inráite leis féin:
"Tharraing sé clú ar a thír dhúchais, agus d'fhág sé art a shiséil
mar shampla ag lucht a cheirde go lá an bhrátha" (DD 32).
Chomh maith leis sin, soláthraíonn Mac Grianna eolas eile ar
Chúchonnacht a chuireann cuma mheallacach mhistéireach air:
an seomra ina n-insítear an scéal agus a dtugann sé 'Coim na
hOíche', air ní bhíonn solas ar bith lasta ann ach an méid a
thagann as an tine agus nuair a thosaíonn sé a insint a scéil deir
an t-údar go raibh "duine againn ar gach taobh den tine, agus
bhí mé ag coimhéad ar scáile a chinn, agus an folt fada cas agus
an fhéasóg a bhí air, ag éirí soiléir agus doiléir mar thiocfadh
oibriú ar an bhladhaire" (DD 32). I ndán Browning luaitear beirt
dhealbhóirí a rinne na dealbha ach ní thugtar mórán eolais orthu
amach óna gcuid ainmneacha agus cúpla abairt ag moladh a
gceirde.

Ar an ábhar go dtéann pearsa Chúchonnacht go croí an scéil
mar reacaire agus mar charachtar is í peirspictíocht an ealaíontóra
atá in uachtar tríd síos agus sa deireadh is ceacht é scéal na beirte
a théann ar sochar don ealaíontóir é féin:

Rinne mé chomh hálainn araon iad agus bhí siad an lá ab fhearr iad,
ach chruthaigh mé iad agus iad ag creafadaigh chun damnaithe faoi
dhímheas na n-aingeal. Nó i ndiaidh mé machnamh ar feadh uaire,
mheas mé nár chaith siad an saol ar cruthaíodh iad fána choinne,
agus nach raibh do-mharfacht i ndán dóibh ach amháin an méid do-
mharfachta a bhéarfadh lámh Chúchonnacht, dealbhóir, dóibh ar
an tsaol seo . . . . Nó an seal sin a bhí mé ag smaoineamh tháinig ga
glinn tuigse chugam, agus chuir mé fáilte roimhe mar dhealramh as
an réalt ab fhaide siar sna flaithis—dealramh a d'inis dom go
gcruthódh an peaca an t-anam chomh maith leis an dea-ghníomh.
(DD 36-37)

Le cois an t-ealaíontóir a bheith i lár eachtraí an scéil i leagan Mhic Grianna, déanann sé ábhar magaidh d'fhear céile na mná uaisle, rud nach bhfuil i leagan Browning ar chor ar bith. Cuid den mhagadh sin an t-iomrall aoise a bhaineann le carachtar an fhir chéile, Ceannaola atá ina Ollamh i gColáiste Bhreandáin— "Ceannaola beag a bíos ag caint ar shaibhreas na seanúdar go luath agus go mall" (DD 34). Is é an leithscéal atá ag an Tiarna dul chuig teach Cheannaola gur mhaith leis é réamhrá a scríobh dá leabhar úr dar teideal 'An Talamh, an Tiarna agus an Tionónta' (DD 34). Nuair a phléann siad beirt an leabhar molann Ceannaola ráiteas de chuid na seanúdar don duilleog tosaigh: "Teas teallaigh, treabhadh an talaimh agus taca tréan an Tiarna" (DD 34). Ní dócha go mbíodh údair na Meánaoise ag lorg athfhriotal do dhuilleog tosaigh leabhar agus ar ndóigh, is magadh ar fad atá i dteideal an leabhair agus san athfhriotal. Iomrall eile aoise é sa scéal seo a bhfuil cúlra Meánaoise aige, an lóchrann leictreach atá ag Cúchonnacht (DD 32).

I ndiaidh an mhagaidh, áfach, tá cúis eile ag an údar bheith ag déanamh beag den Ollamh Ceannaola. Dá chloíte é an Tiarna is fearúla é ná an tOllamh nach bhfuil a dhath ar a intinn ach na seanúdair: "Saibhreas seargtha na sean, daibhreas dona dorcha a raibh na blianta ina luí air mar bhí an chré ar chnámha na marbh" (DD 34). Tá Ceannaola damnaithe ón tús óir ní dhéanfaidh sé gníomh ar bith fiúntach lena sholas—is é an difear idir é agus an Tiarna agus Fionnuala go raibh seans acusan gníomh a dhéanamh nó an buille a bhí ar shlí a bhuailte a bhualadh. Sa deireadh, is treise leis an ealaíontóir ar na carachtair eile sa scéal. Bíonn smacht aige ar insint an scéil mar reacaire agus is é a shocraíonn an deireadh a bhíonn leis nuair a scriosann sé an chéad dealbh ionas go mbeidh sé ábalta na dealbha a ghearradh agus iad ag amharc ar a chéile ag teacht chun saoil. Mar a deir sé féin, cibé do-mharfacht a bheas ag na leannáin is uaidhsean a gheobhaidh siad é.

Tá cuid mhór eilimintí in 'Dhá Chroí Cloiche' atá inaitheanta mar thréithe coitianta de shaothar Mhic Grianna. Tá an fhearúlacht agus an fhisiciúlacht ann agus an drochmheas ar shaoithíní le cois an mheascáin den Mheánaois agus den 20ú haois le chéile. Is é is insonraithí den iomlán, áfach, an pictiúr sóúil rómánsach a tharrraingíonn Mac Grianna den ealaíontóir,

Cúchonnacht. Sampla é den chiall leathan atá ag Mac Grianna do choincheap an ealaíontóra mar bhall d'aicme ina n-áirítear scríbh-neoirí, filí, dealbhóirí, ceoltóirí agus dá réir sin. Is é an chiall chéanna atá aige don ealaíontóir in *Dá mBíodh Ruball ar an Éan* ach gur fada ón tsóúlacht saol Chathail Mhic Eachmharcaigh.

I dtaca leis an 'athmhúnlú' a dhéanann Mac Grianna ar dhán Browning, is léir arís ann an dáimh a bhí aige le Mangan ar leibhéil éagsúla. Dála Mangan, ar dúradh faoi go mbíodh leid éigin nó eiseamláir de dhíth air "to set his genius working" (Kilroy 1970: 27), déanann Mac Grianna a chuid féin d'eiseamláir Browning, eiseamláir a fuair an file Sasanach ó fhinscéal Iodálach, is cosúil (Sutherland Orr: 205-206). Ar ndóigh, ní iontas ar bith é an Griannach dul i muinín na litríochta iasachta nuair is tearc eiseamláir a bhí aige d'ábhar a bhí i gcló i nGaeilge, go háirithe ón 19ú haois, agus is eol dúinn gur Béarla uilig a léadh sé go dtí go raibh sé naoi mbliana déag d'aois. Fágann sé sin gur tábhachtach gníomh an aistriúcháin nó an athmhúnlaithe a mheas i gcomhthéacs an iarchoilíneachais.

I dtosach báire, is cóir a mhaíomh nach bradaíl litearrtha atá ar bun ag an Ghriannach óir is fada an seandearcadh coimeádach fá úinéireacht an téacs séanta ag lucht léann an aistriúcháin. Is é atá i gceist anseo gur aistriú idirchultúrtha an t-aistriúchán ina ndéantar claochlú nó tarfhoirmiú iomlán ar an bhuntéacs. Tá dlúthbhaint idir coinbhinsiún sin 'an t-údar mar úinéir an téacsa' agus leathadh an choilíneachais féin mar a mhíníonn Bassnett and Trivedi (1999: 2):

> Research into the history of translation has shown that the concept of the high-status original is a relatively recent phenomenon. Medieval writers and/or translators were not troubled by this phantasm. It arose as a result of the invention of printing and the spread of literacy, linked to the emergence of the idea of an author as 'owner' of his or her text. For if a printer or author owned a text, what rights did the translator have?
> . . . It is also significant that the invention of the idea of the original coincides with the period of early colonial expansion, when Europe began to reach outside its own boundaries for territory to appropriate.

Ní de thaisme, ar ndóigh, nár bhain litríocht na Gaeilge tairbhe ar bith as réabhlóid an chló, ach de bharr coinníollacha a tháinig leis an choilíneachas féin.[54] Ba chuid d'oidhreacht agus de

dhualgas Sheosaimh Mhic Grianna tabhairt faoin bhearna sin a
líonadh agus bhí sé ar na chéad ghníomhartha a rinne sé mar
scríbhneoir stair na bhfilí gan iomrá a scríobh le go gcuirfí i gcló
í. Ar an dóigh chéanna, ba é chéad iarracht an Ghúim, arbh é a
dhualgas oifigiúil é litríocht na Gaeilge a shlánú agus a bhuanú,
scéim aistriúchán a thionscnamh leis an bhearna stairiúil a
líonadh le litríocht ón iasacht. Ní áibhéil ar bith é a rá gur
iarmhairt eile den choilíneachas a bhí sa scéim aistriúcháin a
léirigh an easpa cinnteachta agus an easpa muiníne a bhí ag cur as
don stát úr.

Cé gur ionsaigh Mac Grianna an scéim aistriúcháin agus an
dímheas a léiríodh ar scríbhneoirí Gaeilge dá bharr, níor tháinig
sé slán ar an ghéarchéim féiniúlachta a bhain leis. Tá sé seo soiléir
in *Mo Bhealach Féin* nuair a thriaileann Mac Grianna *personae*
éagsúla, Art Mac Cumhaigh, 'Eli Ben Alim', 'Ceithearnach
Caoilriabhach Uí Dhónaill' (MBF 22,28,68) agus dá réir sin. I
dtaca le Declan Kiberd de, samhlaíonn sé an ghné sin de *Mo
Bhealach Féin* leis an "idirghabháil néaróiseach idir an saol agus an
ealaín . . . Is léir go bhfuil néaróis éigin ag cur as don duine a
bhíonn ag aisteoireacht de shíor, ag déanamh aithris pháistiúil ar
laochra móra as an litríocht nó as na nuachtáin. Is ionann sin is a
rá nach bhfuil an duine ábalta glacadh lena phearsantacht féin"
(Kiberd 1993: 182-3).

Is mór an díol spéise é gur bhain Mangan úsáid as an iliomad
ainmneacha pinn agus é ag scríobh ar irisleabhair éagsúla Bhaile
Átha Cliath, 'Peter Puff, Secundus', 'James Tynan' agus 'P.V.
McGuffin', mar shampla. Míníonn sé an cleachtas sin i bpíosa
dírbheathaisnéise a scríobh sé sa tríú pearsa: "People have called
him a singular man, but he is rather a plural one—a Proteus. . . .
He has been much addicted to the practice of fathering upon
other writers the offspring of his own brain" (O'Donoghue 1897:
19). Is cuí go dtugann Mangan 'Proteus' air féin óir is é
macasamhail an Cheithearnaigh Chaoilriabhaigh i miotaseo-
laíocht na Gréige é Proteus, mar atá, neach neamhshaolta a bhí
ábalta a chuma a athrú ar a thoil. Lena chois sin, bíonn ainm úr ar
an Cheithearnach gach áit a mbíonn sé ar cuairt (Ua Muirgheasa
eag. 1912), rud atá ag teacht go maith le heachtraí Mhic
Grianna i mBaile Átha Cliath agus na hainmneacha éagsúla a
úsáideann sé.

Agus é ag trácht ar mhascanna éagsúla sin Mangan, deir Terry
Eagleton (1995: 234): "His view of himself as 'a plural [man]—a
Protean', his assumption of translations as so many masks, and his
deep distrust of anything which emanated directly from himself,
are signs of a colonial crisis of identity." Nuair a chuirtear an
anailís sin i gcomparáid le hanailís Kiberd ar mhascanna Mhic
Grianna, is léir gurb é an difear is mó nach dtagraíonn Kiberd
don choilíneachas ach do rud atá níos teibí agus níos neamháb-
hartha ar fad ná sin, mar atá, an "idirghabháil néaróiseach idir an
saol agus an ealaín." Mar Mharxach, ar ndóigh, is é an tosaíocht is
mó atá ag Eagleton an téacs a mheas i gcomhthéacs 'phríomh-
mhodhanna táirgthe na sochaí' (Eagleton 1976: 44). I dtaca le
Kiberd, áfach, is de réir theoiricí Freud a mhíníonn sé 'néaróis'
Mhic Grianna seachas de réir théarmaí an ábharaí.
    Tá difear suntasach eile idir cur chuige Eagleton agus cur
chuige Kiberd agus iad ag plé mascanna Mangan agus Mhic
Grianna faoi seach, mar atá, an aicme daoine lena samhlaítear
iad. Samhlaíonn Kiberd cás Mhic Grianna le cás mhacasamhail
Yeats agus le cás na n-ealaíontóirí go ginearálta ach ní luann
Eagleton aicme ar bith eile seachas aicme na ndaoine a
ndearnadh coilíniú orthu. Is laige é in anailís Kiberd an t-ionannú
a dhéanann sé idir Yeats agus Mac Grianna gan luacháil ar bith a
dhéanamh ar an difear mór a bhí idir cúlra sóisialta agus
cultúrtha na beirte sin. Cé gur tarraingteach an cur chuige é an
anailís Fhreudach ar chás Mhic Grianna, go háirithe nuair is eol
dúinn gur bhuail tinneas intinne é sa deireadh, níor cheart
neamhaird a thabhairt ar na coinníollacha sóisialta cultúrtha as ar
fáisceadh a shaothar. Óir ní dhéanann Mac Grianna féin faillí ar
bith sa ghné sin dá dhírbheathaisnéis. Is é rud a dhéanann sé an
suaitheadh cultúrtha agus an coimhthíos a mhothaigh sé i mBaile
Átha Cliath a chur i gcroílár a scéil.
    Is follas gurb é bealach Mhic Grianna príomhthéama *Mo
Bhealach Féin* ach bheadh sé doiligh ag an údar teacht gan an t-
eolas sin ar a chúlra sóisialta cultúrtha féin, fiú dá mba mhian leis
é. Is fíor do Kiberd nuair a deir sé: "Leis na focail sin 'creid mise',
tá Mac Grianna ag iarraidh aire an léitheora a dhíriú air féin ó
thús, duine amháin ag labhairt go díreach le duine eile" (Kiberd:
179) ach is fíor fosta go maíonn Mac Grianna ó thús gur ball
d'aicme daoine é a bhfuil an stair chéanna acu agus a bhfuil

féiniúlacht láidir chultúrtha acu dá bharr. Tá an ghné sin de *Mo
Bhealach Féin* le sonrú go láidir ag deireadh na chéad chaibidle, nó
ag deireadh an *manifesto*, nuair is é an chéad phearsa iolra a
úsáidtear: "Níor cuireadh sinne i nGaeltacht Thír Chonaill faoi
smacht riamh dáiríre.. . . Bíonn muid-inne ar an dúchoigríoch i
measc na nGall-Ghael" (MBF 10). Is anseo a luann Mac Grianna
mórimeachtaí stairiúla a dhúiche féin chomh maith le saintréithe
na ndaoine a chónaíonn ansin mar a thuigtear dó féin iad agus
nuair a luann sé an coimhthíos, is é atá i gceist aige an coimhthíos
a mhothaíonn sé féin agus duine ar bith eile as Gaeltacht Thír
Chonaill "i measc na nGall-Ghael."

Leantar den chomparáid sin idir muintir Ghaeltacht Thír
Chonaill agus muintir Bhaile Átha Cliath tríd síos: "Cuireann
oibrithe Bhaile Átha Cliath sonrú sa Ghaeilge i gcónaí", nó arís:
"Chuirfeadh fir baile mhóir samhnas ort, tá siad cosúil le scadáin
bheaga i mboscaí" (MBF 64, 72). Leoga, is cuid lárnach de *Mo
Bhealach Féin* an tráchtaireacht a dhéanann an Griannach ar
phobail daoine cibé áit a mbíonn sé. Mar sin de, cé go gcleach-
tann Mac Grianna stíl in *Mo Bhealach Féin* atá "cuideachtúil,
cairdiúil, comhcheilgeach, príobháideach—ní ionann agus stíl
phoiblí neamhphearsanta an bhéaloidis" (Kiberd 1993:189), ní
leisc leis labhairt mar bhall dá phobal féin agus go deimhin,
aithníonn sé gur feiniméan é an coimhthíos a airíonn sé de bharr
a chúlra shóisialta chultúrtha agus ní hé amháin mar bhall
d'aicme ealaíontóirí. Is cuí, mar sin, mascanna agus cur i gcéill
Mhic Grianna a léamh mar fhianaise ar thaithí pobail faoi
thionchar an choilíneachais nó tagraíonn an t-údar go mion minic
don taithí sin in *Mo Bhealach Féin*. Mar sin, más ann don "idir-
ghabháil néaróiseach idir an saol agus an ealaín" in *Mo Bhealach
Féin* is ann fosta don idirghabháil idir Éire na Gaeilge agus Éire an
Bhéarla.

Nuair a théann an Griannach leis an *Salvation Army*, mar
shampla, cuireann sé síos ar an choimhthíos teanga a mhothaíonn
sé mar chainteoir Gaeilge, teanga a bhfuil a lucht aitheantais
aineolach uirthi. Baineann sé greann as seo ar ócáid amháin nuair
a chuireann sé forrán ar bhacach sráide agus fios aige nach
dtuigfidh sé focal dá bhfuil á rá aige: "An duine saolta nó
deamhan tú? . . . An tú Bodach an Chóta Lachtna nó
Ceithearnach Caolriabhach Uí Dhónaill a phill agus a fuair an

fhéile ar shiúl?" (MBF 31) Nuair a dhéanann sé an rud céanna an
dara huair le ball den *Salvation Army*, áfach, dar leat go gcuireann
sé gruaim air óir, i ndiaidh dó ceathrú as 'An Chrúbach' a rá leis,
críochnaíonn sé an chaibidil le habairt ghonta amháin: "Ach níor
thuig sé mé" (MBF 66). Ar na hócáidí sin is é an coimhthíos
teanga nó an deighilt teanga a thugann deis don Ghriannach ról a
imirt nó masc a chaitheamh go díreach mar a dhéanadh Mangan
trína chuid aistriúchán.

Is ionann dul in aghaidh an nádúir agus teorainneacha cultúir
agus teanga a réabadh nó a shárú agus is rud é a tharlaíonn i
saothar Mhic Grianna agus Mangan. Tá sé le sonrú sa dúil a
chuireann siad beirt sa tsamhlaíocht Ghotach, an "scéimh
mhínádúrtha" sin "a bhéarfadh cathair i ndiaidh oíche i do
cheann" (MBF 12). Is é an cineál foinse spreagtha atá uathu beirt
an cineál nach bhfaighfeá áit ar bith eile ach i gcúlsráideanna sa
chathair dhorcha easlán. Is ar an ábhar sin a chuireann an
Griannach spéis ar leith sna bacaigh in *Mo Bhealach Féin*
macasamhail an "Seanfhidiléir dubh féasógach a raibh súil dhubh
dhomhain agus dreach duairc págánta air" (MBF 31) a
labhraíonn sé Gaeilge leis. Is é an cineál sin duine agus áite a
chuardaíonn Mac Grianna ina chuid aistí ar shaol Bhaile Átha
Cliath. Ó tharla ceangal láidir a bheith idir an náisiúnachas agus
an 'nádúr' nó an tuath in aimsir Mhic Grianna agus Mangan
araon, b'ionann ealaín a chruthú as samhail den chathair agus dul
in éadan an cheartchreidimh.

Is ar an dóigh sin a sháraíonn an Griannach na teorainneacha
a chruthaíonn an coilíneachas, teorainneacha teanga agus
teorainneacha an náisiúnachais, óir tuigtear anseo gur de bharr
an choilíneachais a d'fhás an ghluaiseacht sin. Dála Mangan, a
chuir coinbhinsiún coilíneach an údair in aimhréidh, trína chuid
ainmneacha pinn agus a chuid aistriúchán, cruthaíonn Mac
Grianna a fhéiniúlacht féin as an nua amach as an tsaoirse a
thagann leis an choimhthíos teanga in *Mo Bhealach Féin*. Cuid de
phróiseas é sin, ar ndóigh, a thosaigh leis an athmhúnlú seiftiúil a
rinne sé ar litríocht Bhéarla le Browning agus le Florence Mac
Carthy gan foinse ar bith a lua.

Maidir le teorainneacha an náisiúnachais, is maith an léiriú a
thugann barúlacha Énrí Uí Mhuirgheasa dúinn orthu sin agus ar
a raibh le sárú ag an Ghriannach agus é ag déanamh a chuid féin

den litríocht a bhí léite aige. Tá sampla againn de dhúchasachas (*nativism*) Uí Mhuirgheasa sa réamhrá a scríobh sé d'eagrán de *Ceithearnach Uí Dhomhnaill* (1912). Cuireann sé stró as cuimse air féin ag déanamh deighilt mhór idir litríocht ghrinn na Gaeilge agus litríocht ghrinn an Bhéarla:

> The puns and quips and literal crackers that bring down the house at a modern variety entertainment, or that fill the columns of so-called 'wit and humour' in English newspapers, would not appeal to un-Anglicised Irishmen; they could see nothing in them to even smile at; while a droll situation described in tersest and plainest language, that would put a whole 'ceilidh-house' in roars of laughter, would probably only make an Englishman purse his brows and wonder where was the joke. (vii)

Ar ndóigh, tá an dearcadh céanna le sonrú go láidir ar an léirmheas a scríobh Ó Muirgheasa ar *Eoghan Ruadh Ó Néill* don Ghúm, áit a gcáineann sé an úsáid a bhaineann Mac Grianna as saothar Mitchel agus Carlyle.

Ag léamh cuid tuairimí sin Uí Mhuirgheasa, tuigimid gearán Stephan Dedalus, in *A Portrait of the Artist as a Young Man*, fán bhac a chuir náisiúntacht, teanga agus creideamh ar anam an Éireannaigh agus an rún a bhí aige imeacht as na laincisí sin. Murab ionann is Joyce áfach, ba dheacair ag scríbhneoir Gaeilge mar Sheosamh Mac Grianna a shaothar litríochta a chruthú ar an choigríoch, ar mhéad is a bhí sé ag brath ar fhoilsitheoirí na hÉireann. Dála Mangan, 'nár imigh níos faide ná Dún Laoghaire', b'fhéidir gur mhó an éacht a rinne an Griannach na laincisí agus na teorainneacha bréige sin a shárú gan an tír a fhágáil, murar mhair sé sin ach seal beag glórmhar féin.

Caibidil 4

AN DRUMA MÓR : PARTHAS Á THRUAILLIÚ?

Cashel na nDuiní commands a prospect "wide and various" of the bold rocks on the opposite strand and of the country in various directions.

I stood for some minutes on the wall of the *Cashel* to enjoy the bold scenery around me and to ponder on the mutability of human affairs; for strange thoughts crowded into my excited imagination as I considered the progress of man from the period that he built the rude habitation of stone without cement, constructed the slide car to be drawn by the tails of horses, and formed the slender *currach* of twigs and the hides of animals, until he formed the alabaster Palace with windows of stained glass and curtains of embroidered silk, drove the rapid car on the land, and ploughed the ocean by the unconquered arm of steam!

Seán Ó Donnabháin. (Herity 25)

Cé gur as imeachtaí a tharla idir 1912 agus 1917 a fáisceadh *An Druma Mór,*[55] is mó an bhaint atá ag bunábhar an leabhair le himeachtaí agus le gluaiseachtaí polaitiúla cultúrtha an 19ú haois. Ar leibhéal áirithe, is úrscéal é a phléann iarmhairtí an chéid sin agus a amharcann ar an 19ú haois mar thairseach stairiúil i bpobal Ghaeltacht Thír Chonaill. Iarracht thréamanta atá sa chéad chaibidil an bealach a réiteach don bhunábhar sin, sa dóigh a ndéantar idéalú mórthaibhseach ar stair an phobail Ghaeltachta. Pictiúr atá sa chéad chaibidil de phobal na Gaeltachta ar staid na ngrást agus ní sháraítear deis-scríobh na caibidle sin sa chuid eile den úrscéal ar an ábhar nach féidir an staid sin a shárú. Ar ndóigh, nuair a chuir Mac Grianna intreoir eipiciúil lena úrscéal bhí sé ag leanúint múnla a bhí ag Conrad in *Nostromo* agus *Heart of Darkness,* gan trácht ar úrscéalta Balzac (Ó Doibhlin 1974: 99), ach a dtéann a fhréamhacha siar go leabhar Gheinisis an Bhíobla.

Ina dhiaidh sin, nuair a thráchtann Mac Grianna ar thús an tsaoil ní thugann sé isteach don mhíniú atá i leabhar Gheinisis air sin, nuair a deir sé gur tháinig "blianta nó laetha chun an tsaoil as broinn chian cheoch na haimsire" (DM 1). Is é rud a chumann an Griannach Geiniseas dá chuid féin do Ghaeltacht Thír Chonaill atá báite sa mhistéir, agus is chuige sin a luann sé "na creagacha is

sine ar an domhan" agus a deir sé nach n-inseodh "neach saolta
go deo goidé mar cuireadh síol an fhraoigh atá le fáil go fóill,
d'ainneoin curaíochta, síos go fíorbhéal an láin mhara" (DM 1).
Taobh leis sin, tá an míniú atá ag Geiniseas ar thús an domhain
eolaíoch go leor ach in áit tús an domhain a mhíniú, mar a
dhéanann údair Gheinisis, is é rud a fhéachann údar *An Druma
Mór* le cruthú nach féidir tús Ghaeltacht Thír Chonaill a mhíniú
ar chor ar bith nó gur áit í atá níos sine agus níos doimhne ná áit
ar bith eile atá ar eolas an duine. I ndeireadh na dála, bealach atá
sna ceisteanna doréitithe seo faoi thús Ghaeltacht Thír Chonaill
lena chur i gceann an léitheora gur áit shíoraí atá aige.

Leid eile a thugann Mac Grianna dúinn faoin ghné shíoraí
dho-athraithe a bhaineann le Gaeltacht Thír Chonaill an méid a
deir sé faoin chuimhne fhada dhuibheagánach atá ag muintir na
háite (DM 4). Agus má brúdh go leor daoine isteach go Gaeltacht
Thír Chonaill in aimsir Phlandáil Uladh agus má mhaireann
iarsmaí den chuimhne sin go fóill (DM 2, 4), eisceacht a bhí ann,
dar leis an údar, nó gur mhair an áit ina dhiaidh sin gan cur
isteach ar bith ó imeachtaí an tsaoil mhóir ionas go ndeachaigh
"gach gníomh éifeachtach dá ndearnadh in Éirinn ón mheánaois
aniar, chuaigh siad thart síos sruth an tsaoil gan fhios dóibh" (DM
4). Imeacht ar bith, go fiú teacht na Críostaíochta féin (DM 6), a
tháinig ón taobh amuigh agus a d'imir tionchar éigin ar
Ghaeltacht Thír Chonaill, bhí a sheal aige ach níor athraigh sé an
áit féin.

Mar sin de, d'ainneoin "chascairt sin na gcladach agus na
dtonn" agus an chomhraic a chuir na daoine ar bun "i measc an
achrainn a bhí ag muir agus ag tír" (DM 2), mhair Gaeltacht Thír
Chonaill ina parthas gan truailliú nó gur bhagair fórsaí sóisialta
polaitiúla an 19ú haois an idil sin a bhascadh. Ní thugtar leid ar
bith don léitheoir cé go díreach na 'peacaí' a ionsaíonn parthas
Mhic Grianna amach ó "saoltacht an lae inniu" a lua i líne dheire-
anach na chéad chaibidle (DM 5), ach is fearr, ar an dóigh sin, a
dhéantar idirdhealú glan idir an pobal eipiciúil cianaosta, mar a
chuirtear síos air sa chéad chaibidil, agus an pobal comhaim-
seartha a phléitear sa chuid eile den úrscéal.

Tháinig go leor athruithe sóisialta polaitiúla sa 19ú haois a
d'fhéadfadh ábhar a thabhairt do Mhac Grianna in *An Druma*

Mór, iarmhairtí an Ghorta, ceist na talún, forbairt an náisiúnachais agus aighneas idireaglasta go príomha (Lyons 1971: 19-20), ach is é an tionchar a d'imir gluaiseachtaí creidimh agus polaitíochta ar an phobal Gaeltachta atá ag croí úrscéal Mhic Grianna. I dtaca le gluaiseachtaí creidimh, is é meath an tseanchreidimh thraidisiúnta agus leathadh an chreidimh oifigiúil eaglasta a phléitear in *An Druma Mór,* go háirithe sa chur síos a dhéantar ar an mhisean agus ar shagart an pharóiste. Feiniméan é sin meath an tseanchreidimh a chuirtear síos go hiondúil don Chairdinéal Cullen agus an clár leasuithe a thionscain sé a threisigh údarás lárnach na hEaglaise agus a leag béim ar dheasghnátha eaglasta theach an phobail (Lee 1973: 43-45). Ba sa Róimh a fuair an Cairdinéal Cullen a thaithí ar mhodhanna oibre agus eagraithe na hEaglaise agus ar an ábhar go ndearna sé iarracht mhór múnla na Róimhe a bhualadh anuas ar an Eaglais Éireannach a cuireadh ultramontánachas (*ultramontanism*) ina leith. Ar na torthaí ba mhó a bhí ar na leasuithe sin a tharla sa 19ú haois bhí an méadú mór i líon na dtithe pobail a tógadh roimh aimsir an Ghorta agus ina diaidh, agus an méadú mór i líon na sagart a oirníodh (Lyons 1973: 19).

Ar ndóigh, ní raibh áit ar bith don seanchreideamh dúchasach san Eaglais úr: na seanfhéilte, na toibreacha beannaithe, na pátrúin agus na leigheasanna.[56] Níorbh é amháin an meascán contúirteach sin den chreideamh Chaitliceach agus den chreideamh osnádúrtha a bhí ag déanamh imní don Eaglais úr ach an díobháil smachta a bhí orthu. Gan amhras, bhí impleachtaí móra socheolaíocha ag baint leis na leasuithe go léir a rinneadh nó b'ionann an seanchreideamh a chrosadh ar an chosmhuintir sa 19ú haois agus cuid den smacht a chreid siad a bheith acu a bhaint díobh, nó mar a léiríonn Connolly (1985: 51), dóigh a bhí i ndraíocht an tseanchreidimh le tionchar a imirt ar nithe a raibh daoine ag brath orthu: an aimsir, an tsláinte, an churaíocht agus dá réir sin. Is é an dara feidhm a luann Connolly (1985: 51) leis an seanchreideamh go dtarraingíodh sé an pobal le chéile ar bhonn rialta ag féilte agus gur thug sé faoiseamh dóibh ó chruatan an tsaoil. Nuair a áirímid gur beag cumhacht a bhí ag an chosmhuintir chéanna ar an saol a bhí thart orthu, is ar éigean a bhí meath an tseanchreidimh sin lena leas go sóisialta.

In *An Druma Mór,* tugtar léiriú éifeachtach ar iarmhairtí 'leasú' na hEaglaise Caitlicí sa 19ú haois nuair a chuireann an t-údar síos

ar an mhisean a tháinig go Ros Cuain. Ní hé amháin go bhfuil an
misean coimhthíoch ionraitheach de réir insint Mhic Grianna, is
geall le coilíniú é sa dóigh a gcuireann sé smacht ar intinn daoine
agus a n-athraíonn sé a mbéasa. Leoga, níl sé éagosúil le tionsc-
namh na Suirbhéireachta Ordanáis féin, mar a léirítear é in
Translations le Friel, nuair a luaitear na pubaill chanbháis. Is é an
chéad rud a dhéanann Mac Grianna an misean a dhealú amach ó
phobal Ros Cuain go fisiciúil nuair a chuireann sé síos ar an turas
a bhí le déanamh go teach an phobail agus an difear a bhí idir
tithe na ndaoine agus an rud úr a bhí rompu (DM 136-137).
Ansin, a deir sé, "Nuair a chuaigh tú siar an bealach mór go geafta
theach an phobail agus casadh na stainníní ort chaill tú do
thuigse ar an tsaol" (DM 137). Is ionann an dóigh a mealltar na
daoine agus a gcailleann siad "tuigse ar an tsaol" agus an dóigh a
ndearnadh coilíniú ar phobail dhúchasacha ar fud an domhain
chláir—tugtar isteach chuig pubaill iad ina bhfuil earraí lonracha
den uile shórt agus "áilleacht dheireadh an domhain" iontu uilig
(DM 137). Earraí iad sin nach raibh acu roimhe agus nach raibh
de dhíth orthu ach a d'imir draíocht orthu mar sin féin: "Rudaí
míne glana cráifeacha a chuirfeadh cotadh ar an té a raibh a shúil
cleachta leis na creagacha garbha agus le huirnisí na gcuibhreann
agus na gcladach" (DM 137).

Nuair a thráchtann Mac Grianna ar an tionchar a bhí ag
misean eile ar an phobal, misean a bhí ann tríocha bliain ó shin,
sular tógadh teach an phobail, léiríonn sé an bhéim a bhíothas a
chur tríd an tír sa 19ú haois ar dheasghnátha na hEaglaise agus an
cosc a bhíothas a chur ar chaithimh aimsire a bhain le féilte:
"Mhallaigh sé [Father Cussen] daoine nach raibh ag comhlíonadh
dualgas a gcreidimh mar ba chóir dóibh. D'inis sé goidé an t-olc a
bhí daoine a dhéanamh a bhí ag cailleadh an Aifrinn, daoine a
níodh faillí sna sacraimintí, agus fir óga agus mná a bhíodh ag
leanstan don ghnás a dtugadh sé *company-keeping* air" (DM 136).
Tugann Mac Grianna leid dúinn faoina neamhdhúchasaí a bhí an
teagasc úr seo nuair a deir sé nach raibh focal Gaeilge ag Father
Cussen agus nach raibh a ainm i nGaeilge féin ag na daoine cé go
raibh "fuaim focail dhaimhiúil aige" (DM 135).

Rud eile a threisíonn an íomhá sin den chreideamh
choimhthíoch neamhdhúchasach a bhíothas a bhrú ar mhuintir
Ros Cuain ón taobh amuigh an cur síos a dhéantar ar shagart an

mhisin agus an dóigh a ndírítear aird an léitheora ar a neamh-
chosúla a bhí sé le macasamhail Phroinsís Bheagaide:

> Bhí lámha boga anbhanna geala ar an athair naofa. Nuair a d'amhar-
> cfá orthu, smaoineofá ar leabhair urnaí agus ar uisce choisreactha, ar
> bhaisteadh agus ar bheannachtaí. Nuair a d'amharcfá ar lámha
> Phroinsís, smaoineofá ar pháirc an earraigh, ar an spáid agus ar an
> rámha, ar spéir Dé agus ar an fharraige neartmhar, ar an Eargal, ar
> Ghleann na Smól, ar Lon Doire an Chairn. (DM 139)

Sliocht é sin a chuireann an dá chineál creidimh i gcomórtas go
follasach: creideamh na hEaglaise agus creideamh na ndaoine,
agus i dtaca le Seosamh Mac Grianna, is léir gur mó an meas atá
aige ar an dara cineál creidimh. Díol spéise é go bhfuil comparáid
den chineál chéanna ag Cathal Ó Searcaigh sa dán 'Tearmann'
(1987: 127).

Gné eile de leasú na hEaglaise sa 19ú haois a phléitear in *An
Druma Mór* an teannas idir an baile beag agus an ceantar tuaithe
nó ba mhó ar fad an greim a bhí ag an chreideamh oifigiúil, agus
an ghalántacht a bhain leis, ar na bailte beaga ná mar a bhí aige ar
na ceantair thuaithe (Connolly 1982: 51-52).[57] Is dócha gur ag
tagairt don smacht a bhí ar mhuintir na mbailte beaga le taobh
neamhspleáchas an tseanchreidimh a bhí ag muintir na
Gaeltachta atá Mac Grianna nuair a deir sé: "Bhí fealsúnacht i
gcuid fear Ros Cuain. Bhí creideamh ag MacHugh agus a
dhaoine" (DM 174-175). Déanann Mac Grianna iniúchadh ar an
teannas sin nuair a chuireann sé síos ar Phroinsias Bheagaide agus
a chuid comhghleacaithe ag dul go Ceann an Chamais ag iarraidh
an scoil a bheith acu do dhamhsa Lá Fhéile Pádraig. Ócáid atá
anseo ag an údar leis an ghráin a bhí aige ar bhailte beaga na
hÉireann a léiriú agus d'aithneofá go leor de na barúlacha atá in
aistí Mhic Grianna ar an Ghaeltacht sna sleachta seo. Ag cur síos
ar mhuintir an tsráidbhaile deir sé go raibh: "díomúineadh éigin
in amharc a súl, mura labhradh siad ar chor ar bith", agus maidir
le fir Ros Cuain, bhí sé de bhua orthu "gurbh fhearr leo siúl
isteach sa chathair ba mhó in Albain ná i sráidbhaile bheag in aice
lena mbaile dúchais" (DM 150). Ar ndóigh, filleann Mac Grianna
ar an téama céanna, ag deireadh an úrscéil, nuair a chuireann sé
tréithe an bhaile bhig síos do MacHugh (DM 174) ach ní hé
amháin gur mhaith leis doicheall agus saoltacht an bhaile bhig a

ionsaí san eachtra seo, is é rud a shamhlaíonn sé na duáilcí
céanna le sagart an pharóiste agus lena theach cónaithe.

Nuair atá Proinsias Bheagaide ag meabhrú ar an bheart atá le
himirt aige le cead úsáid na scoile a fháil ón sagart, bíonn a fhios
aige go mbeidh aige le dul chuig an doras cúil agus go mbeidh an
cailín aimsire giorraisc leis (DM 148). Cuimhníonn sé fosta ar an
"trioc galánta" agus na "seomraí saibhre" agus measann sé go
ndéanfaidh an sagart iarracht é a "thachtadh le caint" (DM 148).
Comharthaí iad na rudaí sin go léir ar an deighilt shóisialta atá
idir an sagart agus fir Ros Cuain; agus leis an dlaoi mhullaigh a
chur ar an choimhthíos atá idir an dá urlabhraí, bíonn Gaeilge
chnapánach foghlaimeora ag an sagart le taobh Ghaeilge shaibhir
Phroinsís. Tá íoróin mhór san agallamh sin nó baineann Proinsias
úsáid as an bhá a bhí ag an sagart le Conradh na Gaeilge le
Gaeilge a bhrú air nó tuigeann sé go bhfaigheadh an sagart an
lámh in uachtar air dá mbeadh an comhrá i mBéarla.

Maidir le meath an tseanchreidimh agus tionchar leasú na
hEaglaise, tá fianaise *An Druma Mór* ag teacht leis an fhianaise atá
i roinnt foinsí stairiúla de chuid an 19ú haois a scríobhadh faoi
Thír Chonaill. I dtaca leis an tsaoltacht a chuirtear síos don chléir
sa 19ú haois, is fiú, mar shampla, amharc ar an chuntas atá ag
McGlinchy (1986: 67-80) ina luaitear an dáimh a bhíodh ag
muintir Chluain Maine, Inis Eoghain, leis na bráithre siúil a
bhíodh ag riar ar an cheantar sular tógadh teach an phobail ag
deireadh an 18ú haois. Is cosúil gur beag meas a bhíodh ar an
sagart úr paróiste a tháinig ina ndiaidh sin, nó díbríodh seacht
dteaghlach amach as a dtithe le teach an tsagairt a thógáil thart fá
1820 agus ní raibh rath ar an áit ina dhiaidh de réir an údair. Le
cois an mhéid sin, tá faisnéis le fáil i litreacha Sheáin Uí
Dhonnabháin ar chailleadh na seantraidisiún creidimh i nDún na
nGall de bharr fheachtas na cléire (Herity: 105).

Foinse eile, a luadh cheana, a bhfuil eolas ann ar an chléir i
dTír Chonaill ag deireadh an 19ú haois, 'Sagart Éamoinn Sheáin
Óig', le 'Máire'. I dtaca le stádas sóisialta na sagart, baineann go
leor den scéal céanna le máthair an phríomhcharachtair a bheith
ag iarraidh sagart a dhéanamh dá mac. Is den *petite bourgeoisie* an
teaghlach—tá siopa agus teach tábhairne ag an athair agus
féachann an mháthair le sagart a dhéanamh dá mac le cur le
maoin agus le seasamh an teaghlaigh: "Is gairid a bheadh mo

leanbh ag tabhairt isteach a bhris dá bhfaigheadh sé paróiste dó féin" (CD 12). In *The Valley of the Squinting Windows* (1918) le Brinsley MacNamara, maíonn an t-údar gur cuireadh cuid mhór fear óg leis an tsagartacht ar na cúinsí santacha céanna agus gurbh é sin an fáth ar bhain an oiread sin acu le haicme a dtugann sé 'the grabbers' orthu (1918: 101). Is téama lárnach é, fosta, in úrscéal MacNamara an mháthair atá ag iarraidh sagart a dhéanamh dá mac d'fhonn meas a thuilleamh uirthi féin.

Maidir leis an tionchar a d'imir gluaiseachtaí polaitiúla an 19ú haois ar *An Druma Mór*—an chuid is tábhachtaí d'oidhreacht an chéid sin san úrscéal—ní féidir a mheas gan breathnú ar ról na hEaglaise i bpolaitíocht na tréimhse nó is minic dlúthbhaint ag an Eaglais léi. Is dócha gurbh é cás an Athar Séamus Mac Pháidín (*the patriot priest*) is fearr a léiríonn an dóigh a bhféadfadh sagart bheith ina laoch náisiúnaíoch agus ina thíoránach amach óir dá mhéad an gean a bhí agus atá ar an sagart cáiliúil sin i nGaoth Dobhair as an bhaint a bhí aige le cás an Mháirtínigh, bhí drochmheas air in Inis Caoil as an tsaoltacht a bhain leis (Mac Suibhne 1998). Diomaite den chás cháiliúil sin, tá léargas níos ginearálta ag MacLaughlin (1995) ar an pháirt lárnach a bhí ag sagairt Dhún na nGall i ngluaiseacht an náisiúnachais, idir staraithe mar William James Doherty a chuir taca intleachtúil le cuspóirí an náisiúnachais agus 'eagraithe' a bhí gníomhach ar an talamh ag spreagadh an tírghrá sna daoine. Is fiú fosta amharc ar an eolas atá ag an Athair Lorcán Ó Searcaigh (2000: 133-134) ar an ábhar céanna. Ba é an cúlra meánaicmeach a bhí ag na sagairt, dar le MacLaughlin, a d'fhág gur macasamhail 'intleachtóirí orgánacha' Gramsci iad a rinne idirghabháil idir an *bourgeoisie* úr agus cosmhuintir na tuaithe agus, mar sin, a chuir cuspóirí náisiúnachais an *bourgeoisie* ina luí ar an chosmhuintir.

Tá cruthú ar an ról sin in *An Druma Mór* sa chomhrá atá ag Proinsias Bheagaide leis an sagart, nó, mar a luadh cheana, baineann Proinsias úsáid as an bhá atá ag an sagart le Conradh na Gaeilge le Gaeilge a labhairt leis. Le cois an mhéid sin, seasann an sagart clú an Oird Ársa ag maíomh gur chóir go mbeadh meas ag Proinsias agus a chuid comrádaithe air: " '*But Doogan, you know that the A.O.H is a good organization—a friendly society and all that*' " (DM 151). Rud eile ar fiú amharc air, an dóigh chliste a dtéann Proinsias Bheagaide i bhfeidhm ar an sagart nuair a labhraíonn sé

Gaeilge leis. Ní amháin go dtuigeann Proinsias go bhfaighidh sé
an ceann is fearr ar an sagart sa chaint, tá a fhios aige fosta go
dtaitneoidh an comhrá Gaeilge leis an sagart. Is í an fheidhm atá
ag Mac Grianna leis an chomhrá idir Proinsias agus an sagart an
bheirt acu a chur i gcodarsnacht le chéile mar a deir sé féin ag an
tús: "B'fhiú dearcadh air féin [an sagart] agus Proinsias Bheagaide
os coinne a chéile" (DM 150). Díríonn an Griannach aird an
léitheora ar an bhearna atá idir an bheirt i rith an ama ach
cuireann sé béim ar leith air sin ag deireadh an chomhrá nuair a
thugann an dá charachtar a mbarúil ar thábhacht na Gaeilge:

> 'Nílimid ag fáil lá loicht ar do chuid Gaeilge,' arsa Proinsias. 'Is í
> teanga na hÉireann í, mura mbeadh fágtha ach an greagán di.'
>   '*That's right, Doogan,*' arsa an sagart. 'Tír gan teanga, tír gan
> anam'. (DM 152)

Taobh le sluaghairm náisiúnaíoch an tsagairt, tá cuma shnasta
amach ar dhea-chaint Phroinsís ach, níos tábhachtaí arís ná sin,
léiríonn sé an drochmheas atá ag an údar ar bharúlacha polaitiúla
'réamhfhaighte' an tsagairt le taobh a mheasa ar bharúil neamh-
spleách réadúil an fhir Ghaeltachta.

    Buaicphointe atá san eachtra sin, ina mbuaileann Proinsias
Bheagaide agus a chomhghleacaithe leis an sagart, nó tá sé ar na
heachtraí is mó a nochtann an déscaradh a bhí i bpobal na
Gaeltachta idir an saol traidisiúnta agus an saol úr coimhthíoch a
bhí ag teannadh air. Sintéis atá i gcarachtar an tsagairt de na nithe
is mó a shamhlaíonn Mac Grianna leis an 'ionradh' sin, mar atá,
an creideamh neamhdhúchasach eaglasta, an tsaoltacht a tháinig
leis agus, thar aon ní eile, an pholaitíocht. Is é is íorónta faoi
charachtar Phroinsís go bhfuil cos aige sa dá shaol sin a luaitear
thuas óir, má thug sé caint agus cleasaíocht an pholaiteora anall as
Albain leis, bhí a oiread de dhúchas na Gaeltachta ann agus gur
dhoiligh aige an oiliúint choimhthíoch a leanúint. Is spéisiúla ar
fad an carachtar é dá bharr sin nó, dála an phobail ar mhaith leis
bheith ina urlabhraí aige, féadann sé ag am ar bith tiontú ar an
dúchas a bhfuil sé ar maos ann nó a anam a thabhairt suas do na
fórsaí coimhthíocha atá ag iarraidh a smachtú.

    Is maith, mar sin de, mar a fhóireann carachtar Phroinsís
Bheagaide mar phríomhcharachtar in *An Druma Mór* nó is tríd a
thugann Mac Grianna léiriú ar cheann de na hathruithe cultúrtha
ba mhó tábhacht a tháinig ar an phobal Gaeltachta i ndiaidh an

Ghorta, mar atá, fás na polaitíochta náisiúnta, nó mar a mhaíonn Mac Suibhne agus Dickson (Dorian: 20-21): "the move from predominance of local folklife to concern for the county or the country." Is é an t-athrú seo a tharlaíonn nuair a ghéilleann an pobal dúchasach neamhspleách do chathuithe a thagann ón taobh amuigh an rud is mó a ghoilleann ar Mhac Grianna in *An Druma Mór* nó is é an chéad bhuille é a bhuailtear ar an saol idéalach sin a gcuirtear síos air sa chéad chaibidil. In áiteanna, cáintear an droch-chlaonadh seo go neamhbhalbh: deirtear linn, mar shampla, faoi Phroinsias Bheagaide, go ndeachaigh sé i bhfostú i bpolaitíocht, "an díth céille is mó atá ag leanstan don Éireannach!" (DM 48) Ach is minice ná sin an scigaithris ina arm ag Mac Grianna le galldú na Gaeltachta a ionsaí, rud a phléifear ar ball.

Ceist thábhachtach nár mhiste a scrúdú ar dtús, áfach, cé acu a raibh Mac Grianna ag cur síos ar mheath an phobail Ghaeltachta nó ar athruithe a thug dúshlán an phobail sin in *An Druma Mór*. Arís, is í an cheist chéanna í atá le tuiscint ón chéad chaibidil agus atá bunaithe ar an cheist atá ag croí an Bhíobla féin ón chéad leabhar ar aghaidh: an sáróidh an pobal idéalach seo ar na deacrachtaí agus ar na cathuithe a chuirfear rompu? Is féidir a mhaíomh ó fhianaise dheireadh an úrscéil go ndiúltaíonn an pobal don chathú a cuireadh orthu agus go dtagann siad slán as nó, d'ainneoin gach rud a tharlaíonn le pobal Ros Cuain a réabadh, tá siad chomh láidir fá dheireadh *An Druma Mór* agus a bhí siad riamh. Dá mhéad a thugann siad isteach do MacHugh agus don soiscéal coimhthíoch atá aige ní chailleann siad an mianach fearúil laochta a bhí iontu ó thús, rud a admhaíonn MacHugh féin ag amharc orthu: "Bhí siad chomh céillí i ndreach agus i mbéasa agus gur minic a chonacthas dó nach raibh ann ach gasúr lena dtaobh" (DM 175).

Is cinnte mar sin féin, go mbíodh bearnú an dúchais ag déanamh tinnis do Mhac Grianna, rud a léiríonn sé trí charachtar shean-Mhurchaidh a chur taobh leis an aos óg, mar shampla (DM 91-94), agus is léir ó iontráil spéisiúil i leabhar nótaí de chuid an údair, a scríobhadh i 1934, go mbíodh sé in éadóchas go minic faoin Ghaeltacht: "Sgéal fán Ghaedhealtacht. Teaghlach ag foghluim Béarla agus teaghlach Gaedhilge. An motif, trághadh na Gaedhealtachta. Ainm 'An Sruth Trágha'."[58] Tuigimid uaidh sin gur mheas sé i 1934, a ceathair nó a cúig de bhlianta i ndiaidh dó *An Druma Mór* a scríobh, go raibh an Ghaeltacht i gcontúirt a caillte. Ina dhiaidh sin, tá go leor comharthaí dóchais in *An Druma Mór* a léiríonn go raibh muinín ag an údar as seasmhacht mhuintir na Gaeltachta agus dóchas aige nach slogfadh mórchultúr na Galltachta iad mar a shlog an caorán na cealla agus na daingin a bhí i Ros Cuain tráth. Ach de thairbhe nach mbíonn réiteach iomlán ag Mac Grianna ar an choimhlint inmheánach sin idir caomhnú an tseansaoil agus neamhspleáchas fadsaolach mhuintir na Gaeltachta, bíonn dearcadh an reacaire ag síorathrú, agus is é an toradh is mó atá air sin go mbíonn an mórtas cine taobh leis an scigaithris ó thús deireadh *An Druma Mór*.

Maidir leis an mhórtas cine, ní fhéadfá bheith in amhras ar bith fán mheas a bhí ag Mac Grianna ar a phobal dúchais nó d'fhág sé treoir chinnte don ealaíontóir a dhear clúdach an úrscéil i 1935 ina bhfaighimid pictiúr litriúil den ghean a bhí ag an Ghriannach ar na daoine a raibh sé ag scríobh fúthu. Ba é an rud a d'iarr Mac Grianna ar Austin Molloy pictiúr a tharraingt d'fhir ag iompar brataí a mbeadh tréithe an chine Ghaelaigh le haithint go réidh orthu: "Men of blonde Milesian type, broader of shoulder and somewhat fuller of face than the usual Anglo-Irish type. Not, by any means, the Norman-Irish types of Keating's 'Men of the West'."[59] Tá go leor is féidir a rá fán oideas beag sin ach is é an chéad rud a thabharfá faoi deara an dearcadh idéalach a bhí ag an Ghriannach ar an chine Ghaelach idir neart coirp agus phór cianaosta maorga, rud is léir ón fhocal *Milesian*. Is é an dara rud go ndéanann sé idirdhealú tréan idir na Gaeil agus na Gall-Ghaeil, agus tá an scaradh sin le sonrú síos tríd an úrscéal féin ionas go mbíonn pobal na Gaeltachta dealaithe amach ó gach dream eile sa tír. Ní don náisiún Éireannach atá dílseacht ag an údar mar sin, ach don chine Ghaelach mar atá sé beo sa Ghaeltacht.

D'fhéadfá cuid den dearcadh sin a chur síos do thionchar Corkery ar Mhac Grianna nó is cinnte nár mhaolaigh sé sin go dtí na luath-thríochaidí ar a laghad. Tá rud eile ann, áfach, is cóir a áireamh ar na fáthanna a ndéantar muintir na Gaeltachta a idéalú in *An Druma Mór* mar atá, peirspictíocht chumhach an pháiste in *An Druma Mór*. Tá a fhios againn gur tharla na himeachtaí ar ar bunaíodh *An Druma Mór* idir 1912 agus 1917, nuair a bhí an t-údar

ina ghasúr ach, chomh maith leis sin, de réir fhianaise Néill Uí
Dhónaill, bunaíodh carachtar an ghasúir, Donnchadh Sheáin
Eoin, ar Sheosamh Mac Grianna féin.[60] Mioncharachtar atá i
gceist, an té a bhíonn ag scríobh na litreacha do mháthair
Phroinsís Bheagaide ag tús an leabhair, ach is fiú go mór amharc
arís ar an mhéid a deirtear faoi san úrscéal. Nuair a thuigimid go
bhfuil an carachtar bunaithe ar an údar féin tá blas láidir an
mhórtais ar an mhéid atá le rá aige faoi bhunadh Sheáin Eoin—
go raibh an léann sa dúchas acu agus dá réir sin. Ach ina dhiaidh
sin, téann an Griannach a mhagadh ar an chineál litreach a
scríobhadh sé agus ar na deacrachtaí a bhíodh aige ag cur Béarla
ar Ghaeilge "achrannach" Bheagaide : "Ach scríobhadh sé an litir
ar dhóigh éigin, agus creidim go mbíodh an *Celtic Twilight* inti
corruair" (DM 41). Léargas annamh go leor atá ansin ar an dóigh
a ndeachaigh an comhéadan teanga i bhfeidhm ar an údar ina
óige agus ar an chiall a bhí aige don chultúr a bhain leis an dá
theanga: an 'oifigiúlacht' a bhí i 'bpáipéar na ngearrthach', mar
shampla (DM 41). Thairis sin, is ábhar íoróna ag an Ghriannach
go mbíodh sé féin ag cleachtadh stíl an *Celtic Twilight* go nádúrtha
i ngan fhios dó féin nuair a bhí ar Yeats agus Lady Gregory í a
shaothrú go comhfhiosach.

I dtaca leis an mheascán den mhórtas cine agus den scigaithris
atá in *An Druma Mór*, tá sé le feiceáil ó thús an úrscéil féin. Ní
fhéadfá gan suntas a thabhairt don mhórtas cine atá sa chur síos
ar fhir Ros Cuain ar a mbealach chuig cleachtadh 'An Druma':
"Anoir agus aniar na hairde, eadar thú is léas, tífeá ag teacht iad,
agus aníos an cabhsa idir an dá chlaí dreasóg go teach Sheáin
Mhacadáin—fir mhóra agus a ngnúis daite le gréin, agus dreach
céillí orthu ó tharla beatha nádúrtha acu, agus súile tintrí acu ó
tharla an tsláinte agus an t-urradh gan chloí iontu" (DM 9). Ach
tagann an scigaithris go géar ina dhiaidh sin. Ag tús chaibidil a trí
"bhí na laochra faoina dtrealamh ag teach Sheáin Mhacadáin"
(DM 15), cé go bhfuil na 'laochra' céanna ag scansáil mar a
bheadh gasraí ann fá *thriangles* agus fhliúiteanna sa chaibidil
roimhe sin:

> Níorbh obair bheag nó shuarach na gléasraí ceoil a rann. Shíl an uile
> fhear riamh acu gurbh fhearr an fliúit a bhí ag an fhear eile ná an
> ceann a fuair sé féin. Agus char dhada é go dtí go raibh na triantáin
> le cur i gcuibhreann. Bhí slúiste de ghasúr fhada chóir ann a bhuail

ceann acu an dá bhliain seo a chuaigh thart, agus ní raibh sé sásta
glacadh an iarraidh seo leis. Chrom sé a cheann.
    "Seo, a Mhicí ," arsa Seán Mhacadáin, "seo do *thriangle* féin."
(DM 12)

Leanann na fir den scansáil ar an Fhéile Pádraig féin agus is ócáid
eile scigaithrise don reacaire é. Seachas bheith ina laoch, is fear é
Micheál Beag Shéamais Mhicheáil "nach raibh uchtach aige
comhrac a chur ar fhear ar bith" ach buaileann sé smitín ar Eoin
Mháirtín "ó tharla ina dhuine gan cheilg é sin" (DM 26).
Cuireann bean Mhichíl an dlaoi mhullaigh ar an scigaithris nuair
a fhéachann sí le srian a chur ar a fear:

> 'A Mhicheáil, a thaisce,' arsa an bhean leis, 'ná loit stócach aon
> duine.'
>   Nuair a chuala an chuideachta an achainí a bhíothas a iarraidh ar
> an fhear bheag, chuaigh siad a gháirí. (DM 27)

Ar ndóigh, ní hiad eachtraí sin an mhílaochais an t-aon ábhar
scigaithrise agus aoire ag Mac Grianna. Luann Ní Ghallchóir
(1981: 51-52) go leor samplaí den ghreann a bhaintear as an
'droch-Bhéarla', "greann atá 'dubh' go leor in amanna." Agus ar
ndóigh, cé go mbíonn sé greannmhar againn abairtí mar *"papal
encyclopaedia"* (DM 61) agus *'The emoluments of the district'* (DM 49)
a léamh, tá sé nimhneach go leor mar aoir.[61] Ach is é fuadach an
druma an eachtra is fearr a thugann deis don údar an bhuirlisc a
chleachtadh. Ba gheall leis an chomaoineach féin an druma leis
an urraim a tugadh dó nuair a bhí sé sa lochta ag Seán
Mhacadáin, agus i ndiaidh na mistéire agus an feacadh glúine a
spreag sé, siúd Seán Óg ag imeacht leis agus "an Druma ar a
ghualainn deis agus na claimhte maide ar a ghualainn chlí . . .
mar bheadh each mear a luífí brod air" (DM 80). De réir mar a
shíneann an rás buaileann cloch sa slinneán é agus ansin baintear
truisle as ar chloch agus 'an acra ba mhó a chuir deis fhiliúnta' ar
fhir Ros Cuain leis i rith an ama (DM 80).

Tá páirt Phroinsís Bheagaide san eachtra sin chomh greann-
mhar céanna cé go n-insíonn Mac Grianna dúinn go ndearna mac
Bheagaide "éacht an oíche sin nach raibh beag ná suarach ach
oiread" (DM 80). Dá ainneoin sin, is amhlaidh a bhíonn an
dúshaothar ag Proinsias éalú leis an bhratach agus leis na drumaí
beaga agus tuigeann sé fá dheireadh "go raibh an aois ag teacht air,
go raibh sé trom ar a chois agus gairid san anáil, agus cibé áthas a

bheadh feasta aige gur as an smaoineamh agus nach as an ghníomh a bhainfeadh sé é." (DM 82) Tá barúlacha éagsúla ag criticeoirí ar thábhacht fhuadach an druma—Breandán Ó Doibhlin ag rá gur insint é atá 'lándáiríre' in ainneoin féidearthachtaí a bheith ann don bhuirlisc (1974: 106). A mhalairt de thuairim atá ag Cathal Ó Háinle, áfach, maidir le páirt Phroinsís Bheagaide san fhuadach: "An tuairisc seo ar 'éacht' Phroinsias ina léirítear é ag iarraidh an namhaid a sheachaint, agus é ag titim siar síos trí sceacha, agus fiailí, agus ag gobadh aníos idir dhá thom neantóg, céard eile é sin ach tuairisc neamhlaochda frimhagúil na buirlisce?" (Ó Háinle 1989: 155)

Is iontach ina dhiaidh sin nach samhlaíonn Ó Háinle an scigaithris le cuid de chur síos an reacaire ar thús fhuadach an druma: "Níl an láimhseáil a dhéantar ar ghluaiseacht na heachtra saor ó locht, ach fónann an foclóir a úsáidtear lena áitiú gur gníomh laochais atá á dhéanamh: 'ár' (73), 'bearna an bhaoil' (77), 'táin' (79,80), 'éifeacht' (79), 'creach' (80), 'éacht' (80)" (Ó Háinle: 154). Luann Ó Háinle fosta go maíonn Tarlach Néill go bhfuil na fir cosúil le Napoleon nuair a bhí sé sáinnithe i Moscó: " 'Anois,' arsa Tarlach Néill, agus d'amharc sé ar na tithe a bhí anonn uathu, 'dá bhfaighimis amach as Moscó, bheadh linn'"(DM 77).

Méar mhagaidh i bpluic go cinnte atá anseo, agus tá an áibhéil scig-ghaisciúil sin cleachta ag an Ghriannach i go leor áiteanna. Tá an ghné seo de shaothar Mhic Grianna pléite ag Kiberd (1993) áit a léiríonn sé nach stíl ársa na seanscéalaíochta an t-aon ábhar scigaithrise a bhíonn ag údar *Mo Bhealach Féin* ach go ndéanann sé scigaithris ar a shaothar féin chomh maith. Dar le Kiberd gur thug an Griannach cúl leis an laochas méaldrámatach nuair a thug sé snamh don stát úr agus do na polaiteoirí béalchráifeacha a bhain mí-úsáid as scríbhneoirí na Gaeilge:

Thuig Seosamh gur bhain polaiteoirí ar nós de Valera leas as scríbhneoireacht na mBlascaod chun cur le haisling oifigiúil Fhianna Fáil . . . .

Thuig Mac Grianna go raibh polaiteoirí na hEorpa ar fad ag baint leas as scríbhneoirí cruthaitheacha san aois sin chun soiscéal polaitiúil a chraobhscaoileadh, go raibh scríbhneoirí na Rúise ceansaithe faoi mhaorlathas Stalin agus scríbhneoirí na Gaeilge ceansaithe faoi pholasaithe an Ghúim. (1993: 190)

Ar ndóigh, scríobhadh *An Druma Mór* idir 1929 agus 1930, dhá bhliain roimh rialtas de Valera, ach bhí an Griannach in amhras fá pholaiteoirí san am sin féin, rud is léir dúinn ón scigaithris a dhéantar in *An Druma Mór* ar na 'hinstidiúidí' polaitiúla, mar na *Hibernians* agus '*Sin Fane*' (DM 158).

Ar ndóigh, tá neart cosúlachtaí idir an cúlra polaitiúil stairiúil as ar fáisceadh *An Druma Mór* agus an cúlra polaitiúil, stairiúil a spreag an chuid is fearr den scigaithris sa tír seo agus i dtíortha eile. Éire idir dhá ré chultúrtha, 'an tsean-Éire' agus 'an Éire óg' (DM 93), atá faoi chaibidil in *An Druma Mór* agus scríobhadh an t-úrscéal féin ag deireadh dhá ré pholaitiúla, mar atá, an tnúthán a tháinig le Cogadh na Saoirse agus an díomá a bhí ar go leor de mhuintir na hÉireann ina dhiaidh. Éire idir dhá ré a ghin scéalta buirlisce mar *Siabhradh Mhic na Míchomhairle* sa 17ú haois agus san 18ú haois, nó mar a deir Seosamh Watson (1979: 11): "Bhí deireadh curtha leis an seanchóras pátrúnachta den chuid ba mhó, rud a d'fhágfadh cuid den lucht liteartha i ngleic leis an saol feasta." Is suimiúil mar sin gur "ceann de na tréithe grinn is túisce a thugaimid faoi deara in *Siabhradh Mhic na Míchomhairle*—rinneadh aithris uirthi seo roinnt áirithe sna scéalta a tháinig ina dhiaidh—úsáid stíl mhaorga na scéalta laochta le heachtraí bréaglaochta Mhic na Míchomhairle a chur inár láthair . . ." (Watson 1979: 27).

Féachann an criticeoir Marxach, Mikhail Bakhtin (1968), leis an scigaithris a mhíniú trí chomhthéacs stairiúil a scríofa, agus dar leis gur dual don scigaithris idé-eolaíocht oifigiúil na sochaí a ionsaí. Tá sé seo le sonrú go soiléir sa Mheánaois, nuair a bhí idé-eolaíocht ghruama eaglasta i réim a choinnigh cluain ar ghreann agus ar shaoirse. Ach, mar a mhaíonn Bennett (1979: 83):

> Completely opposed to this world and, in a sense its mirror image was the world of folk humour as embodied in popular rituals and festivals, especially carnivals . . . . Taken as a totality, these 'carnival' forms constituted a 'world turned upside down' in which the official hierarchic representation of the world was inverted and in some cases 'decentred'. . . .

Ar ndóigh, "A 'world turned upside down'" nó "an saol uilig a chur ar mhullach a chinn" a chuir Seosamh Mac Grianna roimhe agus é ag diúltú do pholasaithe an Ghúim (MBF 11).

I dtaca le Mikhail Bakhtin de, is minic a thagann bláth ar an scigaithris le ré úr stairiúil agus is é rud a dhéanann macasamhail Rabelais institiúidí seanchaite a linne a bhascadh le magadh agus le scigaithris:

> The historical significance of such texts as Rabelais' *Gargantua and Pantagruel*, Bakhtin argues, was that they transformed the function of folk humour. No longer an accepted area of license and reversal outside of and apart from official ideology, folk humour was, in the literature of the early Renaissance, brought into relation with the official ideology as part of a set of formal devices whereby that ideology was not merely parodied and inverted but transfixed and revealed, distanced *from within*, as the ideology of a crumbling world order. (Bennett 1979: 84)

Nuair a d'fhéach Seosamh Mac Grianna le scigaithris a dhéanamh ar institiúidí Gallda polaitiúla cá hiontas é gur bhain sé úsáid as an 'folk humour' céanna seo. Óir is léir gurb é sin an fáth a dtugann sé áit speisialta don cheathrú sin as an amhrán grinn 'An Chrúbach' atá mar eipeagraf do *An Druma Mór*.[62] Seo amhrán a tháinig óna mhuintir féin, fear de shinsir a mháthar a chum é, agus tá an greann ann chomh dúchasach leis an "bhrablach tanaí domasaí" atá mar úir i Ros Cuain féin. Is léir fosta go bhfuil dlúth-chomhfhreagras idir na heilimintí scigaithrise in *An Druma Mór* agus eilimintí scigaithrise 'An Chrúbach'.

Más é fuadach an Druma buaicphointe na scigaithrise in *An Druma Mór* is é fuadach na bó as Toraigh buaicphointe scigaithrise 'An Chrúbach'. Tagann Manannán Mac Lir isteach go Toraigh leis an slua sí go ndéanann siad an bhó chrúbach a fhuadach agus is amhlaidh a fhiafraíonn an file:

> A Dhónaill, nach cumhain leat lena aithris,
> Mar tugadh an Ghlas Ghaibhleanna Mhór
> Go Toraigh ar lorg a rubaill,
> Is tháinig sí ar ais go tír mór? (FI 146)

Le cois an Ghlas Ghaibhleanna a bheith luaite san amhrán, tá scigaithris le sonrú ann fosta ar an scéal eipiciúil is mó i seanl-itríocht na hÉireann, mar atá, 'Táin Bó Cuailnge'. Fuadach tairbh atá ag croí an scéil sin, ach más tarbh laochta urrúnta é an 'Donn' a mhalairt ghlan atá romhainn in 'An Chrúbach'. Mar a deir Niall Ó Dónaill: "Bhí [na hadharca crúbacha] ag gobadh isteach ar a chéile cosúil le crúba portáin . . . . bhí sí seang. Bhí a húth comh searg le cailleach phreáta" (Ó Dónaill 1952: 127-8). Agus tá go

leor san amhrán féin atá ag teacht leis an chur síos sin go háirithe
nuair a insítear dúinn nach "raibh ann ach a cnámha is a
craiceann" nuair a d'éalaigh sí ó Oileán Thoraí (FI 143).

Cuirtear clabhsúr ar an áibhéil scig-ghaisciúil ag deireadh an
amhráin nuair a shamhlaítear cás na Crúbaí le Helen 'ler
scriosadh an Traoi' rud a thabharfadh an chaint fá Napoleon agus
Moscó in *An Druma Mór* i do cheann:

> Beir scéala 'sar Dhónall lena aithris
> Do Éamann nach nglacfainn uaidh bríb,
> Nó go lúfar go mbeidh mé agus gaiscígh
> Ina éadan ag seasamh na *siege*,
> Beidh púdar ina héiric á thachtadh
> Is ní léir dó cá rachaidh sa tslí,
> Mar a tháinig na Gréagaigh gan fheasbhaidh
> Fá Helen ler scriosadh an Traoi. (FI 146)

Tá tábhacht láidir shiombalach ag baint leis an 'Druma' (an
uirlis féin agus an bhuíon cheoil) in *An Druma Mór*, ach arís eile
níl na criticeoirí éagsúla ar aon tuairim faoi. Mar a deir Titley
(1991: 264): "Tagra slím, nó ar a laghad ar bith tagra amhrasach é,
gur siombal soiléir glan amach é an Druma do shaol traidisiúnta a
mhuintire. Ní fol, cuimhneamh gur rud nua i stair an phobail
ba ea an druma." Ar ndóigh, insítear dúinn ag tús an úrscéil gur
dócha gur feiniméan de chuid an 19ú haois déag an Druma:

> Cluinfidh tú na fir is sine i Ros Cuain ag rá go gcuala siad a gcuid
> aithreacha móra ag inse nach raibh a leithéid ann nuair a bhí
> siadsan óg, agus gur ghnách leo a dhul anonn go dtí an Tráigh Léith
> agus Lá Fhéile Pádraig a chaitheamh ag iomáin ar an tseandóigh le
> camáin leathláimhe. B'fhéidir gur in aimsir Dhónaill Uí Chonaill a
> thoisigh na Gaeil ar an ghnás, agus go raibh sé fada leitheadach ar
> fud na hÉireann. (DM 7-8)

Is beag an meas a bhí ag Mac Grianna ar Ó Conaill mar a léiríonn
sé in alt a scríobh sé ar *Iris an Fháinne* i 1928: "I dtaca le Grattan,
Swift, Molyneux, Flood agus Dónall Ó Conaill níor théigh mo
chroí riamh leo" (A 41).

Mura raibh dílseacht ar bith ag Mac Grianna don Druma,
thuig sé go raibh muintir Ros Cuain faoi dhraíocht aige agus
rinne sé aoir air dá réir. An gradam áibhéalach atá ag Seán
Mhacadáin dó, mar shampla: "Tá sé amuigh arís, a fheara . . . Mo
Dhruma Mór bocht !" (DM 12) Mar sin féin, ní le holc ar phobal
na Gaeltachta a dhéanann Mac Grianna an aoir ach le dímheas ar

an Ghalldachas atá ag cur dallamullóg ar a mhuintir féin. Is é rud a dhéanann Mac Grianna an Druma a bhá le mistéir agus a chur ar altóir bhréagach sa dóigh go dtig leis a leagan le scigaithris. Is é lochta Sheáin Mhacadáin an altóir agus fuadach an druma príomhócáid na scigaithrise.

Arís, tá cosúlachtaí anseo idir scigaithris Mhic Grianna agus seift scigaithrise atá ag Rabelais de réir anailís Mikhail Bakhtin. Dála Mhic Grianna, aimsíonn Rabelais siombail den idé-eolaíocht oifigiúil a bhfuil sé naimhdeach dó agus déanann í a lot le magadh. Is amhlaidh, mar shampla, a ghoideann an carachtar Gargantua cloig mhóra Notre-Dame lena gcrochadh ar úim a chapaill ollmhóir le lasta mór scadán agus cáise a thabhairt abhaile chuig a athair. Siombail mhórluachach atá sna cloig den idé-eolaíocht oifigiúil agus, mar a mhaíonn Bakhtin, "Uncrowning the cathedral bells and hanging them on a horse is a typical carnivalesque gesture of debasement" (1968: 214).

Ceist chigilteach, i dtaca leis an údar de, cé acu cuntas ar mheath pobail nó cuntas ar athrú i stair an phobail sin atá in *An Druma Mór*. Is é an déachas sin a chleachtann an reacaire, an urraim agus an scigaithris le chéile, a fhágann léitheoirí in amhras fá rún Mhic Grianna féin. Déachas é sin, áfach, atá coitianta go leor i litríocht na hÉireann mar a mhaíonn Vivian Mercier in *The Irish Comic Tradition*:

> Behind the bards and the hagiographers, who endlessly strive to outdo each other in their accounts of heroic deeds and saintly miracles, there lurks the figure of the sceptic and / or parodist. Anyone who knows the contradictions of the Irish mind may come to suspect that the sceptical parodist is but the bard or the hagiographer himself in a different mood. (1962: 12)

Cé go ndeantar trácht go minic ar an chaitheamh shollúnta i ndiaidh an tseansaoil atá in *An Druma Mór*, go háirithe i gcaibidil a haon déag, is beag aird dáiríre a tugadh ar ghné na scigathrise. Tá leid mhór fán scigaithris sna línte sin as 'An Chrúbach' atá ag tús an leabhair agus a deir Éamann Néill Óig as a chodladh nuair atá sé ag brionglóideach fán Druma (DM 99). Lena chois sin, tá patrún inaitheanta ag an scigaithris sin a chuimsíonn an áibhéil scig-ghaisciúil mar atá ag prós-scéalta Éireannacha an 17ú haois agus an 18ú haois agus díspeagadh tréasúil an tsiombalachais mar atá i saothar Rabelais.

Nuair a shíothlaíonn an scigaithris, áfach, agus nuair a thion-
taíonn an reacaire ar an mhórtas cine is ea is mó a mhothaímid
imní Mhic Grianna fán tsean-Éirinn atá ag meath roimhe. Is é
sean-Mhurchadh an Éire sin ina steillbheatha óir "bhí
seanchuimhneacháin aigesean a bhí míle bliain d'aois" (DM 93).
B'fhearr leis an seanfhear na Laoithe Fiannaíochta ach "ní
éisteoidh an dream óg atá anois ann le dada ach scéalta" (DM 92)
agus is den íoróin atá san úrscéal é gur laoi Ghoill Mhic Mhorna a
deir sean-Mhurchadh, amhail is dá mbeadh a dhroim féin leis an
charraig agus a naimhde á ionsaí.[63] Is maith mar a fhóireann an
Fhiannaíocht mar chloch mhíle in *An Druma Mór* idir an tsean-
Ghaeltacht agus an Ghaeltacht san am atá le teacht. Ba den
dúchas í. Bhí sí ar na séadchomharthaí is mó a bhí ag pobal na
Gaeltachta. Ach tá fáth eile a bhfuil tábhacht as cuimse ag an
Fhiannaíocht in *An Druma Mór*, mar atá an dá eilimint sin, an
laochas agus an scigaithris a bheith ina n-orlaí tríthi. Ar bhealach
tá forbairt na Fiannaíochta comhthreomhar le reacaireacht *An
Druma Mór* óir, le himeacht aimsire thráigh sruth an laochais agus
tháinig an scigaithris ina áit, mar a deir Mercier (1962: 12):

> . . . two of the four early cycles, the Ulster and the Kingly, fell into
> disuse whereas the Finn and Mythological Cycles flourished—or
> became decadent, if you like—accumulating folklore and magical
> motifs to the point where they grew first unintentionally and then
> deliberately luidicrous.

Is amhlaidh fosta in *An Druma Mór* a bhíonn an mórtas cine agus
an laochas coimeádach stálaithe le taobh na scigaithrise a bhfuil
dinimiceas láidir cruthaitheach ann. Tugann acmhainn na
scigaithrise díolúnas liteartha don Ghriannach a chinntíonn nach
amhas bocht ag an Ghúm é ag comhlíonadh fhís na bpolaiteoirí,
chan ionann is na 'leathchairde' a luann sé in *Mo Bhealach Féin*.
Nuair is tréine an scigaithris in *An Druma Mór* is ea a thuigeann tú
nach ag meath atá pobal na Gaeltachta ach ag athrú. Mothaíonn
tú nach slogfaidh na hinsitiúidí gallda polaitiúla iad ach go
mbeidh a seal acu agus go dtabharfaidh siad ábhar seanchais agus
grinn dóibh go díreach mar a thug an bhó chrúbach úd.

Caibidil 5

AN DRUMA MÓR : AN CHINSIREACHT

Tá nóta beag tuarúil amháin in *An Druma Mór* a insíonn dúinn gur thuig an t-údar go maith cad é an cineál leabhair a bhí sé a scríobh: luaitear amhrán a chum Proinsias Bheagaide a bhí ag Niall Bhríde ach a mbíodh leisce airsean a rá as siocair daoine as an chomharsanacht a bheith luaite ann (DM 47). Ba é an fáth céanna a thug eagarthóirí an Ghúim agus an Príomh-Aturnae Stáit do Sheosamh Mac Grianna nuair a rinneadh cinsireacht ar a úrscéal féin i 1935—go raibh sé le haithint go furasta go raibh suas le fiche carachtar in *An Druma Mór* a bhí bunaithe ar dhaoine as Rann na Feirste agus go mbeadh ábhar ag triúr acu sin cás dlí a thógáil dá bharr.[64] Tharla sé gur fear a raibh aithne mhaith aige ar na comharsana sin uilig, Dónall Mac Grianna as Rann na Feirste, Príomh-Eagarthóir an Ghúim san am agus col ceathrar le Seosamh Mac Grianna, an té a raibh sé de chúram air an t-úrscéal a mheas agus a chóiriú sula bhfoilseofaí é agus tharla sé, fosta, gurbh é ba mhó a chuir in éadan an úrscéil.

Ní hé amháin go raibh aithne ag Dónall Mac Grianna ar na carachtair a bhí in *An Druma Mór*, ach tógadh é féin agus údar an úrscéil faoi urchar méaróige dá chéile agus de theach phríomhcharachtar an úrscéil, an té ar ar bunaíodh an carachtar Proinsias Bheagaide.[65] Níorbh iontas ar bith é, mar sin, gur éirigh teannas millteanach idir an t-údar agus an Príomh-Eagarthóir ná go raibh Dónall Mac Grianna ag doicheall roimh an ábhar a bhí in *An Druma Mór*. Mar sin féin, is follas ón chéad tuairisc a scríobh an Príomh-Eagarthóir ar an úrscéal (05.05.32) nár mheas sé mórán contúirte a bheith ann ach an t-údar roinnt athruithe a dhéanamh i dtaca le cuid de na carachtair. Ach, idir an dá linn, chuir sé cóip den phrofa dheireanach chuig cara leis go bhfuair sé a bharúil ar an ábhar a bhí ann. Cé go raibh athruithe áirithe déanta ar an téacs go dtí sin, d'aithin an 'cara' na príomhcharachtair sa bhomaite.[66] Ní fios cérbh é an cara seo atá luaite ach, más fíordhuine a bhí ann, is cinnte gur duine é a raibh eolas maith aige ar phobal Rann na Feirste. Is léir, fosta, go ndeachaigh barúil

an 'duine' seo i bhfeidhm ar an Phríomh-Eagarthóir nó gur
mheas sé nárbh fhéidir an t-úrscéal a fhoilsiú gan an t-ábhar a
athrú ó bhun go barr. Lena chois sin, bhí daoine eile a léigh an
lámhscríbhinn, Seán Mac Maoláin agus an Dochtúir Carr[67] ina
measc, a shíl an t-ábhar a bheith clúmhillteach.

Cé gurbh é *An Druma Mór* a chuir an lasóg sa bharrach idir an
bheirt, áfach, is léir ó fhianaise chomhaid an Ghúim nach mbíodh
an Príomh-Eagarthóir agus údar an úrscéil ar aon intinn faoi
mhórán rudaí sula raibh iomrá ar bith ar *An Druma Mór*. Níl
amhras nó bhí sé ina chogadh idir Seosamh Mac Grianna agus
foireann iomlán an Ghúim le tamall maith de bhlianta roimhe sin
ó thosaigh feachtas litreacha ar *An Phoblacht*. Leoga, níorbh iontas
ar bith é dá mbíodh eagla ar bhaill na foirne roimh an údar nó,
de réir a fhianaise féin, bhagair sé orthu go fisiciúil ar ócáid
amháin ar a laghad (MBF 10). Is tearc duine, mar sin, a bheadh
ag maíomh a dhóighe ar an Phríomh-Eagarthóir a raibh aige le
bheith ag obair le húdar a raibh an dubhfhuath aige ar an Ghúm
agus a raibh ann. Os a choinne sin, d'aithneofá go raibh ábhar
gearáin ag Seosamh Mac Grianna nuair a cuireadh an oiread sin
moille ar fhoilsiú a chuid leabhar, gan trácht ar an 'chiorrú' a shíl
sé a dhéantaí ar a lámhscríbhinní.

Bhí go leor rudaí ann a d'fhágfadh an dá chomharsa, an t-
údar agus an Príomh-Eagarthóir, amuigh ar a chéile sular scríob-
hadh *An Druma Mór*, ach tá sé sa bhéaloideas a bhaineann leis an
úrscéal go ndearnadh ionsaí ar dhaoine muinteartha do Dhónall
Mac Grianna sa leabhar agus gurbh é sin an fáth a ndearna sé
iarracht an leabhar a chosc. Cibé acu fíor nó bréagach atá an
teoiric sin, níl tagairt ar bith di san fhaisnéis thábhachtach a thug
Niall Ó Dónaill ar an leabhar nuair a bhíothas ag iarraidh eagrán
1969 a fhoilsiú.[68] Ina áit sin, luann an Dálach eolas éigin breise a
dúirt Dónall Mac Grianna a fuair sé agus a chuir in amhras faoin
leabhar é, ach mar a deir an Dálach "Níor dhúirt sé riamh cén t-
eolas breise a fuair sé." Tá an diamhaire sin le sonrú ar an tuairisc
a scríobh Dónall Mac Grianna i Mí Bealtaine 1935: "Mheasas féin
go ndearnadh an oiread sin athruithe agus nárbh fhéidir na
daoine a aithint. Ach ar an drochuair, *táthar*[69] i ndiaidh a chur in
iúl dom gur furasta na daoine a aithint fós."[70] Ba é an locht ba
mhó a bhí ag an Phríomh-Eagarthóir ar *An Druma Mór*, mar sin,
go raibh ábhar clúmhillteach ann ach is dócha fosta go raibh

nithe eile, chomh maith le clú na ndaoine sin a bhí luaite sa
leabhar, ag déanamh buartha do Dhónall Mac Grianna.

Is fiú, mar shampla, cuimhneamh ar an sórt conspóide a
spreagadh an cineál sin *roman à clef* i mbaile tuaithe san am, nó is
beag duine nach mbeadh cuimhne aige ar an raic a tógadh nuair
a foilsíodh *The Valley of the Squinting Windows* le Brinsley
MacNamara i 1918. Bhunaigh MacNamara an t-úrscéal ar eachtraí
a tharla ina bhaile dúchais féin, Dealbhna, i gcontae na hIarmhí,
agus chuir sé an oiread sin oilc ar mhuintir an bhaile go
ndearnadh ionsaí fíochmhar ar theach a athar tamall i ndiaidh
fhoilsiú an leabhair (O'Farrell 31). Ní raibh ansin ach an tús,
áfach, nó dódh cóipeanna den leabhar i lár an bhaile agus
rinneadh baghcat ar theaghlach an údair go dtí, sa deireadh, go
raibh orthu bailiú leo amach as an áit. Thóg athair an údair cúis
dlí in éadan na ndaoine a thosaigh an baghcat agus fuair sé
tacaíocht ó údair chlúiteacha—W.B. Yeats, AE, Oliver St. John
Gogarty agus James Stephens ina measc siúd—ach níor socraíodh
an cás.

Cé gur measa ar fad an t-ábhar clúmhillteach a bhí in úrscéal
Brinsley MacNamara, bhí go leor nithe in *An Druma Mór* a
d'fhéadfadh raic a thógáil i mbaile beag agus a tharraingeodh
droch-chlú ar an áit dá bharr. Ba é an toradh a bhí ar na himeach-
taí a tharla i nDealbhna mar gheall ar *The Valley of the Squinting
Windows* go raibh míchlú ar an áit tríd an tír, ní amháin de bharr
an chur síos a bhí sa leabhar ach mar gheall ar an bhaile a bheith
ina bhruíon chaorthainn ina dhiaidh (O'Farrell 42). B'iontach
mura raibh eolas éigin ag Dónall Mac Grianna ar chás Dhealbhna,
nó bhí an cás cúirte i mbéal an phobail ag an am agus mhair sé go
dtí lár na 1920í. B'fhéidir, mar sin, gur eagla a bhí ar an Phríomh-
Eagarthóir go ndéanfaí dochar d'ainm Rann na Feirste sa tír dá n-
éireodh troid éigin i measc mhuintir an bhaile de thoradh *An
Druma Mór*. Go fiú mura raibh sé ag smaoineamh ar chás
Dhealbhna, tá fianaise áirithe ann go raibh drochmhothú i Rann
na Feirste faoi *An Druma Mór* san am a raibh sé ag an Ghúm.
Deirtear, mar shampla, gur tugadh greasáil do Sheosamh Mac
Grianna agus é in Anagaire nuair a chuala daoine áirithe go raibh
baol ann go raibh aoir déanta ag an údar orthu.[71] Is suimiúil,
fosta, gur mhol an Príomh-Eagarthóir an lámhscríbhinn a chur
chuig an Athair Lorcán Ó Muirí, fear a bhí ag tógáil chlú Rann na

Feirste san am ó bhunaigh sé Coláiste Bhríde ann i 1926.[72] B'fhéidir, nuair a bhí a bhaile dúchais gairthe tríd an tír as an tearmann Gaelachais a bhí ann, gur mhó an imní a bhí ar Dhónall Mac Grianna go millfeadh an leabhar conspóideach seo dea-ainm Rann na Feirste.

Rud eile is cóir a áireamh ar na fáthanna a bhí ag an Phríomh-Eagarthóir le cur in éadan *An Druma Mór*, an claonadh coimeádach cúramach a bhí ann mar eagarthóir, rud is ríléir ó na hathruithe a d'iarr sé ar Sheosamh Mac Grianna a dhéanamh ar leabhair éagsúla. Shíl sé, mar shampla, go raibh 'caint gharbh' in *An Druma Mór* agus is dócha gur ar an ábhar go bhfuil sé sin luaite sa chomhad atá "Dár brísce" in áit "Dár Críost" ag Niall Ó Dónaill san eagrán de *An Druma Mór* a chóirigh sé i 1969.[73] Ba é a dúirt Ó Dónaill féin sa mheamram a scríobh sé i 1967 go raibh "roinnt abairtí . . . tríd an leabhar a bhféadfaí séimhe a chur iontu, gan baint den scéal." Rud eile nár thaitin le Dónall Mac Grianna an cáineadh a bhí in *An Druma Mór* ar an Eaglais, rud a bhíodh ag déanamh imní dó go minic, is cosúil, agus gan fáth aige leis. Tá tréan samplaí den chlaonadh sin sa Phríomh-Eagarthóir san eagarthóireacht a rinne sé ar *Mo Bhealach Féin* go háirithe. Is iontach, mar shampla, go bhfaca sé diamhasla sna línte seo a leanas: "Ní fhaca mise aghaidh ar aon fhear ariamh a bhí comh cosamhail le h-aghaidh an tSlánuightheora."[74] Tá go leor rudaí eile i lámhscríbhinn *Mo Bhealach Féin* atá neamhurchóideach go maith, dar leat, ach a chuir imní ar an Phríomh-Eagarthóir mar sin féin. Bhí sé buartha faoin fhógra Béarla a bhí ann faoi *Eli Ben Alim*: "An ceart," ar seisean, "an Béarla seo a leigean isteach sa leabhar?" Agus tháinig an seanbhuaireamh céanna air faoi chás dlí nuair a léigh sé an cur síos a bhí in *Mo Bhealach Féin* ar dhuine de na mná lóistín.[75]

Nuair a bhí mionrudaí den sórt sin ag déanamh tinnis don Phríomh-Eagarthóir, ní hiontas ar bith é a bheith in amhras go mór faoin ábhar a bhí in *An Druma Mór*. Arís eile, is ceart tuairimí an Phríomh-Eagarthóra a mheas i gcomhthéacs a linne agus, ar ndóigh, bhí Acht na Cinsireachta, 1929, agus Comhdháil Chorp Chríost i 1932[76] i measc na n-imeachtaí móra polaitiúla sóisialta san am. Idir sin agus na nithe eile a pléadh cheana—an aithne phearsanta a bhí ag Dónall Mac Grianna ar an té a raibh Proinsias Bheagaide bunaithe air, an t-aighneas mór a bhí idir Seosamh Mac

Grianna agus lucht an Ghúim, cás clúiteach *The Valley of the Squinting Windows*, an chontúirt go millfí clú Rann na Feirste agus dearcadh righin coimeádach an Phríomh-Eagarthóra—bhí neart fáthanna ann le go ndéanfadh Dónall Mac Grianna a dhícheall *An Druma Mór* a chosc.

Is é is tábhachtaí uilig, i ndeireadh na dála, an cheist seo: an é *An Druma Mór* atá againn in eagrán Néill Uí Dhónaill a foilsíodh i 1969 *An Druma Mór* céanna a chuir Seosamh Mac Grianna chuig an Ghúm a chéaduair i 1930, nó an é go ndearnadh athrú substainteach ar an úrscéal amach ó na gnáthleasuithe a dhéanfadh eagarthóir ar bith ar théacs? Ar an drochuair, níl teacht ar lámhscríbhinn *An Druma Mór* faoi láthair ach tá a fhios againn ó thuairiscí an Phríomh-Eagarthóra gur iarradh ar an údar píosaí áirithe a bhaint amach sula nglacfaí leis an úrscéal, mar atá, píosaí fada Béarla, píosaí inar tugadh masla don Eaglais agus 'caint gharbh'.[77] Luadh, leis, gurbh fhéidir daoine a aithint go fóill. Tá cur síos beacht ag Niall Ó Dónaill ar ar tharla ina dhiaidh sin:

Bhíothas dian go maith ar an údar leis an leabhar seo ó thús. Glacadh leis an scríbhinn uaidh agus íocadh é, agus ansin tugadh air cuid den airgead a aisíoc. Chuaigh sé i gcomhairle le Príomh-Eagarthóir an Ghúim agus rinne sé athrú agus ath-athrú ar an scríbhinn go dtí go raibh an Príomh-Eagarthóir sásta léi (tógadh an Príomh-Eagarthóir é féin i Rinn na Feirste. Bhí aithne aige ar na carachtair sa leabhar, agus bhí sé féin ag fás aníos nuair a tharla na heachtraí ar ar bunaíodh an scéal). Cuireadh an scríbhinn chuig na clódóirí agus clóbhuaileadh í, agus cuireadh profaí chuig an údar le léamh, agus nuair a shíl sé go raibh an leabhar ag teacht amach cuireadh scéala chuige go raibh bac ar fhoilsiú an leabhair, gur dhóigh leis an Roinn Oideachais, de réir comhairle a bhí faighte acu, "go mbeadh cúis aicsin dlí ag daoine áirithe dá bhfoilsítí é mar atá sé."[78]

Ar ndóigh, steall Seosamh Mac Grianna ar an daoraí le cinneadh an Ghúim. Chuir sé litir chuig Seán Mac Lellan ag rá: "Cuireadh áthrach ar an leabhair sin tá dhá bhliadhain ó shoin, agus rinneadh comh-aontughadh ar sin . . . . Cuireadh na *page-proofs* chugam-sa tá leith-bhliadhain ó shoin. Tá an leabhar prion-táilte agus na stereo-plates déanta."[79] Ba é an deireadh a bhí air gur fágadh míle cóip gan cheangal den leabhar agus gur coinníodh i stóras an Ghúim iad. Diomaite d'eagarthóirí an Ghúim, ní raibh faill ag aon duine an chéad eagrán sin de *An*

Druma Mór a fheiceáil nó gur scríobh Breandán Ó Doibhlin léirmheas ar an leabhar ar *An tUltach* i 1967. Sa mheamram a scríobh Niall Ó Dónaill i 1967, inar mhol sé eagrán úr de *An Druma Mór* a fhoilsiú, luaigh sé alt Uí Dhoibhlin agus eagarfhocal a bhí ar *An tUltach* mar thaca leis an mholadh. Ach ab é an spéis a chuir Niall Ó Dónaill agus leithéidí Bhreandáin Uí Dhoibhlin in *An Druma Mór* sna blianta sin, ní fios an mbeadh eagrán ar bith den úrscéal le fáil sa deireadh.

Ar an drochuair, áfach, rinneadh eagarthóireacht áirithe ar eagrán 1935 a chothaigh síol an amhrais in intinn go leor léitheoirí a chreid go raibh ábhar éigin sa leabhar a bhí an Gúm ag iarraidh a cheilt. I léirmheas a scríobh sé ar *An tUltach*, tamall i ndiaidh fhoilsiú eagrán 1969, tharraing Diarmaid Ó Doibhlin aird léitheoirí ar abairtí nach mbeifeá ag dréim leo: 'Dar brísce' in áit 'Dar Críost', mar shampla, agus ba é an bharúil a bhí aige "go mb'fhéidir go ndearnadh 'eagarthóireacht' nó b'fhéidir 'búistéireacht' thall is abhus ar an téax bunaidh" (14). Ceist eile a bhí ag an Doibhlineach, cá mhéad caibidil a bhí sa chéad eagrán? (14) Is é a bhí i gceist aige, ar ndóigh, gur baineadh caibidil nó dhó as an leabhar. Gheofá freagra ar na ceisteanna sin uilig ach, mar a deir Ó Doibhin, "an t-eagrán seo [1969] a chur i gcomórtas leis an chéad eagrán úd nach bhfaca de sholas an lae riamh ach meirbhsholas oifige" (14).

Fuair Cathal Ó Háinle deis an chomparáid sin a dhéanamh nuair a chuir an tAthair Breandán Ó Doibhlin cóip de chéad eagrán *An Druma Mór* ar fáil dó agus tá iniúchadh measartha cuimsitheach déanta aige ar an difear atá idir an dá théacs (Ó Háinle 1989). Mar a léiríonn Ó Háinle, rinneadh go leor athruithe ach níor bhain siad mórán le substaint an leabhair. Niall Ó Dónaill a rinne na hathruithe agus tá míniú aige ar an fháth a bhí aige le baint den leabhar ar chor ar bith i meamram a scríobh sé i 1968:

> Tá an leabhar beagnach ar fad curtha in eagar agam. Bhain mé amach abairtí áirithe (nach raibh ag cur dada leis an scéal nó ag baint uaidh) a bhféadfadh daoine a raibh aithne acu ar John Moore a rá nach raibh sé féaráilte iad a fhoilsiú mar gheall air. Lena chois sin bhain mé amach an tagairt don *Protector*, agus gairbhe chainte anseo agus ansiúd. Leasaigh mé an litriú agus mionphointí stíle. D'athraigh mé leagan amach na gcaibidlí. Níl sna rudaí sin ach gnáthchúrsaí eagarthóireachta.[80]

Ba é an tagairt sin don *Protector* a baineadh amach an t-aon
rud a d'fhéadfadh an scéal a athrú mórán. Is é atá i gceist san
eachtra sin go bhfacthas Proinsias Bheagaide ag caint leis an
Protector agus gur bhagair na hÓglaigh ar Phroinsias ina dhiaidh.[81]
Maidir le John Moore, Eoin Mháirtín san úrscéal,[82]
mioncharachtar atá ann nach dtuilleann mórán measa san úrscéal
in eagrán ar bith dá bhfuil ann.

Is é an trua é gur bhac Niall Ó Dónaill leis na hathruithe a
rinne sé ar chor ar bith ach an leabhar a chur amach mar a bhí
diomaite den litriú a chaighdeánú. Nuair a bhí an pobal amuigh
in amhras faoin dóigh ar caitheadh leis an leabhar an chéad lá
riamh, shílfeá gurbh fhearr eagrán 1935 a fhoilsiú mar a d'iarr
Seosamh Mac Grianna féin "gan oiread agus focal a áthrach."[83]
Bíodh is gur athruithe dromchlacha is mó a rinne Niall Ó Dónaill
ar an téacs, b'ionann baint dó ar chor ar bith agus ciorrú a
dhéanamh air i dtaca le go leor daoine de. Mar sin féin, ba mhór
an éagóir ar an Dálach é cinsireacht a chur síos dó nó ba é ba
mhó a chuir cás *An Druma Mór* chun tosaigh sna blianta sin a
chaith an lámhscríbhinn i liombó.

Cuireadh cosc ar fhoilsiú *An Druma Mór* i 1935 ar chomhairle
an Phríomh-Aturnae Stáit. Cé gur léir gurbh é an Príomh-
Eagarthóir, Dónall Mac Grianna, ba mhó a chuir sonrú san ábhar
clúmhillteach a síleadh a bheith in *An Druma Mór*, is doiligh a
shamhlú go dtabharfadh státseirbhíseach ar bith neamhaird ar
chomhairle sin an Phríomh-Aturnae Stáit. Má rinneadh athruithe
substainteacha ar an úrscéal, ba ar an bhunlámhscríbhinn a
rinneadh, ach thug Seosamh Mac Grianna cead don Phríomh-
Eagarthóir na hathruithe sin a dhéanamh, dá mhéad a ghoill sé
sin air. Arís, is doiligh na hathruithe sin a mheas nuair nach bhfuil
teacht ar an lámhscríbhinn, ach de réir fhianaise chomhad an
Ghúim, bhí suas le míle dhá chéad focal Béarla sa bhunlámhscríb-
hinn agus tugadh ar an údar a mbunús a bhaint amach.[84]
D'fhéadfadh na sleachta sin, agus sleachta eile a athraíodh, bheith
tábhachtach go maith. Ach nuair a rinneadh comhaontú ar na
hathruithe a rinneadh i gcomhair eagrán 1935 ní raibh teacht ar
ais air, agus ó tharla gur beag idir an t-eagrán sin agus an t-eagrán
atá againn ó bhí 1969 ann ní miste glacadh leis.

Caibidil 6

LES ANNÉES TOURNANTES
MAC GRIANNA, Ó FLAITHEARTA AGUS
AN SAORSTÁT

Ba iad na deich mbliana idir bunú an tSaorstáit agus chéad rialtas de Valera i 1932 a thug an t-athrú is mó ar mheon agus ar mheanma Sheosaimh Mhic Grianna. Sa tréimhse sin tugadh dúshlán gach dóchais a bhí aige ina óige agus b'annamh a fuair dóchas an ógánaigh treise ar an duainéis. Gan fiú i 1928 bhí an duairceas ag éirí ann: "Ní fhaca mé ach cineál de chlábar in Éirinn le cúig bliana—saol chomh salach le salachar na sráideann i mBaile Átha Cliath" (FF 15). Ar ndóigh, bhí cruatan i saol Mhic Grianna féin a chuirfeadh leis an éadóchas sin cibé fá staid na tíre. Chlis a shláinte air i gcontae Liatroma is cosúil (Ó Croiligh 1973: 10), agus b'ann a fuair sé an tsamhail atá aige in *Mo Bhealach Féin* (8) fán saol a bheith "cruacheangailte le téadaí a bhí teannta aníos agus síos agus crosach ar a chéile mar na línte atá i leabhair rollaí" (Ó Muirí 1999: 71). Ach nuair a mhaíonn Mac Grianna go raibh Éire ina clábar, léiríonn sé an míshásamh a bhí ar go leor den mhuintir ba idéalaí sa tír a shíl go dtiocfadh saoirse agus slánú na tíre le Cogadh na Saoirse. Bhí go leor den idéalachas i Mac Grianna i 1922 le ligean dó a ainm a chur leis an dráma bolscaireachta, *Saoirse nó Suaimhneas* (A 1-12), a chríochnaíonn le gáir dhílseachta do de Valera. Ach fán am a scríobh sé *An Druma Mór*, idir 1929 agus 1930, is beag muinín a bhí aige as an pholaitíocht mar mheán a dhéanfadh leas na ndaoine. Is maith, fosta, an léiriú ar athrú na haimsire atá sa tsraith aistí a d'fhoilsigh an Griannach i 1926, 'The filí and felons of our land' (FF 217) ina nochtann sé an lorg a d'fhág tuairimí Corkery agus MacDonagh air, nó tá difear barrthábhachtach idir an cáineadh a dhéanann Mac Grianna sa tsraith sin ar *The Informer* le Liam ÓFlaithearta agus an meas a thugann sé ar an bhFlaitheartach i 1932 (FF 184) agus ina dhiaidh sin (MBF 173).

Tá tuairimí Corkery in uachtar go mór sa tsraith sin a luaitear
thuas, go háirithe an tábhacht a chreid sé a bheith le 'national art'
(Corkery 1924: 12) agus is é a mhídhílse atá úrscéal Uí
Fhlaithearta don alt creidimh sin a cháineann Mac Grianna go
tréan in aiste 1926. Luann sé, leis, *The Valley of the Squinting
Windows* (1918) le Brinsley MacNamara agus *The Plough and the
Stars* (1926) le Sean O'Casey mar shamplaí den chineál saothair a
thug sásamh do léitheoirí Shasana mar gheall ar an léargas
bréagach a thug sé ar dhuáilcí an Éireannaigh.[85] Díol spéise é in
'Reputations beyond the seas' go dtagraíonn Mac Grianna d'alt in
The Irish Statesman inar luadh ainmneacha mórscríbhneoirí
Éireannacha, Ó Flaithearta ina measc, a raibh acu lena gceird a
chleachtadh thar lear de dhíobháil easpa aitheantais ina dtír féin.
Níorbh é aineolas a gcomh-Éireannach ba chionsiocair leis sin,
dar le Mac Grianna, ach a neamhéifeachtaí a bhí saothar na
scríbhneoirí féin (FF 108). Tá liosta den chineál chéanna ag
Corkery in *Synge and Anglo-Irish Literature* (1931:4) ina n-áirítear Ó
Flaithearta arís ach fán am ar scríobh Corkery sin bhí barúil eile
ar fad ag Mac Grianna ar mhacasamhail Uí Fhlaithearta agus
Joyce. In áit Ó Flaithearta a cháineadh, mar a rinne sé roimhe sna
fichidí, cosnaíonn Mac Grianna an Flaitheartach sa litir 'Irish
artists, the Gúm, the people and so forth', a scríobh sé chuig *An
Phoblacht* i 1932, ag rá:

> Writers can only react to their environment. They are the historians
> of their people. As surely as the world will go on, until worms eat the
> paper of the Censorship Bill, so surely will the historians of the
> future go to James Joyce and to George Moore and to Liam
> O'Flaherty and to Patrick MacGill for information about Irish life in
> the days in which those writers lived. (FF 184)

Dar le Mac Grianna go raibh an tír anuas ar scríbhneoirí agus go
raibh ar scríbhneoir ábhar diamhasla nó pornagrafaíochta a chur
ina shaothar le haird ar bith a thuilleamh. A luaithe a dhéanfaí
sin, ar ndóigh, "the blackthorns of the sons of Rosaleen descend
with a will upon the poor artist's head" (FF 184). Is iontach gurb é
an duine céanna a scríobh sin a lig a racht le MacGill agus leis an
Fhlaitheartach as duáilcí an Éireannaigh a nochtadh ina saothar
ach is follas, fosta, go raibh cúl tugtha ag Mac Grianna le dogma
náisiúnaíoch Corkery fán am sin.

Trí ní a luann Mac Grianna sa litir sin a bhí naimhdeach, dar leis, do scríbhneoirí na hÉireann, mar atá, an Gúm, muintir na hÉireann agus Bille na Cinsireachta. Maidir leis an Ghúm, bhí cúiseanna maithe polaitiúla ag Mac Grianna lena cháineadh chomh maith leis an chlaonadh rómánsach a bhí ann fuath a thabhairt do lucht riaracháin. I dtaca le muintir na hÉireann agus Bille na Cinsireachta, is féidir cuid mhór a thuiscint ó ghearán Mhic Grianna. Is é an chéad rud go gcuireann sé meon na cinsireachta i leith mhuintir na tíre uilig, chan amháin rialtas Chumann na nGaedheal a thug an bille isteach. Thairis sin, maíonn Mac Grianna bá lena chomhscríbhneoirí, Liam Ó Flaithearta agus Patrick MacGill ina measc, agus cuireann sé a saoirse sin os cionn a 'ndualgas náisiúnta'. Arís, is é is spéisiúla faoi sin go léiríonn sé athrú mór i ndearcadh Mhic Grianna idir 1926, nuair a bhí sé ag maíomh go gcothódh an tírghrá litríocht mhór: 'Patriotism must ever be a master-passion with the Irish people', agus an bharúil a bhí aige i 1932 go raibh muintir na tíre ag imirt cos ar bolg ar scríbhneoirí. Sampla eile den athrú atá le sonrú ar dhearcadh Mhic Grianna sna blianta sin is ea na cosúlachtaí atá le haithint idir cuid de *The Miracle at Cashelmore*, úrscéal Béarla a scríobh Mac Grianna i 1931 (Ó Croiligh 1973: 30) agus *The Valley of the Squinting Windows* a cháin Mac Grianna thiar i 1926. Níl againn anois d'úrscéal Mhic Grianna ach an cur síos a rinne Oilibhéar Ó Croiligh air agus an méid de atá in athfhriotal aige ach is follas ón mhéid sin go gcuireann Mac Grianna an meon céanna léirsteanach cruachroíoch síos do mhuintir bhailte beaga na hÉireann agus atá ag MacNamara in *The Valley of the Squinting Windows*: "Cashelmore was a small town, clinging to a by-road in the heavy level lands. Approached from a city, it was stark and mean, with a needle-sharp curiosity in its shelterless, narrow life" (Ó Croiligh 1973: 36).

Ba é an taithí a bhí ag Mac Grianna ar iarmhairtí Chogadh na Saoirse, stát úr nach raibh ina shásamh agus a bhí anuas ar scríbhneoirí. Murar thuig Corkery go raibh an 'Hidden Ireland' anois i Foxrock seachas i gCiarraí mar gheall ar an ghreim a bhí ag an mheánaicme ar an tír (Costello 1977: 241), bhí an oiread sin dua ag Mac Grianna leis an státseirbhís nua agus an oiread díomá air leis an atmaisféar coimeádach cúng a bhí sa tír ag tús na 1930í gur dheacair aige gan snamh a thabhairt d'ealaín náisiúnta Corkery.

Ar ndóigh, i dtaca le Mac Grianna de, ionchollaíodh duáilcí uile an tSaorstáit sa Ghúm agus ar an ábhar sin is cosúla le neach meitifisiciúil ná le scéim rialtais é ina shaothar nuair a thugann sé 'the monster' agus 'the Gargantuan paper child' air (FF 181-2). Ach ar bhealach amháin, ba é an Gúm a rinne leas an Ghriannaigh nuair a mheall an scéim scríbhneoireachta go Baile Átha Cliath a chéaduair é. I dtrátha 1928 a shocraigh sé san ardchathair, má shocraigh sé riamh ann, i ndiaidh tréimhsí a chaitheamh go míshona i scoileanna i gcontaetha éagsúla (Ó Croiligh 1973: 10-11). Cé go maíonn Mac Grianna féin nár chuir sé mórán spéise sa Ghúm a chéaduair amach ó bheith ag magadh air (MBF 8), is doiligh a chreidiúint nach bhfáilteodh sé roimh obair a thug ar shiúl ón mhúinteoireacht é agus a bhí cóngarach go leor don scríbhneoireacht.

Tá sé sa táin gur thug Mac Grianna fuath don Ghúm i ndiaidh dó tamall gairid a chaitheamh ag obair acu. Ach is fiú amharc ar an dóigh ar tharla sé sin nó is léir go raibh bunús láidir polaitiúil leis an aighneas agus go háirithe leis an fheachtas litreacha a bhí ann faoin Ghúm sa tréimhse sin. Is féidir a mhaíomh gurbh é an uair dheireanach a chuir Mac Grianna dóchas ar bith i ngluaiseacht pholaitiúil agus gur fhág sé é searbh ina dhiaidh. Tugtar míniú dúinn ar thús an fheachtais litreacha in *Mo Bhealach Féin*:

> Nuair a bhí mé ceithre bliana ag obair dóibh [An Gúm] tharla athrach rialtais. Dar liom gurbh é báire na fola é. Ba sin i ndiaidh na Bliana Úire, 1932. Rinne mé féin agus daoine eile cibé a tháinig linn. Chuaigh daoine chun cainte leis an Aire úr. Scríobhadh altanna ar *An Phoblacht* ag cáineadh an Ghúm, ar eagla nár leor a dtiocfadh a dhéanamh 'tríd chaineáil oifigiúla.' Rinne muid ár ndícheall, nó bunús. (9)

Sular thosaigh an 'feachtas', áfach, thug Mac Grianna le fios don Ghúm gurbh é an rún a bhí aige a mhíshásamh leo a léiriú ar bhealach éigin. Bhí sé corradh le dhá bhliain ag fanacht leo *Eoghan Ruadh Ó Néill* a chur i gcló agus é ag cailleadh foighne leis an Ghúm i rith an ama. Lig sé a racht leo i litir a scríobh sé chucu i Mí Iúil 1931:

> I dtaca le *Eoghan Ruadh Ó Néill*, tá mé ag fanacht léithe mar tá an saoghal ag fanacht le lá an bhreitheamhnais. Tiocfaidh sí am eighin-teacht. Goidé faoi Dhia nó 'os ceann an diabhail atá sibh a dhéanamh léithe?

Tá mórán smuaintightheach agam ar an 'Ghúm', agus ar na rudaí a d'fhéadfaidhe a dheánamh, agus is dóighche go gcluinfidh sibh uaim ar an cheist sin gan mhoill. (Cartlann N196)

Ceithre mhí ina dhiaidh sin a foilsíodh chéad ionsaithe Mhic Grianna ar an Ghúm: 'An Gúm' (FF 75-76) agus 'Bua an Aistritheora' (A 61-62) ar *Scéala Éireann*. Bunús na litreacha a scríobhadh i bhfeachtas *An Phoblacht*, scríobhadh i samhradh 1932 iad agus thug daoine áirithe freagra orthu sin ar *The United Irishman* thart faoin am céanna. Ba iad Donn Piatt, Seosamh Mac Grianna, 'Máire' agus Peadar O' Donnell is mó a scríobh litreacha ag cáineadh an Ghúim agus scríobh Liam Ó Rinn (faoin ainm cleite 'Fear Faire',[86] agus beirt eile go príomha a thug 'Cairbre' agus 'Patrick' orthu féin ar *The United Irishman*. Ar an ábhar gurbh é rialtas Chumann na nGaedheal, faoi Cosgrave, a bhunaigh an Gúm, chosain scríbhneoirí *The United Irishman* é ar ionsaithe *An Phoblacht* cor in aghaidh an chaim agus cam in aghaidh an choir.

Is fiú cuimhneamh fosta ar ghéire an naimhdis a bhí idir an dá dhream, rud is léir on alt seo ar *An Phoblacht* a foilsíodh san am céanna a raibh an 'díospóireacht' ann fán Ghúm agus faoin chaighdeán litrithe:

Ellis, the British Executioner . . . . who hanged Casement, Kevin Barry and other Irish Republicans, cut his throat like Castlereagh, on Tuesday last. . . His death is a grim comment on capital punishment. Yet, though his was the hand that carried out official murders, a guilty hand as he himself felt it to be, what of the Birkenheads, the Maxwells, the Macreadys?

What of those who murdered Liam, Rory, Dick and Joe? What of the superior officers still in the uniform of the Free State who presided over these firing parties and often had to finish off the victim with a final shot to the head?

Ellis' hands laid violently on himself at last, were clean compared with theirs. (24.09.32)

I dtaca le marú Liam Mellows, Rory O'Connor, Dick Barrett agus Joe McKelvey, duine as gach cúige in Éirinn mar a síleadh[87], ba é Eoin Mac Néill a thacaigh le rún a mbásaithe agus ba é a nia, Hugo, an t-oifigeach a thug an *coup de grâce* dóibh (Hegarty: 129-131). Ba é Eoin Mac Néill an chéad Aire Oideachais sa Saorstát úr a raibh cúraimí na Gaeilge air,[88] agus ní hiontas fiamh a bheith ag scríbhneoirí *An Phoblacht* le régime Cosgrave agus le gach rud a bhain leis dá bharr.

Mar sin de, ba de réir dhílseachtaí polaitiúla 'Chogadh na gCarad, a chuaigh an dá thaobh a ionsaí agus a chosaint an Ghúim faoi seach ach bhí eisceachtaí ann fosta. Scríobh 'Cú Uladh' alt ar *An Phoblacht* (02.04.32) inar thug sé cothrom na Féinne don seanrialtas a " rinne. . . tréan-iarracht ar an Ghaedhilig do tharrtháil" agus ar thaobh *The United Irishman* ghéill Liam Ó Rinn do go leor de ghearáin Sheosaimh Mhic Grianna (22.10.32). Dá ainneoin sin, áfach, is léir go raibh bunús láidir polaitiúil leis an aighneas a d'éirigh faoin Ghúm agus a raibh déanta acu le linn na ndeich mbliana sin a raibh rialtas Chumann na nGaedhael sa tír. De réir fhianaise Sheosaimh Mhic Grianna, ba é an cuspóir a bhí ag scríbhneoirí *An Phoblacht* rialtas úr Fhianna Fáil a chur in éadan an Ghúim. Chuir Donn Piatt laofacht iomlán pholaitiúil i leith eagarthóirí an Ghúim, ag rá, mar shampla, gur briseadh daoine as a bpost as gan bheith ar thaobh "Cosgrave's Civil Service '1922 clique' " (*An Phoblacht* 09.07.32).

Is suimiúil fosta go nochtar go leor barúlacha contrártha ar *Eoghan Ruadh Ó Néill,* ag brath ar sheasamh polaitiúil na scríbh-neoirí, óir ba é an mhoill mhillteanach a cuireadh ar an leabhar sin a chothaigh seirbhe Sheosaimh Mhic Grianna i leith an Ghúim a chéaduair. Dónall Mac Grianna a bhí ina Phríomh-Eagarthóir ag an Ghúm san am agus ba é a bhí ag plé le *Eoghan Ruadh Ó Néill.* Is cosúil nach mbíodh dáimh ar bith ag an Phríomh-Eagarthóir leis na poblachtaigh[89] agus ar an ábhar sin tá tábhacht ar leith leis an mhéid a bhí le rá ag 'Máire' nuair a cháin sé laofacht pholaitiúil an Ghúim:

> Now I don't blame men for having been born without any literary feeling. Nor would I be too harsh on the civil servants (or was it type-writers?) that mutilated Seosamh Mac Grianna's magnificent *Eoghan Ruadh Ó Néill.* I am sure Seosamh must have often heard his father telling about the Rosses *lúircíneach* that risked getting a few broken ribs to be able afterwards to say 'bhí mé 'troid le Micheál Dhomhnaill Ruaidh.' Well, when men are made literary judges on account of their political allegiance, it is only natural that, realising the insecurity of political backing, they would want to be in a position to say 'We corrected *Eoghan Roe O'Neill.* It is a good book, Mr. Minister, but we had to trim it for him. (*An Phoblacht* 6.08.32)

Os a choinne sin, ionsaíonn 'Cairbre' *Eoghan Ruadh Ó Néill* agus é ag scríobh ar *The United Irishman* (24.09.32): "Níor mhian liom mo thuairim mar gheall ar leabhar Sheosaimh Mhic Grianna, *Eoghan Ruadh Ó Néill*, do cheilt ar lucht déanta na díospóireachta seo—is ar éigin gurbh fhiú liom é chur i gcló."

Leoga, is féidir gur *Eoghan Ruadh Ó Néill* a chuir an lasóg sa bharrach idir an dá thaobh ar mhórán dóigheanna. Tá gnéithe móra fáthchiallacha sa leabhar a bheadh an-soiléir ag am a scríofa, mar atá, an chosúlacht atá idir meon dásachtach scarúnaíoch Eoghain Rua agus na poblachtóirí agus an chosúlacht atá idir meon 'cloíte' lucht Chomhdháil Chill Chainnigh agus Cumann na nGaedheal. Ag deireadh *Mo Bhealach Féin* (172), samhlaíonn Mac Grianna "iarsma Chomhdháil Chill Chainnigh" leis an mheon 'chloíte' sin, ach amháin, faoin am sin, 1935, go n-áiríonn sé cuid de na poblachtóirí agus Fianna Fáil orthu. Chomh maith leis an taobh conspóideach fáthchiallach sin den leabhar, tá goineoga beaga in *Eoghan Ruadh Ó Néill* atá dírithe ar rialtas agus ar státseirbhís Cosgrave. Mar shampla, bíonn Mac Grianna ag magadh ar Ghaeilge an státseirbhísigh nuair a chuireann sé an abairt "féachaint isteach 'san gceist" (102) i mbéal baill de Chomhdháil Chill Chainnigh. Is ag magadh ar a n-aineolas atá sé nuair a chuireann sé ceist áiféiseach i mbéal duine eile "An i gCúige Uladh atá Tír Eoghain [?]" (102). Bhí sé ar cheann de na lochtanna a fuair Mac Grianna ar eagarthóirí an Ghúim i dtaca le *Eoghan Ruadh Ó Néill* go ndearna siad cinsireacht ar an toirbhirt, "perhaps the only censored dedication in literary history" (FF 183).

Is cinnte go raibh easaontú mór idir scríbhneoirí *An Phoblacht* agus *The United Irishman* i dtaca le cleachtas eagarthóireachta an Ghúim, go háirithe cúrsaí litrithe. Déanann Seosamh Mac Grianna cur síos ar an 'chiorrú' a rinneadh ar *Eoghan Ruadh Ó Néill* agus ar leabhair eile dá chuid mar gheall ar litriú: "Níl arm ar bith is tréine ag an Ghúm in aghaidh scríbhneoirí—nó is in aghaidh na n-údar a bhí siad ó thús deireadh—ná standard litrithe. Ba sin an rud ba chrua a chuir orm féin i gcónaí. Nuair a ba mhian leo é, dhéanfadh siad do MS chomh híseal le cóip páiste scoile" (A 109). Cé go n-admhaíonn 'Cairbre' gur chuir eagarthóirí an Ghúim barraíocht suime i gceist an litrithe gan caighdeán litrithe acu féin, dar leis nach mbeadh maitheas ar bith sna haistriúcháin gan iad: "Muna mbéadh go mbíonn na hEagartheóirí coitchianta ar a n-aire, is ait an stuif d'foillseochadh an Gúm mar aistriúchán. Is minic a bhéadh leathanaigh iomlána de'n bhun-leabhar léigthe ar lár ag aistrightheoir toisg go raibh deacrachtaí ionta nach leigfeadh an leisge dhó bheith ag pléidhe leo." (*The United Irishman* 24.09.32)

Tá tuilleadh litreacha ar *The United Irishman* a mholann an iarracht a bhí déanta ag an Ghúm caighdeán litrithe a chur i bhfeidhm, ach ar thaobh na bpoblachtach bhí drochmheas ag macasamhail Dhoinn Piatt ar 'Official Irish' an Ghúim (*An Phoblacht* 09.07.32). Léiríonn litir amháin a scríobh 'Dubliner' ar *The United Irishman* an chnámh spairne pholaitiúil a rinneadh den litriú: "Reform ought to be easy now. If the Cumann na nGaedhael government had attempted it, their efforts would have been met with bitter opposition and scurrilous ridicule, most of it dictated, not by concern for the language but by sheer political bigotry" (04.03.33).

Ar ndóigh, ní hiontas ar bith é lucht Chumann na nGaedhael a bheith ag iarraidh teanga oifigiúil an stáit a smachtú agus a rialú ar a dtoil féin, óir is gné thipiciúil de bhunaíocht pholaitiúil ar bith an teanga chaighdeánach a leagann siad síos. Is den lárnú é an caighdeán teanga óir is é an cuspóir atá aige foirmeacha canúnacha a chealú agus foirmeacha cinnte oifigiúla a chur ina n-áit. 'Códaitheoirí' a thugtar ar an dream daoine a dhéanann an caighdeánú (Leith: 54) agus is gnách gur den bhunaíocht iad nó go mbíonn *imprimatur* na bunaíochta acu, leithéidí an Académie française, mar shampla. Ní de thaisme atá na focail 'riail' agus 'rialta' againn i gcúrsaí gramadaí agus i gcúrsaí polaitiúla araon. Léiríonn 'Dubliner', a bhí ag scríobh ar *The United Irishman*, an díograis mhór seo chun smachtaithe agus chun rialaithe a bhí i muintir Chumann na nGaedhael:

> The reforms adopted . . . should be enforced by Act of the Oireachtas for all ordinary writings in Irish. It should be enforced in the most complete, rigorous and ruthless manner and never allowed to be changed except with full Government sanction and then solely by way of further abbreviation. (04.03.33)

Bíodh is go raibh 'Dubliner' ag moladh na leasuithe seo do rialtas Fhianna Fáil, baineann an mana a bhí aige le taithí rialtais agus riaracháin Chumann na nGaedhael le deich mbliana roimhe sin agus is ar an ábhar céanna a bhí an oiread sin litreacha ar *The United Irishman* ag moladh caighdeáin litrithe nuair ba é a mhalairt de thuairim a bhí ag scríbhneoirí *An Phoblacht*.

Rud atá íorónta go maith an chosúlacht atá idir na 'leasuithe' a rinne rialtas úr Chumann na nGaedhael ar litriú na Gaeilge agus an leasú a rinne rialtas úr Boilséiveach na Rúise ar an Rúisis sna blianta céanna. Is cosúil gur mheas na Boilséivigh go raibh barraíocht litreacha sa teanga de bharr mheon caifeach an *bourgeoisie* agus gur mhithid roinnt mhaith de na litreacha iomarcacha sin a chur ar ceal. Is é an giorrú céanna a mhol macasamhail 'Dubliner' ar *The United Irishman* cé gur beag meas a bhí ag lucht Chumann na nGaedhael ar an Bhoilséiveachas. Is follas, mar sin, gur de bharr riachtanais na bunaíochta polaitiúla a tharlaíonn caighdeánú teanga seachas de bharr loighice éigin teangeolaíche, nó mar a mhaíonn Leith (1987: 54):

> Codification is undertaken by a small elite of scholars. Its method has less to do with description of linguistic forms, however, than with *prescription*: the evaluation of variants as 'correct', and the stigmatisation of variants which, for one reason or another, are felt to be undesirable . . . . the arguments for justifying one variant in preference to another are often arbitrary, irrational, and inconsistent. This is because variants are associated, inevitably, with particular social groups; and certain social groups are felt to be more worthy of emulation than others.

Baineann an *prescription*, nó an 'tsaintreoir' sin, le rialú agus le smachtú agus is cinnte, i gcás an chaighdeáin a cheap lucht an Ghúim i luathstair an tSaorstáit, gur chothaigh sé coimhthíos idir an bhunaíocht pholaitiúil a bhí i gceannas ar an chódú teanga agus an dream a bhí taobh amuigh de na ballaí ag diúltú d'údarás a gcuid naimhde.

Ba é an seasamh a bhí ag macasamhail Sheosaimh Mhic Grianna agus Dhoinn Piatt gur mhúch an Gúm an tallann cruthaitheach i scríbhneoirí na Gaeilge le déine an chaighdeáin litrithe agus le sclábhaíocht scéim an aistriúcháin. Dá réir sin, is mar ealaíontóirí a raibh forlámhas á imirt orthu a d'ionsaigh siad na státseirbhísigh agus an bhunaíocht pholaitiúil agus luaigh siad an Bord Cinsireachta a cheap rialtas Cosgrave i 1930 mar shampla den fhorlámhas. Dar leo, má bhí siad féin beo ar shaoirse na samhlaíochta ba é an rún a bhí ag an Ghúm an tsaoirse sin a chosc. Mar a deir Donn Piatt: "The language was once a revolutionary force. Literature was one. Labour was one etc. etc. etc.

Now the best way to sap a force is to create and subsidise an official travesty of it. That was the Cosgrave policy" (*An Phoblacht* 09.07.32). Faigheann Peadar O'Donnell an locht céanna ar an Ghúm ach amháin go gceanglaíonn sé tionscnamh Cosgrave le ceist aicme:

> . . . Unfortunately the dead middle-class mind is choking the new voices. This decadence is heavy on the Gaelic movement. It invades it with a diseased niceness and Gaelic writers are chained to a bureau of translations. The late administration, frightened of the new Gaelic writers, forced them to earn their living by translating popular fiction and choked the artists. No creative work has been done. Irish writers must break loose from these feed bags and give tongue. (*An Phoblacht* 25.06.32)

Sa fhreagra a scríobh 'Máire' ar an alt sin, cuireann sé leis an mhéid a bhí le rá ag O'Donnell ag maíomh gur namhaid don chruthaitheacht í gluaiseacht na Gaeilge chomh maith leis an Ghúm: "When Peadar O'Donnell writes a book some people will disagree violently with him. Others will express their warmest appreciation of him. It doesn't matter (for the purposes of this argument) whom he provokes. His stories are read as human records, not as collections of grammar or idioms" (*An Phoblacht* 02.07.32). Tá tuilleadh uaidh in alt eile:

> As I said in a recent article, I wrote in Irish because it was the only language that could adequately describe the life and the people I knew. I did not use Irish as a medium because it was the language of Pádraig, Brigid and Colmcille, or because it is a 'teanga bhinn bhlasta.' I detest all that rubbish as does almost everybody from the Gaeltacht. The binn-blasta-Pádraig-Brigid mentality was and is like a *crann-smola* hanging over the Gaelic writer. No native thought, no creative talent could grow or develop under its blighting influence. I know it was useful as propaganda, perhaps necessary. But propaganda chokes art . . . . (*An Phoblacht* 06.08.32)

Más fíor do Sheosamh Mac Grianna, i ndiaidh an mhéid a scríobhadh faoin Ghúm agus faoin chaighdeán, theip ar an fheachtas nuair a tháinig lagmhisneach ar an mhuintir a bhí in éadan an Ghúim. Arís, tá cuntas air seo in *Mo Bhealach Féin*: "Ní raibh muid uilig ag cur le chéile nó baol air. Tá mé in amhras go raibh fear amháin ag iarraidh post a fháil sa Ghúm, agus fear eile a raibh eagla a bháis air go mbainfí leis an Ghúm, agus beirt nó triúr eile a bhí ar nós cuma liom, agus mise liom féin lom dáiríre"

(9). Cloch mhíle thábhachtach í sin, nó is ann a airíonn Mac Grianna coimhthíos lena chomhghleacaithe a scaoileann saor é ó cheangail a chuirfeadh cúl air. Is ann fosta a thuigeann sé nach dual dó bheith inuchtaigh as gluaiseachtaí polaitiúla agus éiríonn sé níos daingne sa bharúil sin nuair a chastar 'lucht na comharsheilbhe' (MBF 38) agus ansin ceannaire an IRA air (MBF 52). Nuair a shíl sé 'báire na fola' a bheith ann leis an athrú rialtais i 1932 ní raibh ann sa deireadh ach "a change from government by Clongowes men to government by Christian Brothers men" mar a dúirt Arthur Clery ag an am (de Vere White 1967: 24).

Faoi dheireadh *Mo Bhealach Féin* tá dearbhú iomlán againn ar an athrú a thug na blianta corracha sin idir 1922 agus 1932 ar Sheosamh Mac Grianna. Fear a d'áirigh sé ar phríomhscríbh-neoirí an 'Frog-spawn school of Irish Literature', Liam Ó Flaithearta, tá sé ina ábhar mórtais ag Mac Grianna bheith ag stopadh i dteach inar chaith sé seal (173). Is mór an díol spéise é an comhthéacs ina luaitear sin nó tugann sé léargas tábhachtach dúinn ní amháin ar an bhá a bhí ag Mac Grianna leis an Fhlaitheartach ach ar an tionchar a d'imir scríbhneoireacht Uí Fhlaithearta air. Ní miste a mhaíomh anseo gur laoch de chuid Mhic Grianna é Pádraig Ó Conaire agus, ar ndóigh, mar a luadh cheana, ba é *An Chéad Chloch* leis an Chonaireach a spreag Mac Grianna chun litríocht Ghaeilge a scríobh an chéad lá riamh agus tá an chomaoin sin a chuir Ó Conaire ar Mhac Grianna pléite go beacht in *Pádraig Ó Conaire agus Aistí Eile*. Is lú ar fad an t-eolas atá againn, áfach, ar an chomaoin a chuir an Flaitheartach ar Mhac Grianna.

Luann an Griannach cuairt a thug Pádraig Ó Conaire ar Ó Flaithearta sa teach i gCill Mhantáin nuair a bhí an Conaireach "ag siúl go Baile Átha Cliath lena bhás" (173). Deir sé fosta nach raibh a fhios aige sin go raibh an teach glactha aige. Tá cur síos iomlán ar an chomhrá a bhí idir an dá Chonnachtach sa teach in *Shame the Devil*, leabhar dírbheathaisnéiseach a d'fhoilsigh Ó Flaithearta ag tús 1934, bliain sular thosaigh Mac Grianna a obair ar a dhírbheathaisnéis féin (Ó Croiligh 30). Is dócha gur ó *Shame the Devil* a fuair Mac Grianna an t-eolas ar chuairt Uí Chonaire agus b'iontach mura raibh sé ag tagairt don chuntas chéanna

nuair a deir sé go bhfuair na 'leathchairde' an bua ar an
Chonaireach: "Mharaigh siad Pádraig Ó Conaire, ach is dóigh
liom go ndearn sé barraíocht iontais díobh. Chreid sé go raibh
tairbhe éigin iontu. B'fhéidir go dtáinig corrbhomaite air ar
chreid sé go raibh an ceart acu" (MBF 172). Tá an méid sin ag
teacht leis an eolas a thugann Ó Flaithearta dúinn:

> He [Ó Conaire] seemed to know that death was upon him and to be
> inspired to a dark rapture by its imminence. The tragedy of his life
> weighed heavily on him and he spoke of the evil of his past; but he
> insisted that he had been driven to the excesses that had made him a
> homeless wanderer by loneliness, begotten of a lack of recognition.
> (O'Flaherty 1934: 156)

Is é an chomhairle a thugann Ó Conaire don Fhlaitheartach ina
dhiaidh sin cur faoi in aon áit amháin agus fanacht ann—rud
arbh ionann é agus bheith buailte, dar leis an Ghriannach, a
mholann an siúl mura bhfuil le feiceáil ina dhiaidh ach tithe cearc
(MBF 84).

Is féidir fosta gur spreag leabhar Uí Fhlaithearta paragraf
tosaigh *Mo Bhealach Féin*. Dála Mhic Grianna, pléann Ó
Flaitheartha cad é an rud is fírinne ann sa chéad pharagraf dá
dhírbheathaisnéis:

> Man is a born liar. Otherwise he would not have invented the
> proverb: 'Tell the truth and shame the devil.' Pilate expressed in a
> single sentence the failure of the Roman Empire to frame a
> permanent civilization, within whose compass mankind could live
> happily, when he asked 'What is truth?' All intelligent men are now
> convinced that the attempt of Christianity to answer that question has
> been a failure. No one knows what is truth. And therefore, if I lie in
> attempting to tell the truth in this book, let the blame lie at the door
> of original sin rather than at the door of my conscience. If not the
> truth, it will be at least the log of my folly, and as such, perhaps, useful
> to those of my species who are equally cursed with original sin. (9)

Ar ndóigh, mar is dual don Ghriannach, ní dhéanann sé aithris ar
fhocail Uí Fhlaithearta cé gur féidir go bhfuair sé an
bunsmaoineamh uaidh. Is amhlaidh a chuireann sé a shéala féin ar
an cheist, go háirithe, mar a mhaíonn Declan Kiberd, nuair a
'phléascann' sé an seanfhocal traidisiúnta d'fhonn a dhearcadh
féin a chur i láthair an léitheora leis na focail "creid mise" (Kiberd
1993:179): "Deir siad go bhfuil an fhírinne searbh, ach, creid mise,
ní searbh atá sí ach garbh, agus sin an fáth a seachantar í" (5).

Tá gaol láidir ag *Mo Bhealach Féin* le saothar dírbheathais-néiseach Uí Fhlaithearta ar go leor dóigheanna eile. In *Two Years* (1930) agus in *Shame the Devil* (1934) imíonn an Flaitheartach ar a chamchuairt mar a bheadh teifeach ann agus dála Mhic Grianna, meascán measartha cothrom den éalúchas agus den tóraíocht is cúis leis sin. Ag tús *Two Years* imíonn sé leis láithreach go Sasana i ndiaidh dó airgead a bhaint ar rás capall, agus is mar sin a chaitheann sé an chuid eile den scéal ag imeacht ó Shasana chun na Brasaíle agus go Ceanada ina dhiaidh sin nuair a bhuaileann an tallann é. Is de thaisme nó de bharr eachtra mire éigin a éiríonn leis dul ó áit go háit agus is í an téad sin a chuirfeadh eachtraí Mhic Grianna i do cheann, goid an bháid agus cnagadh mhac bhean an tí go háirithe ach amháin go mbíonn eachtraí an Ghriannaigh níos soineanta.

Ach dá luainí í camchuairt Uí Fhlaithearta, tá cuspóir á threorú atá chomh dúshlánach mórchúiseach le *manifesto* Sheosaimh Mhic Grianna in *Mo Bhealach Féin*:

> I stuffed my money into my pocket, kept my hand on it, and actually ran from the course. I took a cab back to Dublin, went to my lodgings, paid my landlady, packed my bag, and took another cab to Westland Row station. There I waited until the boat train left for Kingstown. I arrived in London next morning, very excited, conscious that I was beginning the great adventure about which I had dreamt all my life, practically, my attempt to conquer the world; for indeed, for each individual, the expression of his personality to a satisfactory degree is the conquest of the world, since the world only contains what we desire from it. (O'Flaherty 1930: 12)

I rith an ama, bíonn aird Uí Fhlaithearta ar an chothú a fhaigheann a fhís féin mar scríbhneoir ó na heachtraí a bhaineann dó:

> Can any experience be evil to a poet? Is not all experience the rich meat and sensual wine of life on which he feeds? God give you a hawk's wings and a hawk's far-seeing eye to prey upon the mice and sparrows of mediocrity. Not even a million sparrows are worth a falcon, for they lack the soaring beauty of his wings and his kingly eye. (O'Flaherty 1934: 47)

Tá an meas céanna ag Mac Grianna air féin mar scríbhneoir a bhfuil tíolacadh ar leith aige, ar ndóigh, agus is minic a fhágann sin paranóia agus éirí in airde ann, rud is fíor i gcás Uí

Fhlaithearta fosta. Má bhíonn Mac Grianna ag cosaint a anama ar
a leathchairde bíonn Ó Flaithearta chomh paranóiach céanna in
Shame the Devil mar is léir ó eipeagraf an leabhair féin: "I offer this
dagger to my enemies."

Is é íomhá an ealaíontóra mar eachtrannach nó mar
dhíbeartach an ghné is buaine de na cosúlachtaí uile idir saothar
dírbheathaisnéiseach Mhic Grianna agus Uí Fhlaithearta. Ar
ndóigh, tá sé seo ag teacht leis an athrú comhairle a tháinig ar
Mhac Grianna ag tús na 1930í ó bheith anuas ar mhacasamhail Uí
Fhlaithearta ar chúiseanna náisiúnaíocha go dtí a bheith
dáimhiúil le healaíontóirí mar aicme. De réir fhianaise Mhic
Grianna agus Uí Fhlaithearta a mbeirt, tosaíonn cás an eachtran-
naigh le droch-chaidreamh a bhíonn acu lena gclann. Bhí a
mhuintir anuas air riamh, dar le Seosamh Mac Grianna, agus
nuair a chaitheann sé seal i dteach a dhearthár, Séamus, ag
deireadh *Mo Bhealach Féin* ní mhaireann sé ach trí lá ann (166). Is
ar an téad chéanna a thosaíonn Liam Ó Flaithearta *Two Years*—
deir sé linn go raibh sé ag stopadh ag a dheirfiúr i dTír Eoghain
agus gurbh éigean dó imeacht nuair a thuig sé nach raibh siad
cosúil lena chéile ar dhóigh ná ar dhóigh eile (9). Leis sin, deir sé:
"I suddenly arose and went to Dublin, deciding to cut myself adrift
from everybody I knew. I was under an assumed name; the name I
used in the army" (9). In *Shame the Devil* luann sé an t-amhras a
bhí ar a mhuintir faoi ón lá, agus é ina ghasúr, a chum sé scéal fá
fhear de na comharsana a mharaigh a bhean le buillí de spád.
Thug a mháthair air a mhionn a thabhairt go gcoinneodh sé
cluain ar an bhua chontúirteach seo feasta agus sa deireadh deir
sé ". . . I hid my dreams. I became a dual personality" (19).

In *Shame the Devil* arís, míníonn Ó Flaithearta mar a tharraing
sé míchlú air féin nuair a chuir sé scoláireachtaí amú i Rockwell
College, Holy Cross College, Clonliffe Seminary, agus i UCD le
dul isteach in arm Shasana agus ansin nuair a ghabh sé seilbh ar
an *Rotunda* i 1922 mar cheannaire ar ghrúpa réabhlóideach
sóisialach (22). Cuireann sé síos ar an chéasadh intinne a d'fhu-
laing sé agus é ina sheasamh ag uaigh a mháthar, "a penitent
outcast", ag meas gur thug sé a bás uirthi, agus a dhaoine
muinteartha ag tabhairt fuath dó mar gheall ar é a bheith in arm
Shasana: "This was a far greater blow to my relatives than my
refusal to become a priest, and it was the event in my life most

responsible for the outcast postion in which I now find myself"
(21). Nuair a áirímid gur bhris Mac Grianna "amach as scoltacha
agus coláistí" agus gur fhág sé Coláiste Adhamhnáin ag brath dul
isteach in arm Shasana i 1916 (MBF 6), is beag idir 'díbirt'
shóisialta Uí Fhlaithearta agus díbirt Mhic Grianna.

Dá olcas é, áfach, is í an díbirt shóisialta féin a thugann
misneach do Mhac Grianna agus Ó Flaithearta nó is dearbhú acu
é ar a n-uathúlacht féin mar ealaíontóirí. In *Mo Bhealach Féin*,
nuair a scrúdaíonn Mac Grianna a intinn ag deireadh a aistir,
filleann sé ar an mhana a chuir ar a bhealach féin a chéaduair é, is
é sin nárbh ionann é agus daoine eile: 'B'fhearr liom a bheith
corr ná a bheith ceangailte. B'fhearr liom siúl sa ré dorcha ná a
bheith dall'. Is é an dála céanna ag an Fhlaitheartach é, nó i
ndiaidh dó bheith in ísle brí fán naimhdeas a bhí ag a mhuintir
féin agus ag muintir na tíre dó, diúltaíonn sé don aithreachas le
habairt atá cóngarach go maith d'fhocail Mhic Grianna: "Better to
be devoured by the darkness than to be hauled by dolts into an
inferior light" (O'Flaherty 1934: 23). Ach má fhágann an díbirt
saoirse intleachtúil acu, ní bhíonn Ó Flaithearta ná Mac Grianna
gan sotal a bheith iontu leis. Téama coitianta acu beirt an
neamhaird atá orthu san aois ina bhfuil siad beo mar a mhaíonn
an Flaitheartach in *Shame the Devil* "Truly this is an age in which
the race is to the mean, an age in which the scum of society sets
the pace for aristocracy. An age in which greatness is denied its
dignity and is compelled to go abroad in its nakedness" (94). An
gearán céanna atá ag Mac Grianna in *Mo Bhealach Féin* nuair a deir
sé go bhfuil 'barraíocht cainte ann fá cheart an duine shuaraigh.'

Macasamhail 'an toirtín mór agus an mhallacht' é meon sin an
díbeartaigh agus an eachtrannaigh ag Mac Grianna agus Ó
Flaithearta. Gineann an díbirt na heachtraí móra agus cuireann sé
faobhar ar pheirspictíocht an dá údar nach ligeann dóibh cloí leis
an mheasarthacht agus leis an bharúil choitianta. Ina dhiaidh sin,
níor le leas na beirte an díbirt ar mhéad a d'fhág sé den mhíshoc-
racht agus den tseirbhe iontu. Bhí Ó Flaithearta ag brath lámh a
chur ina bhás féin ag pointe amháin nuair a mheas sé, dála Mhic
Grianna "My well had run dry" (1934: 155). Is ansin a chuimh-
níonn sé ar chomhrá Phádraig Uí Chonaire roimh a bhás agus ar
chóngaracht a dhá gcás, go háirithe an méid a dúirt an
Conaireach fán neamhaird a tugadh air. Is ar bhonn leanúnach a

bhíonn an éigeandáil chéanna ag cur ar Mhac Grianna, ó eachtra an cholmáin in *Mo Bhealach Féin* go dtí trá an tobair ag deireadh *Dá mBíodh Ruball ar an Éan*. Sa chomhthéacs sin is fearr a thuigimid gur frustrachas an té a ndearnadh faillí ann is cúis leis an éirí in airde amhlánta a bhíonn sa Ghriannach agus sa Fhlaitheartach go minic.

Ach más ar an díbirt shóisialta a chuireann siad beirt an milleán, ní hé nach bhfuil cúiseanna eile leis an *malaise* a airíonn Mac Grianna agus Ó Flaithearta. De réir Michael D. Higgins, sa staidéar comparáideach atá déanta aige ar Pheadar O' Donnell agus Liam Ó Flaithearta, is í an phátrúnacht a fuair Ó Flaithearta ó Edward Garnett is cúis leis an dearcadh idéalach a bhí aige ar a ealaín féin: "Garnett's view of art for art's sake so scrupulously observed by O'Flaherty, as the letters between the two men show, gives us a clear instance of how a decadent theory of art is communicated to a remote area but more importantly shows how the patron always wins" (47). Níorbh é sin do Pheadar O'Donnell é, dar le Higgins, nó de réir a fhianaise féin, chuireadh O' Donnell obair an agóideora shóisialta os cionn ealaín na scríbhneoireachta i dtólamh. Ar ndóigh, cé nach mbíodh O'Donnell saor ón bhéalchráifeacht féin (Hegarty 1999: 226), ba chomhsheasmhaí ar fad an seasamh polaitiúil a bhí aige le taobh Uí Fhlaithearta, a bhain spraoi, dar leat, as barúlacha frisnéiseacha a bheith aige i rith an ama.[90]

I dtaca le Mac Grianna, is féidir go leor dá mhíshásamh a thuiscint sa chomhthéacs chéanna nó ba é an locht a fuair sé ar an Ghúm, le cois a n-aineolais ar an litríocht, gur dhíol siad na scríbhneoirí faoina luach.[91] D'ainneoin na gcuspóirí polaitiúla a bhí in ainm a bheith ag an fheachtas litreacha, is minic a admhaíonn Mac Grianna gur luach ceart saothair a bhí uaidh thar aon ní eile: "Now, I am the sort of man who would work for the devil if he payed me for it. But even the devil in Ireland is beggarly" (FF 182). Gan fiú nach mbréagnaíonn sé fianaise a charad agus a chomhghuaillí, Donn Piatt, fá ráta díolaíochta an Ghúim i litir amháin (FF 192)— cruthú eile ar neamhhinniúlacht Mhic Grianna mar fhear cúise, dála Uí Fhlaithearta. Nuair a áirímid an tuiscint choimeádach a bhí ag Mac Grianna ar áit an scríbhneora sa tsochaí ón traidisiún Gaelach agus ó smaointeachas Carlyle go háirithe, ní hiontas ar bith é a bheith ag dúil le pátrúnacht an stáit úir.

Ar bhealach, is é macasamhail fhilí móra Chúige Uladh sna 1930í é Mac Grianna agus é ag mairgneachs fán neamart a bhíothas a dhéanamh ann mar ealaíontóir. Ach más fíor go raibh dáimh ag an Ghriannach leis na filí sin a díshealbhaíodh sa 17ú haois agus san 18ú haois ar an ábhar go bhfaca sé cosúlachtaí idir a gcruachás sin agus a chruachás féin, bhí an díshealbhú nó an díláithriú topaicúil go leor ina aimsir féin agus go háirithe sna 1930í nuair a bhí athruithe móra stairiúla ag teacht ar shochaí Iarthar an Domhain. Is é an spealadh mór (*Great Depression*) is mó a shamhlaítear leis na hathruithe coscracha sin agus is cinnte gurbh é a thug an díshealbhú agus an díláithriú eacnamaíoch sin leis. Thug Steinbeck cuntas eipicúil ar iarmhairtí an díláithrithe sin in *The Grapes of Wrath* (1939) agus is suimiúil, fosta, an tsuim a chuir Mac Grianna i gcás John Dillinger agus an dáimh a bhí aige leis (MBF 164) nó bhí Dillinger ina laoch mór ag an chosmhuintir Mheiriceánach sin a chaill a bhfeirmeacha agus a dtailte sna 1930í. Bhí aird ag Mac Grianna ar a thábhachtaí agus ar a fhorleithne a bhí an éigeandáil eacnamaíoch, rud a thuigimid nuair a insíonn sé don léitheoir fán taithí a bhí ag Macha Mhongrua i mBéal Feirste i Samhain 1932 "nuair a thóg na bochta an troid" (MBF 91). Tá go leor fianaise in *Mo Bhealach Féin* ar an díláithriú a tháinig leis an spealadh mór, go háirithe san am a chaith an t-údar ag siúl na Breataine Bige mar a gcastar na trí 'thramp' air. Caitheann an Griannach go leor ama i gcuideachta an triúir agus insíonn sé mar a tharla fear amháin acu as Yorkshire bheith ag siúl na mbóithre nuair a chaill sé an cheird a bhí aige i siopa leathar capall (132). Ina dhiaidh sin goilleann sé ar Mhac Grianna nuair a chomhairlíonn seanbhean dó dul chuig na *guardians* agus í ag meas gur díláithreach a bhí ann féin (147).

Tréimhse chorrach iad blianta sin na 1930í tráth a bhí go leor tíortha i marbhnéal eacnamaíoch. 'An gleann dorcha' a thug na Seapánaigh ar bhlianta an ghátair agus a mhacasamhail chéanna a bhaist muintir na Breataine air: 'the hungry thirties' agus 'the wasted years' (Brendon 2000; Stevenson and Cook 1994). B'ionann an cás sa Fhrainc, ar ndóigh, 'Les années tournantes' a thug scríbhneoir amháin Francach ar an tréimhse idir 1929 agus 1933 agus ba mar sin a chuir Jean-Paul Sartre síos ar thús na 1930í, ag lua imeachtaí mar an éigeandáil dhomhanda eacna-

maíoch, fás an naitseachais agus na himeachtaí sa tSín ar na
fáthanna is mó a rinne tairseach stairiúil de (Shorley 2000: 212;
209). Is i litríocht Fhraincise na haimsire sin atá cuid de na
samplaí is tábhachtaí den éigeandáil a chuaigh i bhfeidhm ar go
leor de scríbhneoirí na hÉireann, go háirithe an méid acu a raibh
taisteal éigin déanta acu.

I dtaca le André Malraux de, mar shampla, bhí sibhialtacht na
hEorpa faoi chrann smola ag na hidéanna a bhí in ainm a bheith
á treorú nó, mar a deir carachtar amháin san úrscéal *La Voie Royale*
(1930): "Que faire du cadavre des idées?" (Cad é is féidir a
dhéanamh le marbhánach seo na n-idéanna?) (37). Ba é an
paradacsa a chonaic Malraux go dtugtaí tús áite don indibh-
idiúlachas agus d'éachtaí an duine aonair i gcultúr iarthar na
hEorpa ach gur fágadh an indibhid féin gan treoir ar bith, go
háirithe nuair a tréigeadh an Chríostaíocht. Mar a deir Fallaize
(1982: 24):

> Malraux illustrates [ina shaothar] what he sees as the the experience
> of a whole generation of youth—his own—which finds nothing but
> shadows at the heart of the West's metaphysical system, a system
> which pays constant homage to the ideal of the individual and to the
> unique significance of the individual's life, yet cannot find any
> source for this significance.

De bharr na héigeandála sin, a bhí ag croí shochaí an Iarthair,
ba san eachtraíocht a chuir Malraux a mhuinín feasta, ina shaol
féin agus ina shaothar. Chaith sé go leor ama ag taisteal san
Oirthear i measc áiteanna eile agus ba ar an taithí sin a bhunaigh
sé *La Tentation de l'Occident* (1926), *La Voie Royale* (1930) agus *La
Condition Humaine* (1933).

In *La Voie Royale*, téann beirt Eorpach ar lorg taisce san Ind-
Sín, rud a bhí déanta ag Malraux féin sna 1920í. Dála *Heart of
Darkness* (1902) le Conrad, is é is ábhar d'úrscéal Malraux an turas
isteach go croí na dufaire ar meafar é ar mheath shibhialtacht an
Iarthair san am céanna. Léiríonn Malraux laige an Eorpaigh tríd
an truailliú a thagann ar an bheirt thaiscéalaithe ar a dturas ach
lena chois sin, pléann sé ceist bhunaidh chinniúint an duine féin
agus is minic ansin a ionsaíonn sé ceisteanna a phléigh lucht an
eisiachais tamall de bhlianta ina dhiaidh sin: éigiall an bháis agus
aincheist na hindibhide go háirithe. Díol suntais go dtosaíonn
Claude, príomhcharachtar *La Voie Royale*, mar a thosaigh Mac

Grianna agus Ó Flaithearta—ina éan corr a thug cúl don tsochaí inar tógadh é agus a chuaigh ar thóir eachtraí a shásódh é: ". . . la lutte de celui qui n'a pas voulu vivre dans la communauté des hommes" (. . . streachailt an té nár mhaith leis cónaí i measc pobail dhaoine) (14), mar a chuireann Malraux síos air. Míníonn Claude mar a thug sé snamh do shaol a chuid comhghleacaithe ar na cúiseanna céanna a luann Mac Grianna agus Ó Flaithearta agus sa deireadh deir sé gurb é an rún atá aige: "Posséder plus que lui-même, échapper à la vie de poussière des hommes qu'il voyait chaque jour . . . " (Seilbh a bheith aige ar níos mó ná é féin, éalú ó shaol deannachúil na bhfear a chonaic sé gach lá . . .) (38). Rud eile a fhágann gaol ag *La Voie Royale* le *Mo Bhealach Féin* meafar an phríosúin a chastar ar an léitheoir tríd síos. Teorainneacha shaol an duine an cineál príosúnachta atá i gceist ag Malraux agus is é an chiall chéanna atá ag Mac Grianna do mheafar an phríosúin in *Mo Bhealach Féin* in eachtra an cholmáin agus i ndiaidh a chamchuairte le ceannaire an IRA.

Is cuí, mar sin, *Mo Bhealach Féin* agus saothar dírbheathaisnéise Uí Fhlaithearta a mheas i gcomhthéacs Eorpach chomh maith le comhthéacs Éireannach nó níl amhras nó tá fianaise i saothar an dá Éireannach ar na hathruithe céanna sóisialta eacnamaíocha lena mbíonn macasamhail Malraux ag plé. Mar shampla, tá iarmhairtí an chéad chogaidh dhomhanda le sonrú go láidir ar shaothar Uí Fhlaithearta, go háirithe an t-éadóchas a chothaigh sé ann. Ba í an taithí chéanna a thug mianach d'úrscéal ceannró-daíoch Louis Ferdinand Céline, *Voyage au Bout de la Nuit* (1932) ina dtéann beirt iarshaighdiúirí ar chineál d'*odyssey* a thugann chun na hAfraice féin iad. Cé gur sháraigh ar an Ghriannach páirt a bheith aige sa chogadh mhór, bhí taithí aige ar a laghad ar an díomá a leanann cogadh agus chuir sin go mór leis an amhras a bhí aige ar idéanna polaitiúla dála Uí Fhlaithearta agus Céline. Ach níos mó ná sin arís, tá folús spioradálta nach n-admhaítear in *Mo Bhealach Féin* ar beag idir é agus an éigeandáil atá ag croí shaothar Malraux. Ní bhíonn moill ar Malraux bheith ag caint ar shaol gan Dia agus ar an chruachás a fhágann sin ag an indibhid (1930: 37). Is é an dála céanna ag Ó Flaithearta é a deir ag deireadh *Two Years* gur fhill sé ar Árainn i ndiaidh a thaistil le saol a chaitheamh mar 'dhíseartach gan Dia' (351). Ach i dtaca le Mac Grianna, folús litriúil spioradálta atá aige sa mhéid is nach luaitear

Dia in *Mo Bhealach Féin*. Murar 'dhíseartach gan Dia' an Griannach, thug sé *agnostic* air féin i litir a scríobh sé i 1933 (Ó Ciosáin 1991: 19). Níorbh é sin é, ar ndóigh, do scríbhneoirí comhaimseartha Gaeltachta a raibh an creideamh dílis cráifeach ina chrann taca acu trí anró an tsaoil.[92]

Scríbhneoir eile Francach a chuir a mhuinín san eachtraíocht agus a sháraigh gnáth-theoireannacha an tsaoil ab ea Antoine de Saint-Exupéry, a scríobh fá na heachtraí a bhain dó mar phíolóta ag iompar poist idir an Fhrainc agus an Afraic agus Meiriceá Theas. *Terre des Hommes* (1939) is mó a bhain clú amach dó agus is ann atá an dúshlán rómánsach sin atá in uachtar in *Mo Bhealach Féin*: "L'Homme se découvre quand il se mesure avec l'obstacle" (Tagann an duine ar a thuiscint féin nuair a théann sé i ngleic leis an dúshlán/chonstaic) (7). Dála Mhic Grianna a scríobh ina leabhar nótaí: "If I had married her I probably would be as dead as a civil servant now" (leabhar nótaí 2), is é an státseirbhíseach an neach is cloíte amuigh, dar leis an phíolóta, agus is minic é ag cur a chuid eachtraí fearúla féin i gcomórtas leis an saol leamh a chaitheann na sclábhaithe beaga a chastar air sa bhus ar maidin (23).

Ar bhealach atá íorónta go leor, cuireann Saint-Exupéry an nua-aoiseachas ina sheasamh ar mhullach a chinn, nó chuaigh sé i muinín an eitleáin, ceann de phríomhuirlisí na nua-aoise, le filleadh ar aimsir na laochra agus na heachtraíochta. "L'avion, ce n'est pas une fin, c'est un moyen" (Ní sprioc atá san eitleán ach meán) (197), dar leis, le héalú ó laincisí an tsaoil. Is é an locht a fhaigheann an píolóta ar an státseirbhíseach nár fhéach sé riamh le héalú ón só meánaicmeach agus dá bhrí sin nár mhúscail sé an indibhid istigh ann féin (62; 23). Ba é a dhála sin ag Mac Grianna é nuair a scar sé le 'cathéide bhunús achan fhear eile—post seascair agus barúlacha a fhóireas dá shó féin.' An t-éalú, mar sin, an snáth is coitianta idir Mac Grianna, Ó Flaithearta agus na scríbhneoirí Francacha a luaitear anseo agus, go háirithe i gcás Mhic Grianna agus Saint-Exupéry, is é an toradh atá ar an éalúchas go ndéantar iarracht cuid de luachanna an tseansaoil a tharrtháil. Tá a fhianaise sin in *Terre des Hommes* ina mbíonn an fhoireann píolótaí mar a bheadh ord meánaoiseach ann ina mbíonn meas as cuimse ar na seanfhondúirí, 'baisteadh gairmiúil' ag na núíosaigh (24), cód dílseachta idir na baill agus, gan amhras, cosc ar mhná.

Tá go leor den nua-mheánaoiseachas céanna i saothar Mhic Grianna, ar ndóigh, agus cé nach raibh taithí aige ar an 'bhrátharacht' sin a mholann Saint-Exupéry, is téama coitianta ina shaothar é fir 'in eagar slóigh' (DM 22).

Ní fhéadfá, mar sin, cuntas iomlán a thabhairt ar shuaitheadh na 1930í gan fás an tsaoil nua-aoisigh a lua taobh leis an éigeandáil shóisialta eacnamaíoch. Óir, má bhí an dífhostaíocht agus an bhochtaineacht le feiceáil sna háiteanna ar shiúil Seosamh Mac Grianna i Sasana agus sa Bhreatain Bheag, bhí fás mór fosta i dtáirgeadh earraí tomhaltóra a bhí ag brath ar leictreachas agus bhí méadú mór i líon na ndaoine a bhí ag obair in oifigí (Stevenson and Cook ed. 1994: 17; 24). Is doiligh a rá cé acu is mó a chuirfeadh déistin ar Mhac Grianna: lucht na n-oifigí nó an trealamh sin a bhain leo, ach ní raibh amhras ar bith gurbh é an cineál saoil é a bhí ag fás thart air—olc maith leis é. D'ainneoin *ethos* tuaithe Fhianna Fáil, mar shampla, bhí méadú den chineál chéanna in Éirinn ar líon na ndaoine a raibh gluais-teáin agus raidiónna acu agus bhí éileamh as cuimse sa tír thalaimh ar scannáin (Brown 1981: 153). Is féidir gur ag trácht ar an athrú saoil atá an Griannach nuair a chuireann sé síos ar bhean óg a casadh air sa Bhreatain Bheag ag rá go raibh Breatnais aici "cé go rabh a cuid mailidheach feannta agus púdar go dtí an dá shúil orthaí" (BB 60).

Dá mhéad a chothaigh an saol nua-aoiseach sin coimhthíos Mhic Grianna, is ea is mó a chuir sé a mhuinín sa Ghaeltacht mar áit a bhí saor ó thruailliú an 20ú haois. Ach níor mhór an cuidiú an Ghaeltacht ag an té a bhí ag iarraidh a chlú a bhaint amach mar scríbhneoir Gaeilge a fhad is a bhí na foilsitheoirí uilig i mBaile Átha Cliath. D'fhág sin gur mó a shamhlaigh Mac Grianna é féin mar bhall d'aicme ealaíontóirí ná mar bhall d'aicme ar bith eile le himeacht na mblianta agus tá an léiriú is fearr air sin in *Dá mBíodh Ruball ar an Éan* nuair is é saol an ealaíontóra croí an scéil.

Is é tuairim Declan Kiberd fá dhíshealbhú na bhfilí sa 17ú haois agus san 18ú haois, gurbh í an imeacht stairiúil í a thug isteach sa nua-aois iad: "They [na filí] were the earliest poetic discoverers of the modern world, a world of de-creation: and their stanzas grew fat on denial (*gan seo, gan siúd*), as they listed the good things gone" (2000: 20). Nuair a d'imigh na pátrúin a bhí ag cur boinn fúthu, chaill na filí an chinnteacht sin a bhain leis an saol meánaoiseach ina mbíodh bláth orthu. Ar dhóigheanna éagsúla, b'ionann an claochlú sin agus an claochlú a tharla fá dheireadh na 1920í agus sna 1930í nuair a thuig Seosamh Mac Grianna agus scríbhneoirí eile Éireannacha nach bhfaigheadh siad cothú ar bith ón chóras pholaitiúil. San am céanna, bhí an saol nua-aoiseach, mar a thuigimid inniu é, ag teacht i réim i dtíortha saibhre an domhain agus ag cartadh luachanna an tseansaoil leis. Dá mhéad a chumha i ndiaidh na seandóigheanna, ba é dúshlán Sheosaimh Mhic Grianna aghaidh a thabhairt ar an saol sin. Ba é *Mo Bhealach Féin* an chéim ba thábhachtaí sa treo sin nó, diomaite de *Na Lochlannaigh* a scríobhadh i 1935 (Ó Croiligh, 1974: 30), bhí Mac Grianna ag tabhairt cúil de réir a chéile leis an athdhúchas a bhí in 'Creach Choinn Uí Dhónaill' agus *Eoghan Ruadh Ó Néill* agus leis na múnlaí coimeádacha a chleacht sé go dtí sin.

Faisnéis thábhachtach é an sliocht sin ag deireadh *Mo Bhealach Féin* ina maíonn Mac Grianna gaol le Pádraig Ó Conaire agus le Liam Ó Flaithearta, nó is ann a chuirtear clabhsúr leis an *manifesto* atá sa leabhar agus a réitítear an bealach do *Dá mBíodh Ruball ar an Éan.* Dar leat gur mhór an tógáil croí a fuair an Griannach nuair a fuair sé amach go raibh sé ag cur faoi sa teach sin i gCill Mhantáin ina ndearna an dá Chonnachtach a gcomhrá nó, b'anamchairde iad triúr ar go leor dóigheanna. Bhí deireadh dúile bainte acu uilig as an stát úr a bhí ag doicheall, dar leo, roimh ealaíontóirí agus ba é an míshásamh céanna a thug orthu a gceird a chosaint ar an namhaid sin, idir an chinsireacht a bhí ag cur coisc ar shaothar Uí Fhlaithearta agus Mhic Grianna agus an sclábhaíocht a bhí ar Ó Conaire agus Mhac Grianna, duine amháin ag scríobh leabhar do pháistí agus an duine eile ag aistriú leabhar don Ghúm (Ó Flaithearta 1982).

Ina dhiaidh sin, dála na seanfhilí, níorbh olc an rud é scaradh le pátrúnacht na bpolaiteoirí agus an stáit sa deireadh. Dá chrua an díbirt shóisialta agus an díláithriú, níor le haimhleas an tsaothair litríochta a tháinig ó Mhac Grianna agus Ó Flaithearta go háirithe é. I gcás Mhic Grianna, thug sé aghaidh ar an saol comhaimseartha ar dhóigh a bhí neamhchoitianta dúshlánach go maith ina am nó is beag fianaise a fágadh againn i nGaeilge ar an tréimhse chlaochlaitheach sin as ar fáisceadh *Mo Bhealach Féin.* Ba

chomhartha é ar an cheannródaíocht chéanna an taisteal a thug
an Griannach air féin d'fhonn a shaothar a bheathú le taithí an
tsaoil mhóir. Ní hé amháin, ar an dóigh sin, gur éalaigh sé ó scláb-
haíocht an Ghúim ach d'éalaigh sé ó go leor de na comhghnásan-
na cúnga a bhí i réim in Éirinn san am agus ón cheann ba thréine
acu uilig: múnla an náisiúin a bhí macasamhail Corkery a chur
chun tosaigh. Nuair a dhiúltaigh Mac Grianna don mhúnla sin,
áfach, ní hé amháin go raibh sé ag dul siar ar an cháineadh a
rinne sé féin ar shaothar Uí Fhlaithearta thiar sna fichidí, bhí sé
ag cruthú ré úr nua-aoiseach dó féin nó, mar a deir Mánas Mac
Giolla Bhríde le tréan íoróna ag tús *Dá mBíodh Ruball ar an Éan*:
"Nuair a bheas an leabhar seo scríofa agam beidh deireadh leis an
chéad seal de mo shaol" (5).

Caibidil 7

BEALACH AN NUA-AOISEACHAIS

The City is of Night, but not of Sleep;
There sweet sleep is not for the weary brain;
The pitiless hours like years and ages creep,
A night seems termless hell. This dreadful strain
Of thought and consciousness, which never ceases,
Or which some moment's stupor but increases,
This, worse than woe, makes wretches there insane.

as 'The City of Dreadful Night' le James Thomson.

Dá mhéad an dochraide a casadh ar Sheosamh Mac Grianna ina shaol pearsanta i dtríochaidí an chéid seo a chuaigh thart, níl amhras nó bhí a ealaín féin ag teacht i gcrann sna blianta céanna: *An Druma Mór, Mo Bhealach Féin* agus *Dá mBíodh Ruball ar an Éan* an cruthú is fearr air sin. Is féidir nach dtiocfadh an bláth sin ar a shaothar murab é an saol corrach a chaith an t-údar nó ba é an saol dúshlánach neamhghéilliúil sin, agus a rúndaingne a bhí an Griannach ina cheann, a chosain é ar an mhodh leisciúil a chleacht go leor dá chomhscríbhneoirí Gaeilge san am. Ba é an chuid ba thorthúla den dúshlán sin i saol agus i saothar Mhic Grianna an teagmháil úr a bhí ag an údar leis an chathair san am agus an iarracht a rinne sé ciall a bhaint as an taithí úr sin. Ar ndóigh, nuair a thug Mac Grianna dúshlán na cathrach bhí sé ag tabhairt faoin tionscnamh céanna a chuir scríbhneoirí ghluaiseacht an nua-aoiseachais rompu, nó ba é an saol uirbeach ba bhunábhar don chuid is fearr de shaothar na n-údar sin, *Ulysses* (1922) le Joyce, *The Wasteland* (1922) le T.S. Eliot agus *Manhattan Transfer* (1925) le John Dos Passos ina measc siúd. I dtaca leis an nua-aoiseachas, is é atá i gceist agam anseo go garbh achomair, an ghluaiseacht iltíreach, uirbeach, frithstairiúil, tionscantach sin a bhí i mbarr a réime idir 1890 agus 1930 agus a leag béim ar fhís an ealaíontóra agus ar an tsuibiachtúlacht thar chomhghnáis choimeádacha an *bourgeoisie* agus thar fhírinne oibiachtúil na heolaíochta. Tá cuntas údarásach ar an nua-aoiseachas ag Bradbury and McFarlane ed. (1976) agus ag Heyck (1998: 220-229).

Mar sin féin, má tá bunábhar na nua-aoisithe sin gaolmhar go maith do bhunábhar *Mo Bhealach Féin*[93] agus *Dá mBíodh Ruball ar an Éan*, is treise, ar bhealaí, an gaol atá ag saothar sin Mhic Grianna le 'Nóra Mharcuis Bhig' (1909) agus le *Deoraíocht* (1910) Phádraig Uí Chonaire ar an ábhar gurb í peirspictíocht an té nár tógadh sa chathair a théann i ngleic le dúshlán na cathrach atá i saothar Uí Chonaire agus ar an ábhar, fosta, gur i dteanga nár múnlaíodh sa timpeallacht uirbeach a bhí Ó Conaire agus Mac Grianna beirt ag scríobh. Ceist atá ar shlí a fiafraithe mar sin, cé acu is córa 'saothar uirbeach' Mhic Grianna a mheas mar fheiniméan Éireannach nó mar chuid de ghluaiseacht idirnáisiúnta an nua-aoiseachais?

Mar is dual do dhúshlán de chineál ar bith, bhí go leor deacrachtaí ag baint leis an teagmháil sin a bhí ag Mac Grianna leis an chathair ón uair a rinne sé cónaí i mBaile Átha Cliath ag deireadh na 1920í. Ba dhoiligh aige seal fada a chaitheamh in aon áit amháin agus níorbh fhada go raibh sé ag troid leis an mhuintir a mbíodh sé ar lóistín acu. Más fíor do Phroinsias Mac an Bheatha (1970: 69), a thugadh cuairt ar an Ghriannach go minic sular fhill an t-údar ar Rann na Feirste, is beag sócúl a bhí sa lóistín deireanach a bhí aige. San am céanna, ba le linn dó bheith ag siúl shráideanna Bhaile Átha Cliath a rinne Seosamh Mac Grianna cuid den smaointeoireacht ab úire ba spéisiúla a tháinig uaidh, nó ba san ardchathair a fuair Mac Grianna taithí ar shochaí nach raibh sé ina heolas agus a mbíodh doicheall áirithe aige roimpi, rud a d'fhág gur shaibhre i bhfad an taithí í.

Is féidir cuid den choimhthíos a mhothaigh Mac Grianna sa chathair a chur síos don mhana rómánsach náisiúnaíoch a bhí aige agus é ina fhear óg. Ba é an mana céanna é a bhí ag scríbhneoirí *Young Ireland* arbh ionann an dúlra agus an áilleacht acu mar a luadh i gcaibidil a trí. Arís, is fiú cuimhneamh ar an mhéid a dúirt Mitchel faoi James Clarence Mangan: go raibh a chroí istigh sa dúlra ach go ndearna an saol príosúnach de i gcathair phlódaithe ghránna, agus sin a chur i gcomparáid leis an chur síos atá ag Mac Grianna, ag tús *Mo Bhealach Féin*, ar bhean an tí a raibh "scéimh mhínádúrtha inti a bhéarfadh cathair i ndiaidh oíche i do cheann." Tuigimid uaidh sin gur mheas Mac Grianna go raibh an chathair 'mínádúrtha' ach go raibh sí tarraingteach ar dhóigh éigin dá ainneoin sin. Ní áibhéil a rá gur macasamhail *epiphany* de

chuid Joyce an sonrú beag sin ag Mac Grianna nó ba rud úr
amach ina shaothar í an chathair a thug mianach nua spreagthach
dó ina dhiaidh sin.

Ba sa tsraith aistí a scríobh sé do *Scéala Éireann* go luath sna
tríochaidí, 'Saol Bhaile Átha Cliath', a thosaigh Mac Grianna a
chur síos ar an ghríosú chruthaitheach a bhí sé a fháil sa chathair
nuair a ghlac sé ról an *flâneur* air féin. Taobh leis an éirim
samhlaíochta agus an líofacht braistinte atá le blaiseadh ar na
píosaí sin, tá léargas iontu ar an dúshlán a mhothaigh Mac
Grianna nuair a chuaigh sé a chur focal leis an eispéireas úr
uirbeach seo. In 'Ag siúl na sráideanna', samhlaíonn sé an
chathair san oíche le tír dhraíochta nach n-iarrfadh sé a fhágáil
ach ansin, i ndiaidh dó bheith amuigh ag siúl na sráideanna ar a
trí a chlog ar maidin deir sé linn gur sháraigh air ciall iomlán a
bhaint as an mhéid a bhí sé i ndiaidh a mhothú:

> Mar a bheadh duine ann a bhéarfadh iarraidh dán a léamh nach
> raibh sé á thuiscint, mhothaigh mé ré dorcha i m'intinn agus d'fhill
> mé 'un a' bhaile. Nuair a mhúscail mé an lá arna mhárach, ní raibh
> ach mearchuimhne ar an oíche agam. Is dóigh liom gur de mo
> dheoin a rinne mé dearmad di. (A 65)

Thabharfadh an tóraíocht sin carachtair *Manhattan Transfer* i do
cheann, a bhíonn ag síoriarraidh, mar a deir siad féin: "to get to
the center of things" nó, a ndála sin, samhlaíonn an Griannach an
chathair le dúshlán mór a bhfuil dúthomhas ag a chroí agus ar an
séala céanna a dhéanann sé aithris ar O. Henry a chuaigh a
chuardach 'ghlór na cathrach' (FF 32).

Is minic a bhí an tsamhail sin den chathair mar ábhar
dothreáite mistéire ag scríbhneoirí Victeoiriacha na Breataine,
mar a mhíníonn Williams (1989: 40-42) agus is é, dar leis, is
bunábhar do scéalta *Sherlock Holmes* a scríobh Conan Doyle: "the
penetration by an isolated rational intelligence of a dark area of
crime which is to be found in the otherwise . . . impenetrable city"
(42). Dála John Mitchel, a raibh dáimh mhór aige le litríocht
rómánsach a linne, ba é an bharúil ba choitianta i measc scríbh-
neoirí Briotanacha a bhí ag cur síos ar shaol Londan sa 19ú haois
gur áit shuarach 'mhínádúrtha' a bhí sa chathair. Tá sampla den
fhrithuirbeachas sin luaite ag ceann na caibidle seo, mar atá 'The
City of Dreadful Night' le James Thomson agus is fiú fosta amharc

ar an chur síos a dhéanann Wordsworth ar chíor thuathail
Londan i seachtú leabhar an *Prelude*.[94]

Bhí seanfhréamhacha ag an fhrithuirbeachas chéanna a
théann siar chuig an íomhá atá sa Bhíobla agus ag Naomh
Agaistín den chathair thruaillithe agus den chathair fhoirfe: an
Bhablóin agus an Iarúsailéim Úr. Dar le Scott and Simpson-
Housley (1994: 331) gur ón traidisiún Giúd-Chríostaí sin, a
mhaíonn gur ionad peacach cathair an duine ach go dtiocfaidh
cathair idéalach ó Dhia ina háit, a tharlaíonn an chathair ina
hábhar éadóchais agus dóchais araon ó shin. Maidir le híomhá na
cathrach sa 19ú haois, is díol spéise an méid a mhaíonn Strange
(1973) gur treise ar fad an frithuirbeachas i measc scríbhneoirí
Briotanacha na linne sin ná i measc scríbhneoirí na Fraince agus
is spéisiúla arís an cruthú atá aige air sin. Is é atá i gceist, dar leis,
go raibh Páras ina lárionad intleachtúil cultúrtha ón 12ú haois
anall ach go raibh Oxford agus Cambridge, ollscoileanna tuaithe,
ina bpríomhionaid oideachais agus cultúir ag bunaíocht Shasana
agus gur dhaingnigh an dá ollscoil sin na luachanna coimeádacha
frithuirbeacha a bhí le sonrú i measc ealaíontóirí Shasana sa 19ú
haois. Lena chois sin, luann Strange an eagla a bhí ar mhuintir
Shasana sa 19ú haois roimh an réabhlóid agus an bharúil a bhí
acu gur sa chathair a tharlódh sí sin mar a tharla i bPáras.

Rud atá íorónta go maith an traidisiún leanúnach frithuir-
beachais a chothaigh gluaiseacht an náisiúnachais in Éirinn óir,
chomh maith le Mitchel, bhí an mana céanna frithuirbeach ag
Corkery, mar shampla, a thugann "Achilles heel" na tíre ar bhailte
Lochlannacha an oirthir mar gheall ar a ghallda a bhí siad (1954:
36). Tá sé ina *cliché* náisiúnta anois an óráid úd a thug de Valera
sna 1940í a lua ach is leor a rá gur tuairim choitianta i measc
shocheolaithe agus scríbhneoirí ár linne gur sampla í Poblacht na
hÉireann den "periphery dominated centre"—áit a mbíonn treise
ag ceantair imeallacha ar an phríomhionad pholaitiúil—mar
gheall ar an chumhacht a bhí ag idil na tuaithe i gcultúr an stáit.[95]
Ní fada ó shin, mar shampla, a bhí an méid seo ag Dermot Bolger
(1986: 9-10) agus é ag cur síos ar chultúr oifigiúil Phoblacht na
hÉireann agus a neamhaird ar shaol na cathrach:

> Irish was seen as a language of officialdom and oppression by much
> of my generation in the same way as English appeared to children a
> century before . . . . What we rebelled against mainly wasn't so much

the actual language, as the way it was used to try to hem us within an idea of nationhood which simply could not contain the Ireland of concrete and dual-carriageways (which is as Irish as turf and boreens) that was the reality before our eyes.

I gcás na hÉireann, ar ndóigh, is é an bhaint a bhí ag bailte agus cathracha na tíre le hionróirí neamh-Ghaelacha, ó aimsir na Lochlannach anall, ba phríomhchúis leis an fhuath a thugadh náisiúnaithe do chultúr na mbailte ó shin.[96] Ní miste a lua, áfach, go raibh traidisiún bisiúil Gaelach i mBaile Átha Cliath a théann siar na céadta bliain agus a raibh an-bhláth air san 18ú haois tráth a bhí muintir Uí Neachtain ag scríobh.[97]

Is cinnte, áfach, go raibh gráin ag Seosamh Mac Grianna ar oidhreacht ghallda Bhaile Átha Cliath, rud is léir ó na hionsaithe a dhéanann sé ar an Pháil ina chuid aistí. Nuair a áirímid, fosta, an tionchar a bhí ag scríbhneoirí Béarla an 19ú haois—Carlyle, Wordsworth, Yeats agus na *Pre-Raphaelites* (FF 13)—ar Mhac Grianna, ní hiontas ar bith é a bheith ag dúil le cathair a bhí dorcha *mínádúrtha* nuair a tháinig sé a chónaí i mBaile Átha Cliath. Is féidir séala na n-údar Béarla sin a aithint ar chuid mhaith den mhéid a scríobh Mac Grianna sa tsraith alt a scríobh sé fá Bhaile Átha Cliath, go háirithe coimhthíos an duine aonair sa slua. Ina cheann sin, ag tús an chéad ailt, luann an Griannach ceathrú le AE as an dán 'The City', ceathrú ina gcuirtear síos ar an taobh meallacach de mhistéir mhínádúrtha na cathrach (A 63):

Like many-templed Nineveh tower beyond tower;
And I am hurried on in this immortal hour.
Mine eyes beget new majesties: my spirit greets
The trams, the high-built glittering galleons of the streets
That float through twilight rivers from galaxies of light.

Mar sin féin, dá mhéad é tionchar na n-údar sin ar 'chéad-facht' ealaíonta Mhic Grianna, níor cheart dearmad a dhéanamh de chúlra fisiciúil an údair, óir nuair a airíonn sé an tsaoirse is dual don cholmán atá gafa sa seomra in *Mo Bhealach Féin* nó nuair a deir sé gur cosúil le "neach a bhí ar an choigrích" é an dos fraoigh a bhí faoina ascaill ag bacach de chuid na cathrach (A 71), cá bhfios dúinn nach de thógáil na tuaithe an méid sin uile?

Is dócha gurbh é an suaitheadh céanna é a fuair na milliúin de mhuintir na tuaithe a tháinig a chónaí i gcathracha ón aimsir chianaosta. Mar sin féin, i dtaca le Seosamh Mac Grianna, is léir gur shamhlaigh sé an suaitheadh sin mar chuid d'éadáil an tsaoil mhóir a thugann leasú do shamhlaíocht an ealaíontóra agus, dála Baudelaire i bPáras, chuaigh sé amach a shiúl shráideanna Bhaile Átha Cliath ar an séala sin. Níl amhras ar bith ach oiread gur i dtéarmaí cultúrtha polaitiúla a bhain sé ciall as an eispéireas úr uirbeach. Ba í an chathair, dar leis, a bhrisfeadh cumhacht ghallda an bhaile bhig, an ní is mó a rinne galldú na tíre, nó thuig sé go dtiocfadh an saol a athrú go gasta sa chathair mar gheall ar luas an tsaoil a bhí ann. Ní amháin, dar leis, go mbrisfeadh an chathair an múnla seanchaite spadánta sin, an baile beag agus an Ghaeltacht, dhéanfadh muintir na Gaeltachta aithris ar mhuintir na cathrach a bhí ag teacht a fhoghlaim Gaeilge ionas go gcruthódh siad nach "dtéid cultacha síoda agus hataí 'velour' agus Béarla i gcónaí i gcuideachta a chéile" (A 26).

Dá ainneoin sin, áfach, is é an claonadh frithuirbeach atá in uachtar go minic nuair atá an Griannach ag scríobh faoi Bhaile Átha Cliath. In 'Pádraig Garbh' gearrann Pádraig pionós ar an bheirt sheanbhean den chineál a mbeifeá ag dúil leis i scéal miotaseolaíochta, mar atá, an radharc tíre a bhí acu ón teach a bhaint díobh trína theach féin a thógáil go hard (DD 43). Nuair a dhéanann sé sin, déanann sé príosúnaigh shíoraí díobh sa chathair phlúchtach agus séanann orthu an t-aon fhaill a bhí acu ar shaol folláin, mura raibh ann ach an radharc féin. In *Mo Bhealach Féin*, taobh leis an nuacht a mhothaíonn Mac Grianna sa chathair, bíonn an frustrachas aige: "Chuirfeadh fir baile mhóir samhnas ort: tá siad cosúil le scadáin bheaga i mbocsaí" (72). Is minic fosta, ar ndóigh, a mhothaíonn an Griannach an coimhthíos céanna sin a bhíonn ag cur ar Mhícheál Ó Maoláin in *Deoraíocht*: "Chonacthas dom riamh i mBaile Átha Cliath nach raibh a fhios ag aon duine ar an tsráid go raibh mé ar an tsaol seo ar chor ar bith" (MBF 160). Díol suntais go mbíonn an claonadh láidir frithuirbeach le haithint ar chuid d'úrscéalta Liam Uí Fhlaithearta, go háirithe *The Informer* agus *Mr Gilhooley*, ach go bhfuil a mhalairt fíor faoi chuid den saothar dírbheathaisnéise, go háirithe *Two Years*.[98]

Mar sin féin, is treise an leasú a thugann an chathair d'ealaín Mhic Grianna ná an frustrachas sin a thagann air agus is cuid den dúshlán cruthaitheach é an coimhthíos a mhothaíonn sé i dtimpeallacht 'mhínádúrtha'. D'aithneofá an rud céanna i saothar uirbeach Phádraig Uí Chonaire nó, más cathair ghránna urchóideach í Londain in 'Nóra Mharcuis Bhig' bíonn maolú áirithe ar an léargas sin in *Deoraíocht*. D'ainneoin gach oilc a thiteann ar chrann Mhíchíl Uí Mhaoláin bíonn saoirse de chineál éigin aige ar feadh tamaill ón saol réamhordaithe a bheadh aige sa bhaile in Éirinn, óir dá olcas an ciorrú fisiciúil a fhulaingíonn sé, tugann sé bealach éalaithe dó ón ghnáthshaol lena cheangail agus lena chomhghnásanna. Ina áit sin, nuair a théann sé i gceann an tsaoil úir sin—saol an uafáis agus an fheic shaolta—bíonn dóigh ag Mícheál le hamharc ar a sheansaol ón taobh amuigh gan aon duine á aithint, go háirithe nuair a théann sé ar cuairt leis an seó ar a bhaile dúchais in Éirinn. Ina dhiaidh sin is uile, is mó ar fad a théann an tsaoirse chrua seo ar sochar d'údar *Deoraíocht* ná don phríomhcharachtar nó is é a éagsúla atá saol Mhíchíl a dhéanann úrscéal ar leith de *Deoraíocht* sa deireadh agus is é suíomh an *metropolis* a cheadaíonn sin mar a dhearbhaíonn an t-údar: "Londain arís! An chathair mhór uafásach úd atá ag síor-shíneadh na ngéag leis na daoine atá i bhfoisceacht na gcéadta míle di a tharraingt chuici dá mbuíochas agus lena ndéanamh ina gcosúlacht féin, lena slogadh, lena n-alpadh, lena n-athchumadh" (59).

Ráiteas barrthábhachtach atá ansin ar an ábhar go léiríonn sé an dearcadh déthaobhach a bhí ag an Chonaireach i dtaca leis an chathair. Ar leibhéal fisiciúil réadúil, arracht bhrúidiúil atá sa chathair a dhéanann easair chosáin de na daoine beaga soineanta a mheallann sí chuici agus is sampla den phróiseas dhamanta sin croí-ábhar an úrscéil féin: an taisme a bhaineann do Mhícheál Ó Maoláin agus an riocht ina bhfágtar é. Ina dhiaidh sin, áfach, ar leibhéal na healaíne, feidhmíonn an chathair mar scéalaí a chruthaíonn ábhar úr as na daoine a thagann isteach chuici. Is é an 't-athchumadh' sin a luann Ó Conaire an chuid is tábhachtaí sa deireadh nó is ionann sin agus obair an ealaíontóra féin. Is é an rud céanna é agus an rud a deir Bradbury (1976: 97): "For many writers the city has come to seem the very analogue of form . . . . The city has become culture, or perhaps the chaos that succeeds it."

Is é an t-athchumadh sin an t-aon dóchas atá ag Mícheál Ó Maoláin, rud a thuigeann sé nuair a loiceann an t-airgead cúitimh air i dtús báire agus ansin arís nuair a loiceann a chuid 'cairde' air, óir, má tá coimhthíos millteanach air sa chathair, tá sé saor fosta

agus is trína phearsa féin a athchumadh, mar a athchumadh a
dhreach fisiciúil sa taisme, a bhainfidh sé an tsaoirse sin amach:
"Uafás agus feic saolta a bhí ionam anois, agus cad chuige nach
mbeadh cead ag a leithéid sin de dhuine a rogha rud a rá ?" (22).
Tá an tuiscint chéanna sin ar shaoirse an duine aonair sa chathair
ag Seosamh Mac Grianna nuair a thosaíonn sé a chumadh
pearsana úra dó féin: Art Mac Cumhaidh, An Ceithearnach
Caoilriabhach agus dá réir sin. Is é saol luaineach ilghnéitheach
na cathrach, lena fhéidearthachtaí dochuimsithe, a thugann slí
éalaithe   don   Ghriannach   ó   dhúdhaoirse   a   'leathchairde'
meánaicmeacha ag tús *Mo Bhealach Féin*. Agus slí éalaithe atá ann
go litriúil a thosaíonn nuair a théann sé i bhfolach i sluaite agus i
sráideanna Bhaile Átha Cliath i ndiaidh dó mac bhean an tí a
chnagadh. Is cuid lárnach den tsaoirse sin fosta na carachtair
éagsúla a gcuireann sé spéis iontu de rogha ar na daoine 'ar dual
dó' a bheith ina gcuideachta agus na heachtraí a thagann dá
bharr sin—*Eli Ben Alim*, goid an bháid agus an taisteal ina dhiaidh
sin.

Is díol suntais sa chomhthéacs sin an méid a deir Williams
faoin chlaochlú a tháinig ar an ealaín i dtimpeallacht na cathrach
ag deireadh an 19ú haois. Ba iad na healaíontóirí sin a tháinig
isteach chuig an chathair mhór ba mhó, dar leis, a thionscain
ealaín an nua-aoiseachais san am ar an ábhar gur scaoileadh saor
iad ó choinníollacha an chultúir thraidisiúnta nó an chultúir
áitiúil lena mbíodh siad ag plé go dtí sin. Nuair amháin a tharla sé
sin bhí na healaíontóirí céanna sin saor le múnlaí úra dá gcuid
féin a thógáil i dtimpeallacht a bhí lán nuachta agus a raibh
dinimiceas mear cruthaitheach ann i rith an ama:

> Thus the key cultural factor of the modernist shift is the character of
> the metropolis . . . in its direct effect on form. The most important
> general element of the innovations in form is the fact of immigration
> to the metropolis, and it cannot too often be emphasised how many
> of the major innovators were, in this precise sense, immigrants. At the
> level of theme, this underlies, in an obvious way, the elements of
> strangeness and distance, indeed of alienation, which so regularly
> form part of of the repertory. But the decisive aesthetic effect is at a
> deeper level. Liberated or breaking from their national or provincial
> cultures, placed in quite new relations to those other native languages
> or native visual traditions, encountering meanwhile a novel and
> dynamic common environment from which many of the older forms

were obviously distant, the artists and writers and thinkers of this phase found the only community available to them: a community of the medium; of their own practices. (Williams 1989: 45)

Bíodh is go bhfuil blas den ghinearálú ar an mhéid sin, is doiligh a bhréagnú mar fhorbhreathnú ar chomhthéacs stairiúil an nua-aoiseachais sa *metropolis*. Chomh maith leis sin, tá go leor nithe in aiste Williams agus sa pharagraf sin thuas go háirithe a chuireann gnéithe de shaothar uirbeach Mhic Grianna agus Uí Chonaire i gcomhthéacs úr. Ar ndóigh, ní miste cúpla *caveat* a áireamh: cé gur as an *metropolis* a fáisceadh *Deoraíocht*, níor gheall le *metropolis* é Baile Átha Cliath in *Mo Bhealach Féin*. Mar sin féin, is féidir a áitiú go raibh go leor de shaol an *metropolis* i mBaile Átha Cliath sna 1920í agus sna 1930í, go háirithe ag an té a tógadh sa Ghaeltacht, ach gur lú ar fad an meascán agus an chíor thuathail a bhí ann le taobh London ag tús an 20ú haois. Rud beag eile de, ní shamhlófá an meascán sin teangacha agus traidisiún a luann Williams le Baile Átha Cliath, cé go maíonn Mac Grianna gur bhuail sé le daoine "as achan tír ón Ioruaidh go dtí an Astráil" (MBF 12). Diomaite d'Iodálaigh an tsiopa sceallóg agus an bhean tí ar mheas Mac Grianna fuil Ghiúdach a bheith inti, níl mórán fianaise ar an éagsúlacht ciníocha agus teangacha sin in *Mo Bhealach Féin* cé gur tús beag an méid sin féin agus d'fháiltigh Mac Grianna roimhe, rud is léir fosta ón spéis a bhí aige sa Ghréagach agus san fhear dhubh nuair a bhí sé sa Bhreatain Bheag (MBF 95, 105).

Ina dhiaidh sin, is fiú amharc ar an mhéid a deir Williams faoin tionchar a bhí ag an cheannchathair ar mhúnla na healaíne féin nó tá bunléiriú ar an fhorbairt sin i saothar Mhic Grianna agus Uí Chonaire. Is é sin le rá go raibh acu leis an mhúnla thraidisiúnta—an scéal béaloidis, an dán nó an t-amhrán—a fhágáil ina ndiaidh, sin nó é a nascadh leis an mhúnla a bhí in uachtar sna cathracha, mar atá, an t-úrscéal. Ní de thaisme a thriail an Griannach agus an Conaireach a mbeirt an iliomad múnlaí liteartha, idir an gearrscéal, an aiste, an dráma, an bheathaisnéis, an dírbheathaisnéis, scéalta páistí agus an t-úrscéal féin óir bhí siad ag tosú ón fhíorthús gan traidisiún ar bith úrscéalaíochta fúthu. Gan amhras, bhain sin le hiad a bheith ag scríobh i nGaeilge, teanga ar séanadh uirthi teicneolaíocht an chló go stairiúil agus ar an ábhar sin, ba chuid den taithí iarchoilíneach é. Ina cheann sin, áfach, ba den inimirce chun na cathrach é fosta

an réimse mór múnlaí a chleacht an dá scríbhneoir Gaeltachta ar
an ábhar nach raibh áit ann do na múnlaí traidisiúnta sa chathair
agus go raibh acu le hiad féin a chur i láthair de réir múnlaí úra
neamhdhúchasacha. B'iontach, fosta, mura raibh dlúthbhaint ag
an síorbhogadh sin ó mhúnla liteartha amháin go múnla liteartha
eile leis an síorbhogadh ó theach lóistín go teach lóistín i gcás
Mhic Grianna agus leis an neamhshocracht mhór a bhain le saol
Uí Chonaire.

Ach arís eile, cé gur míbhuntáiste i gcosúlacht na tosca sin,
dála mar a d'éirigh do Mhícheál Ó Maoláin, thug siad dúshlán
agus díolúnas úr cruthaitheach do Mhac Grianna agus d'Ó
Conaire a bhfuil a lorg le haithint go réidh ar *Deoraíocht* agus ar
Mo Bhealach Féin. Toradh suntasach amháin ar an díolúnas
cruthaitheach sin an t-osréalachas atá le sonrú go minic ar
shaothar Uí Chonaire agus Mhic Grianna beirt agus is cuid suntais
gurb í timpeallacht na cathrach a spreagann an tallann osréalach
sin go hiondúil. Is ar fheiceáil '*Caerdydd*' dó a deir Mac Grianna a
tháinig ceann na sráideanna chuige "mar bheadh ladhara portáin
ann" (MBF 159) agus is geall le saintréith i saothar Uí Chonaire
an cur síos osréalach ar an timpeallacht uirbeach, idir an
beithíoch allta de thraein a thugann Nóra Mharcais Bhig go
"fásach éigin uafásach—áit nach raibh taitneamh gréine ná titim
uisce" (1909: 88) agus Londain féin atá ina hollphéist a bhfuil
"na mílte míle solas, na mílte míle súil, na mílte míle cloch
luachmhar ag dealramh ina chraiceann" agus a bhfuil a cuid
foirgneamh ag tromaíocht ar na daoine bochta atá thíos fúthu
(1910: 74, 75).

Arís, is den nua-aoiseachas é an cor osréalach sin i saothar
Mhic Grianna agus Uí Chonaire, mar a mhaíonn Bradbury (1976:
99): "Realism humanizes, naturalism scientizes, but Modernism
pluralizes, surrealizes." Foirmle ghonta go leor atá sa mhéid sin,
ar ndóigh, ach tá craiceann na fírinne uirthi ina dhiaidh sin féin.
Tá sampla maith againn in úrscéal Émile Zola, *L'Assommoir* (1877),
den tallann osréalach sin a bhí ag fabhrú in úrscéalta uirbeacha ag
deireadh an 19ú haois. Ba é Zola, thar aon duine eile, a thionscain
cur chuige an 'nádúrachais' ina chuid úrscéalta: rinne sé iarracht
thréamanta a chuid carachtar a chruthú go 'heolaíoch' agus a
bhunú ar thaighde agus ar fhíricí. Dá ainneoin sin, áfach, tá síol
an osréalachais le sonrú go follasach ar an chur síos atá in

L'Assommoir ar shaol Pháras. Dála Mhíchíl Uí Mhaoláin, samhlaíonn príomhcharachtar *L'Assommoir* tionóntáin Pháras le harracht a bhfuil doirse aige mar ghialla agus, i dtaca leis an chathair féin, tugann Zola an tsamhail chéanna di a thugann Ó Conaire do Londain nuair a deir sé faoi na daoine a tháinig isteach aici go n-alpadh sí iad duine ar dhuine, "un à un les dévorait" (38).

Is amhlaidh, in ainneoin an rúin a bhí ag Zola an timpeallacht uirbeach a thabhairt faoi riail na heolaíochta, nárbh fhéidir saol iomlán na cathrach a chuimsiú taobh istigh de theorainneacha an 'úrscéil réadúil' nó, i bhfocail eile, is é rud a sháraigh an t-ábhar an cur chuige. Is é an sárú céanna é atá le sonrú ar shaothar uirbeach Mhic Grianna agus Uí Chonaire. Níor leor na múnlaí a bhí acu ó dhúchas le timpeallacht na cathrach a mhíniú agus níor leor ach oiread an insint réadúil a chleacht siad ina gcuid próis. Dá bharr sin, déantar sintéis den dá chineál múnla go háirithe in *Mo Bhealach Féin*. Is ar an ábhar sin, mar shampla, a fhilleann Mac Grianna ar osnádúrthacht na Fiannaíochta le cur síos ar an taobh doiléir coimhthíoch sin de shaol na cathrach a chuireann faghairt ar a shamhlaíocht—macasamhail an tseanfhidléara sráide a shamhlaíonn sé le Bodach an Chóta Lachtna agus a gcuireann sé foirteagal air: "An duine saolta nó deamhan tú? An ndeargfadh arm ort nó an maothfadh brón tú?" (MBF 31).[99]

Le cois an mhéid a deir Williams faoin chlaochlú a tháinig ar mhúnlaí na healaíne nuair a tharla inimirce go cathracha móra na hEorpa ag deireadh an 19ú haois, is mór an díol spéise a bhfuil ráite aige faoin chlaochlú a tháinig ar theangacha agus ar theanga i gcoitinne. Dar leis, nuair a thosaigh lucht na hinimirce ag plé le timpeallacht ilteangach na cathrach, gur thuig siad gur meán a bhí i ngach teanga ar féidir é a mhúnlú agus a mhodhnú go réidh. In áit a bheith sáite i gcultúr aonteangach, mar sin de, saoradh muintir úra na cathrach ó cheangal an chomhghnáis a bhíodh orthu go dtí sin. Is é an dála céanna ag Seosamh Mac Grianna é nuair a deir sé: "Tá an saol uilig taobh thall den scáth bheag focal a chuir muid air, agus ní hionann ciall thall ansin agus abhus, an áit nach bhfuil muid ach ag siúl le gnás agus le comhairle mar bheadh daill ag déanamh an eolais dá chéile" (MBF 159). Cé go ndeir Mac Grianna an méid sin agus é ag iarraidh a mhíniú cad é an tairbhe a bhain sé as a aistear mór sa Bhreatain Bheag, ba é a shaol úr i mBaile Átha Cliath ag deireadh na 1920í a thug a dhúshlán ar leibhéal teangeolaíoch de chéaduair agus a d'athraigh an chiall a bhíodh aige d'fheidhm teanga.

Dá mhéad a mhaslaigh obair an aistriúcháin é, b'iontach murar chothaigh an obair sin an tuiscint a bhí ag Mac Grianna ar an ghné 'aondeonach' (*arbitrary*) a bhaineann le húsáid teanga. In ainneoin a mhíshásta a bhí sé faoin fhaillí a bhíothas a dhéanamh ina acmhainn cruthaitheachta nuair a tugadh air a bheith ag cur Gaeilge ar leabhair, is cinnte gur fhág an Griannach ábhar agus fianaise theangeolaíochta againn a bhféadfaí an t-uafás a fhoghlaim as. Ach ba é an saol úr uirbeach a bhí thart air agus a bhí ag tabhairt a dhúshláin ar an uile dhóigh, an ní is mó a leathnaigh agus a mhéadaigh an chiall a bhí aige d'úsáid teanga agus d'fheidhm teanga chomh maith. Is i mBaile Átha Cliath dó a bhí aige le foclóir úr a shaothrú nó ní raibh aon taithí ag an chineál Gaeilge a bhí ag Mac Grianna ar an saol uirbeach. Is ar an ábhar sin, in *Mo Bhealach Féin*, a mhíníonn sé an siopa sceallóg dá chuid léitheoirí amhail is nach mbeadh eolas dá laghad acu ar a leithéid. Cuireadh sonrú sa mhéid sin féin mar a mhíníonn Ó hAnluain (1979: 36) agus O' Leary (1994: 435), nó ba é an bharúil a bhí ag criticeoir amháin go raibh an Ghaeilge slán nuair a chuir Mac Grianna Gaeilge ar *fish and chips*. Is é an toradh atá ar an pheirspictíocht úr sin i saothar uirbeach Mhic Grianna go músclaíonn sé léitheoirí a tógadh sa chathair agus go dtugann sé orthu amharc go criticiúil ar rudaí nár cheistigh siad riamh ach a ndearna siad talamh slán díobh.

Nuair a bhí aige le cur síos ar na feiniméin uirbeacha sin, dála Phádraig Uí Chonaire, ba é an rud a raibh Mac Grianna ag tabhairt faoi ná 'chéad ainmniú' shaol na cathrach. Áit a mbeadh foclóir réamhfhaighte réamhchumtha ag an scríbhneoir Béarla, mar shampla, is é rud a bhí Mac Grianna ag cur síos ar an timpeallacht uirbeach as an nua agus is úire agus is beo ar fad an cur síos dá bharr sin. Go minic, b'éigean don Ghriannach dul i muinín fhoclóir na tuaithe, an rud lenar tógadh é, rud a tharlaíonn ag tús *An Druma Mór* nuair a chuireann sé síos ar na fuaimeanna a chluinfeá i gcathair i dtéarmaí na tuaithe: "céimneach na rothaí agus seitreach na n-inneall" (DM 3). Ach is minic fosta a bhíonn ar an Ghriannach coincheapa agus feiniméin úra a shainiú dó féin agus a chuid féin a dhéanamh díobh nuair a bhíonn aige le

Gaeilge a chur orthu. 'Lucht Comharsheilbhe' atá aige de rogha ar 'Chumannaigh' ar droch-Ghaeilge í dar leis (MBF 38). Nuair a bhaisteann sé an t-ainm sin orthu, tá sé ag léiriú a thuisceana féin ar cad é an rud is cumannachas ann, deis nach mbíonn ag scríbhneoirí a bhfuil an foclóir réamhfhaighte sin acu.

Is cinnte gur le leas intleachtúil Mhic Grianna an dúshlán teanga seo agus níl amhras ná gur le leas a ealaíne í fosta. Nuair a chuireann sé síos ar 'shiopa garaíochta' (MBF 22), mar shampla, caithfidh sé tosú ón tús gan réamhthéarmaí ar bith aige agus, leoga, is é a théarma féinchumtha féin arís é 'siopa garaíochta'.[100] Rud réabhlóideach ar go leor bealaí an pheirspictíocht úr seo ag an dá scríbhneoir Gaeltachta ar an saol uirbeach. Téann sé i ngar go maith don rud a deir Barthes (1953: 64) faoin ghreim a bhíonn ag teanga na scríbhneoireachta ar an litríocht féin agus an tsáinn ina mbíonn scríbhneoirí dá bharr, is é sin, go ndéanann gach scríbhneoir a iarracht féin ar theorainneacha agus comhghnáis réamhcheaptha na scríbhneoireachta a shárú ach nach ndéanann sé ach traidisiún na litríochta a bhuanú dá dheoin ná dá ainneoin. I gcás Mhic Grianna agus Uí Chonaire, áfach, d'fhéadfá a mhaíomh gur sháraigh siad an fáinne fí sin a léiríonn Barthes nuair a bhí acu le cur síos ar an rud a bhí úrnua coimhthíoch acu i dteanga nár cumadh go fóill.

Tagraíonn Mícheál Mac Liammóir don chineál chéanna peirspictíochta nua ar léir dó í in *Deoraíocht* agus é ag maíomh gur macasamhail scoil *primitíf* na healaíne í.[101] Cé go gcuireann Mac Liammóir an craiceann aislingeach rómánsúil ba dhual dó ar a chuid tuairimí, is é an rud is mó a deir sé go sáraíonn Ó Conaire gnáthrialacha agus múnlaí comhghnásacha na healaíne mar gheall ar "a neamhaird gan teorainn ar na rudaí atá riachtanach, is cosúil, don aigne atá leathanaithe nó cuimsithe, ag an bpeirspictíocht, ag an réasún . . ." (ix). Is ar an ábhar go bhfuil dúshlán agus scóip úrnua i saothar uirbeach Mhic Grianna a mhaífinn féin gurb é an chuid is sásúla dar scríobh sé i dtaca le ceannródaíocht liteartha. Ní féidir a chruthú go hiomlán go sáraíonn sé an tsáinn a chuireann Barthes síos don scríbhneoireacht. Is é is dóichí, go mbaineann an úire agus an tsuaithníocht a mhothaímid ar eachtraí uirbeacha Mhic Grianna le cultúr agus teanga na Gaeltachta a bheith ag plé le dúshlán úr teanga agus le dúshlán úr ealaíne.

In amanna, is é an suaitheadh cultúrtha sin an ní is suaithní:
an Griannach ag cur forráin ar an seanfhidléir nó é ag rá ceathrú
as 'An Chrúbach' le ceannfort de chuid an *Salvation Army* agus
fios aige nach dtuigfí é (MBF 31, 66). Uaireanta eile, is é an
tsamhail tuaithe atá ag Mac Grianna do shuíomh uirbeach a
dhíríonn ár n-aird ar an talamh úr a bhí sé a dhéanamh. Mar
shampla, nuair a thráchtann sé ar an seanfhidléir a bhí "chomh
buan leis an Eargal i láthair fearthainne is turaidh" (A 67), is léiriú
indíreach é ar an suaitheadh coimhthís a shamhlaíonn sé leis an
cholmán ghafa nó leis an dos fraoigh a luadh ar ball. Corruair, is é
an   phreab   samhlaíochta   a   thugann   an   chathair   dó   a
mheabhraíonn dúinn gur claochlú múnla agus teanga atá idir
lámha ag an Ghriannach. Léiriú maith air sin is ea an cur síos atá
aige ar chathracha an domhain ag deireadh ceann dá chuid
aistí—arís, samhlacha an té a tógadh i mbaile tuaithe cois farraige
atá aige agus go leor d'uaigneas an inimircigh leis:

> Is iomaí uair a chonaic mé crann ag fás ar imeall cathrach. Dhá
> namhaid iad, tithe na ndaoine agus cine na gcrann. Comhrac crua is
> dual a bheith eatharthu nó go n-éaga cuid acu agus go maire an
> chuid eile. Agus nuair a bheas cath fada na gcéadtaí bliain agus na
> mílte bliain troidte, beidh an bhua ag an chrann. Mura raibh sé ag
> an chrann sin beidh sé ag crann dena shíol. Agus fásfaidh an féar
> agus neantóg ghlas ghoirt os cionn an chonamair a bhí seal ina árais
> a raibh teas agus greann iontu. Agus déanfar cathracha eile agus
> éagfaidh siad, agus tiontóidh an domhan mór i láthair na réalt agus
> cathracha fán tseithe air mar a bheadh bairnigh ar charraig. (FF 34)

I dtaca leis an cheist a chuirtear ag tús na caibidle seo, cé acu
ba chóir saothar uirbeach Mhic Grianna a mheas mar fheiniméan
Éireannach nó mar chuid de ghluaiseacht idirnáisiúnta an nua-
aoiseachais, is léir gur sampla tábhachtach é an dúshlán teanga
atá i saothar Mhic Grianna den chineál ruda nach bhfuil chomh
coitianta céanna i saothar Joyce nó Eliot, mar shampla. Ar ndóigh,
tá dúshlán dochuimsithe teanga in *Ulysses* ach is dúshlán de
chineál eile ar fad é ón rud atá i saothar uirbeach Mhic Grianna.
Múnlú teanga ag an leibhéal is bunúsaí atá ag an Ghriannach agus
is minic nach mbíonn an dara rogha aige ach a fhocal féin a
chumadh nuair nach bhfuil focal ann cheana. Mar sin de, cé gur
tháinig claochlú ginearálta ar theanga na litríochta leis an

litríocht úr uirbeach a bhíothas a shaothrú ó dheireadh an 19ú
haois anall, is gné shainiúil den chlaochlú sin cás an scríbhneora
mionteanga. Nuair a áirímid, fosta, an áit a bhí ag cathracha na
hÉireann go stairiúil mar dhaingin ag lucht an choilíneachais, is
léir gur mó an dáimh atá ag scríbhneoireacht uirbeach Mhic
Grianna le scríbhneoireacht iarchoilíneach i mionteangacha eile
ná le scríbhneoireacht Joyce, mar shampla.

   Ina dhiaidh sin, tá go leor nithe i saothar Mhic Grianna atá
gaolmhar go maith d'ealaín an nua-aoiseachais. Cibé a deir sé faoi
Felix the Cat (A 42) agus d'ainneoin na lochtanna a fuair sé ar *Man
of Aran* (FF 178-180), níl amhras nó chuaigh an scannánaíocht i
bhfeidhm ar scríbhneoireacht Mhic Grianna agus bhí áit
thábhachtach ag an scannánaíocht i ngluaiseacht an nua-
aoiseachais. Ba é an tuairim a bhí ag léirmheastóir amháin ag
tabhairt a bhreithiúnais dó ar *Eoghan Ruadh Ó Néill*: "The author
makes skilful use of the vivid film method of presentation, now in
vogue in biography".[102] Is féidir gur ag tagairt do *biopics* na pictiúr-
lainne atá an léirmheastóir ach tagraíonn sé don tionchar a bhí ag
an scannánaíocht féin ar bheathaisnéisí san am a bhí sé ag
scríobh. Is cinnte go raibh ciútaí agus peirspictíocht na scanná-
naíochta ag dul i bhfeidhm ar scríbhneoirí ar dhóigh a bhí go
hiomlán úr sa chéad leath den 20ú haois, a oiread sin gur shíl
Walter Benjamin go nglacfadh na scannáin áit na litríochta
feasta.[103] I dtaca le *Eoghan Ruadh Ó Néill*, d'fhéadfá go leor
samplaí a lua de thionchar na scannánaíochta, nó tá siad ann ó
thús an leabhair féin áit a dtreoraíonn an t-údar súil an léitheora
isteach agus é ag géarú fócais de réir a chéile:

> Imeasg na sraitheannaí de phubaill a bhí ag déanamh dídin do arm
> na Spáinne, thárla ceann áirithe ar dhual dúinn cuairt a thabhairt
> air. Bhí sé comhgarach go leor do thrinnsí na Frainnce; bhí cuma air
> go rabh sé tógtha i mbeárna an bhaoghail. Acht níor lughaidhe dá
> thairbhe sin an ceol a bhí ag an bhratach a bhí ós a chionn, ag
> caismirnigh ins an chruadh-ghaoith a bhí ag teacht anall an blár gan
> chosnamh ó uisce na Mara Tuaidh.
> Bhí fear ina shuidhe ag tábla ins an phuball, agus liarlógaí
> páipéar ina luighe faoi. Fear meadhon-aosta a bhí ann, i n-aice le
> leithchéad bliadhain, acht bhí sé comh h-áluinn leis an óige nuair is
> deise bláth oirthí. Bhí dlaoigheannaí catacha gruaige ar fhis faoi n-a
> bhearrád; bhí an fhéasóg comh ruadh le h-ór agus í catach, agus bhí
> sí cíortha cóirighthe go deismir. (ERN 6)

Chomh maith leis an lorg a d'fhág an scannánaíocht ar *Eoghan Ruadh Ó Néill,* tá go leor nithe eile ann is ceart a áireamh ar thréithe an nua-aoiseachais in ealaín Mhic Grianna. Rud a bhí anchoitianta i measc ealaíontóirí an nua-aoiseachais ba ea an *manifesto* a d'eisíodh siad ag fógairt ré nua agus modh nua: *Manifeste du Surréalisme* (1924) le hAndré Breton agus *manifesto* scoil *Dada* an chuid is iomráití acu siúd.[104] Cé nár chroch Mac Grianna an t-ainm sin leis, *manifesto* atá sa chéad chaibidil agus sa chaibidil dheireanach de *Mo Bhealach Féin.* Le cois an mhéid sin, tá tábhacht mhór ag baint le nuachtáin i ngluaiseacht an nua-aoiseachais. Mar shampla, in *Ulysses* agus in *Manhattan Transfer* déantar téacs na nuachtán a fhí isteach i dtéacs an úrscéil ionas go bhfaightear léiriú fadcheannach ar an tionchar a bheadh ag na meáin ar shaol an chine dhaonna feasta. Bhaineadh péintéirí nua-aoiseacha úsáid as teicníocht a bhí gaolmhar go maith don teicníocht sin a bhí ag na húrscéalaithe nuair a chuireadh siad gearrtháin nuachtáin i lár pictiúir. Agus i dtaca le *Ulysses,* fear é an príomhcharachtar, Leopold Bloom, a dhéanann fógraí do nuachtáin. Níor thaisme ar bith ach oiread é gur fear nuachtáin é Mánas Mac Giolla Bhríde in *Dá mBíodh Ruball ar an Éan,* rud a phléifear sa chéad chaibidil eile.

Ach arís, cé go bhfuil cosúlachtaí follasacha le haithint idir áit na nuachtán in *Dá mBíodh Ruball ar an Éan* agus i saothar nua-aoiseach idirnáisiúnta Joyce agus Dos Passos, níor cheart dearmad a dhéanamh den úsáid a bhaineann Mac Grianna as na nuachtáin in *An Druma Mór* le pointe a dhéanamh faoi shaincheist áitiúil, mar atá, táirchéim an traidisiúin bhéil. Is é atá i gceist, ar ndóigh, an comhrá a bhíonn ag *California* le sean-Pheadar a léiríonn an meas atá ag an tseanmhuintir féin ar na nuachtáin de rogha ar scéalta béaloidis. Is sa chomhrá chéanna a dhéanann Mac Grianna aoir ar an mhíthuiscint ghreannmhar a tharlaíonn nuair a léann *California* sleachta as an nuachtán don seanduine—dar leis an seanduine go bhfuil deis a labhartha ag *Zam-buk,* táirge leighis a fhógraítear ar an pháipéar (DM 104). I ndeireadh na dála, is é an seanduine atá faoi dhraíocht ag na páipéir ach tá barúil eile ar fad ag *California* orthu: "Á ní bhíonn iontu ach amaidí mhór" (DM 102). Luann sé, mar chruthú air sin, an rud a dúirt eagarthóir nuachtáin leis agus é i Chicago: "*Boyle, a newspaper is as untruthful as a folktale, and not half so poetical*" (DM 102).[105] Dála an dúshláin teanga a pléadh ar ball, ar den taithí iarchoilíneach é go minic, ní féidir an ghné seo de shaothar Mhic Grianna a shamhlú le hidirnáisiúnachas na nua-aoisithe gan faillí a dhéanamh sa ghné stairiúil áitiúil atá in uachtar in *An Druma Mór* go háirithe. Ina dhiaidh sin, is é an chiall chéanna atá ag Mac Grianna do thionchar na nuachtán a bheadh ag ealaíontóirí nua-aoiseacha nuair a deir sé an méid seo i dtaca le sean-Pheadar:

'Dar muige, a Shéimí,' arsa Peadar, 'ar bhris aon duine a mhuineál?'
Rinne *California* gáire agus léigh sé fá fhear a thit ó ghearrán iarainn agus a maraíodh. Ní iarrfadh seanPheadar de phléisiúr ach ag éisteacht leis an chineál sin á léamh as an pháipéar. Dá n-insíodh duine dó gur thit fear as a cheantar féin de ghearrán iarainn agus gur maraíodh é, choscródh sé é. Ach níorbh ionann ar chor ar bith é a léamh as an pháipéar. (DM 103)

Cuntas beacht atá ansin ar mheath agus ar dhíscaoileadh an phobail áitiúil sa saol uirbeach nua-aoiseach agus ar an choimhthíos a bhíonn idir dhaoine dá réir. Is cuid shuntasach de choinníollacha an tsaoil úir sin an t-eolas a scaipeann na nuachtáin ar an uile chineál eachtra nach mbíonn smacht ag an ghnáthdhuine uirthi agus nach dtuilleann a aird ná a thrócaire ach ar leibhéal an-dromchlach. Ní hé amháin gur thaitin an cineál sin faisnéise le sean-Pheadar, ba é an cineál feiniméin é ar bhain macasamhail Picasso tairbhe as nuair a ghreamaigh sé gearrthán páipéir den phictiúr *Still Life with Newspaper and Violin* (1912) agus an teideal 'Un Chauffeur tue sa femme' (Maraíonn tiománaí a bhean) os cionn an ghearrtháin.[106]

I ndeireadh na dála, is é an dáimh a léiríonn Mac Grianna, ó dheireadh na 1920í ar aghaidh, lena chomhealaíontóirí, idir scríbhneoirí, phéintéirí is uile, an ní is mó a dhaingníonn an bhá a bhí aige le haidhmeanna an nua-aoiseachais—bíodh is nach dócha gur ag smaoineamh go díreach follasach ar an nua-aoiseachas a bhí Mac Grianna san am sin. Ag leibhéal áirithe, is tairseach é *An Druma Mór* idir ré an rómánsachais agus na staire i saothar Mhic Grianna agus ré an nua-aoiseachais ina dhiaidh sin. Arís, is in *Dá mBíodh Ruball ar an Éan* is mó atá an claonadh deireanach sin le haithint, rud a chíorfar sa chéad chaibidil eile, ach ní miste, mar sin féin, an talamh a réiteach anseo.

Luadh cheana an fhaisnéis atá ag Williams ar fhorbairt an nua-aoiseachais sna cathracha agus an 'pobal ealaíontóirí' a tháinig as sin: "the artists and writers and thinkers of this phase found the only community available to them: a community of the medium; of their own practices". D'aithneofá an fhorbairt chéanna sin san aistriú a tharlaíonn idir scríobh *An Druma Mór*, nuair a thaobhaigh an t-údar lena phobal dúchais féin don chuid is mó, agus scríobh *Dá mBíodh Ruball ar an Éan* nuair is é cás an ealaíontóra atá in uachtar. Ní hé amháin gur den nua-aoiseachas é cás an ealaíontóra chráite, Cathal Mac Eachmharcaigh, leis an bhéim a chuirtear ar fhís an ealaíontóra ag comhrac le srianta an *bourgeoisie*, ach cuireann Seamus Deane (1985: 31) íomhá sin an ealaíontóra i gcomhthéacs Éireannach nuair a deir sé "Since the death of Parnell, modern Irish writing has been fond of providing us with the image of the hero as artist surrounded by the philistine or clerically-dominated mob." Más fíor do Deane, mar sin de, is féidir íomhá laochta an ealaíontóra a thuiscint ó stair na hÉireann féin cé gur cuid lárnach den nua-aoiseachas í an íomhá chéanna. Is léir, mar sin de, go gcaithfear an fhorbairt sin ó *An Druma Mór*—'scéal pobail' atá sáite i stair an 19ú haois—go *Dá mBíodh Ruball ar an Éan*—scéal ealaíontóra atá comhaimseartha nua-aoiseach uirbeach—go gcaithfear a mhíniú i gcomhthéacs stair litríocht na hÉireann agus i gcomhthéacs idirnáisiúnta an nua-aoiseachais araon. Má tá ábhar sa mhéid sin féin a chaitheann solas ar ghluaiseacht an nua-aoiseachais, tá tábhacht as cuimse leis i gcomhthéacs an tsaothair chritice seo nó is fearr a thuigimid nár leor a rá gur scríbhneoir Éireannach, ná gur scríbhneoir Gaeltachta, é Seosamh Mac Grianna ach gur scríbhneoir idirnáisiúnta é chomh maith céanna.

Caibidil 8

DÁ mBÍODH RUBALL AR AN ÉAN

Is ar éigean is gá an tragóid a bhaineann le 'neamhchríoch' *Dá mBíodh Ruball ar an Éan* a lua—dá dheoin féin nó dá ainneoin, ghin an t-údar na mílte *cliché* ina dhiaidh faoi thobair thráite agus faoi dhaoine a rinne a ndícheall agus ar cuma leo. Ina dhiaidh sin, dá mhéad na leideanna a fhaigheann léitheoir *Dá mBíodh Ruball ar an Éan*, an teideal féin ina measc sin, go dtréigfidh an t-údar an t-úrscéal, is mór an éagóir ar an údar é a laghad airde a thugtar ar an chuid sin den leabhar a chuaigh aige a scríobh. Ní lúide an éagóir é nuair a áirímid gur chríochnaigh Mac Grianna an t-úrscéal corradh le tríocha bliain i ndiaidh "samhradh 1935" i ndiaidh dó blianta fada a chaitheamh ag corraíl leis an mheabhairghalar a chloígh an fonn scríbhneoireachta ann de chéaduair. Deir Ó Croiligh nach críoch "i gciall chruinn ar bith" (17) ar an úrscéal, *Dá mBíodh Ruball ar an Éan*, an méid a scríobh an Griannach san otharlann ach is é a mheasaim féin gur cheart glacadh le tuairim an údair sa chás seo "gur chuir sé ruball ar an éan" nuair nach bhfuil againn, diomaite de thuairim an údair, ach tuairim aon duine amháin.

I dtaca leis an 'ruball', mar a thug an Griannach ar an dara cuid den úrscéal, dála *An Druma Mór*, fuair an t-ábhar a bhí istigh ann an bua air, nó más cuid lárnach den scéal an dialann a sciobann Mánas Mac Giolla Bhríde as teach Liam Uí Cheannfhaolaidh, ba é an deireadh céanna a bhí ar na cóipleabhair ina raibh saothar deireanach Mhic Grianna: goideadh iad, dódh iad nó cailleadh iad de réir an bhéaloidis.[107] Sular tharla sin, áfach, bhí deis ag roinnt daoine na cóipleabhair luachmhara sin a fheiceáil, ina measc siúd an tAthair Oilibhéar Ó Croiligh a bhí i mbun taighde ar shaothar an údair san am. De réir fhaisnéis Uí Chroiligh, bhí an t-ábhar féin loighiciúil, dea-scríofa ach gan leanúnachas ar bith idir na caibidlí—seacht gcaibidil san iomlán a mheasann sé a bhí ann.[108] Níor thug Mac Grianna cead d'Ó Croiligh an scríbhinn a chóipeáil ach shuigh sé leis ar feadh dhá uair an chloig gur léigh an taighdeoir a raibh inti. Le linn an dá uair a chloig sin d'éirigh leis an Athair Ó Croiligh cúpla sliocht a scríobh amach agus tá siad sin anois sa tráchtas a scríobh sé (17, 79). Cuireann Ó Croiligh síos ar chuid de bhunchnámha an rubaill ag áit amháin sa tráchtas (79): "Tar éis rása carr, agus an scéalaí agus a chairde sa tóir ar na drochpholaiteoirí a thug an t-ealaíontóir ar shiúl leo, tagann siad fhad le rannaí uaigneach." Le cois an mhéid sin, luaitear an carachtar Micheál Ó Néill i sliocht amháin den 'ruball', rud a fhágann gur cinnte gur thagair an dara cuid den saothar ar bhealach éigin, ar a laghad, don chuid a foilsíodh mar aguisín le *Mo Bhealach Féin* thiar i 1940. Diomaite de na sleachta atá sa tráchtas aige, is é an chuimhne is mó atá ag Oilibhéar Ó Croiligh ar an 'ruball' gur léirigh sé cuid mhór den phian a d'fhulaing Mac Grianna san otharlann.

An chéad rud a dtabharfá suntas dó in *Dá mBíodh Ruball ar an Éan* agus sna sleachta atá againn den 'ruball', an nuaphrós glan lúfar sin a shaothraigh Mac Grianna a sheachnaíonn seanráite agus seanchaint na ndaoine agus a bhfuil a iúl ar an insint agus ar an nuashamhail i dtólamh. Tá an cur síos ar bhrionglóid Mhánais in *Dá mBíodh Ruball ar an Éan* (55-56) ar phíosa scríbhneoireachta chomh healaíonta, géarghoileach agus atá againn sa Nua-Ghaeilge. Ina cheann sin, tá an t-úrscéal breac ballach le samplaí de léargas gonta grinnslítheach an údair ar nádúr daoine: "Léigh mé ar ghnúis Liam gach *Yes, sir!* a dúirt a shinsear ó chuir Cromal cruiteannna orthu" (86) agus ansin, ag trácht ar an bhród a bhí ar Mhac Uí Cheannfhaolaidh as an leabhar a bhí sé a scríobh: "má chonaic tú fear cúig dtroigh ag cur i gcéill go raibh sé seacht dtroithe tuigfidh tú an chuma a tháinig air" (88).

Ar leibhéal bunúsach, scéal atá in *Dá mBíodh Ruball ar an Éan* faoi dhaoine agus faoin dóigh a gcaitheann siad lena chéile agus is annamh a fhágann an t-údar an téad sin uaidh. Is é an prós géarshiúlach is fearr a fhóireann don ábhar mar sin de, ní hé amháin do luas na n-eachtraí ach don teannas a bhíonn idir na carachtair. Níl iomrá ar bith ar an chineál deiscríofa atá ag tús *An Druma Mór*, ar ndóigh, nó má tá tírdhreach in *Dá mBíodh Ruball ar an Éan* is é tírdhreach na hintinne é. Nuair a luaitear suíomh le heachtraí an úrscéil, suíomh éigin taobh istigh atá ann de ghnáth: seomraí i dtithe, tithe tábhairne, carráiste traenach agus dá réir sin. Ar an ábhar sin, ní hé amháin gur úrscéal uirbeach é, rud a bhí neamhchoitianta go leor d'úrscéal Gaeilge san am, is é an cineál suímh é a shamhlófa le *film noir* de bharr an atmaisféir dhorcha dhúntaigh atá ann. Ar ndóigh, is geall le siombail den ghruaim agus den ghéibheann iad seomraí Bhaile Átha Cliath i saothar Mhic Grianna, rud a thuigimid go maith ó *Mo Bhealach Féin* go háirithe, agus cothaíonn Mac Grianna an tsamhail sin go coinsiasach in *Dá mBíodh Ruball ar an Éan*: "Thuirsigh an trioc mé fosta. Bhí sé cosúil leis an mhórchuid de chuid tithe Bhaile Átha Cliath, bhí barraíocht de ann. Dar liomsa go bhfuil sé barbartha a oiread trioc a bheith i seomra agus nach bhfóireann sé do intinn an duine a bhfuil ciall aige do eagar fhiliúnta an tsaoil" (84).[109]

Eachtraí an scéil atá in uachtar in *Dá mBíodh Ruball ar an Éan* agus go fiú nuair is é dialann Chathail Mhic Eachmharcaigh atáimid a léamh leathanach ar leathanach, tá sé roinnte go mion agus dáta luaite le gach iontráil sa dóigh go mothaímid go bhfuil an scéal ag gluaiseacht leis ar luas mear. Tá bunús fírinneach le cuid mhaith den úrscéal, mar atá, na grúpaí éagsúla polaitiúla a raibh iomaíocht fhíochmhar eatarthu i Saorstát Éireann sna 1930í. Ainneoin blas na háibhéile a bheith ar chuid de na hainmneacha a bhaisteann Mac Grianna orthu sin: 'Laochra na Saoirse', 'Clann Tuireann' agus 'Tuatha Dé Danaan' (78, 79) gan trácht ar chomhthionól beag Ruairí Uí Chanainn, 'Ruagairí Reatha na Seacht Ríochta' (61), is beag idir iad agus na hainmneacha a bhíothas a thabhairt ar pháirtithe polaitiúla na linne sin: 'Cumann na nGaedhael', 'Fianna Fáil', 'Saor Éire' agus dá réir sin.[110] Is cinnte, fosta, gur cuid de stair an ama sin a liacht páirtí a bhíothas a bhunú, gan fiú nach raibh caint ar lucht tábhairne a bpáirtí féin a bhunú sa am (de Vere White 1967: 10). Chomh maith leis sin, eachtra é an scliúchas a tharlaíonn i 'bhFaiche na Coláiste', ag cruinniú de chuid 'Laochra na Saoirse' (50), a bhí coitianta go leor sna 1930í—más fíor don *Army Comrades Association*, ba de bharr ionsaithe a rinneadh ar a gcuid ball ag cruinnithe den sórt sin a thosaigh siad a chaitheamh na léinte gorma (Regan 1999: 332). Ba é an t-am é, mar a deir Ó Ciosáin (1993: 6), nuair a bhí "na buíonta agus na bruíonta ann", chan amháin in Éirinn ach ar fud na hEorpa. Sampla eile den 'fhíorstair' ar ar bunaíodh imeachtaí *Dá mBíodh Ruball ar an Éan* is ea an claonadh ollsmachtach atá i 'Laochra na Saoirse', dream ar beag a n-aird ar shaoirse: bíodh is go bhfuil siad ag dúil le teacht an chumannachais is é an rún atá acu, idir an dá linn, daoine dífhostaithe a chur i bpríosún faoi shúile 'dochtúirí oibre' (21), rud a thabharfadh cuid polasaithe Stalin i do cheann.[111]

Thairis sin, i dtaca leis an chur síos atá in *Dá mBíodh Ruball ar an Éan* ar shaol na healaíne agus ar shaol na n-ealaíontóirí sa Saorstát sa tréimhse chéanna staire, tá sé sin ag teacht leis an eolas atá againn ó fhoinsí eile comhaimseartha. Mar shampla, sa dráma *The Old Lady Says 'No!'* (1929: 51) le Denis Johnston, pléitear i modh grinn "The Deserving Artists' Support Act, No. 65 of 1926".[112] Níorbh ann don acht i bhfírinne ach baintear úsáid as sa dráma le dearcadh an pholaiteora ar chothú na n-ealaíon a chur i láthair. Acht atá ann, a deir 'an tAire Ealaíon agus Ceardaíochta' sa dráma, a chinntíonn go bhfaighidh an t-ealaíontóir an tacaíocht is dual dó ón rialtas agus a thugann deis don rialtas, san am céanna, 'súil a choinneáil ar an chineál rud atáthar a chur amach' (51). In úrscéal Mhic Grianna molann fear de chuid comhghleacaithe Liam Uí Cheannfhaolaidh, Micheál Beag, gur chóir don rialtas scéim a chur ar bun le cabhair a thabhairt do 'dhathadóirí' (33) ach is é atá le tuiscint ag an lucht féachana nó ag an léitheoir sa dá chás gur mó ar fad an spéis atá ag na polaiteoirí i gceansú na n-ealaíontóirí ná ina gcothabháil.

Más go magúil féin a phléann Johnston dearcadh an stáit i dtaobh an ealaíontóra sa chuid sin de *The Old Lady Says 'No!'*, is léir go raibh a aird ar cheann de phríomhthéamaí *Dá mBíodh Ruball ar an Éan*, go háirithe nuair a deir beirt de na hurlabhraithe agus iad ag caint ar an acht a luadh thuas: "The State supports the artist", "and the artist supports the State" (Johnston 51). Rud úr amach a bhí sa rialtas 'náisiúnta' sna 1920í agus is dócha go raibh nuacht mhór ag baint leis sna 1930í féin. Le linn na mblianta sin, is cinnte go mbíodh ealaíontóirí de gach cineál ag cur aithne ar an *régime* úr agus go mbíodh a n-iúl ar an dóigh a gcaithfí leo mar aicme. D'fhéadfá féintrua agus díomas a chur síos dóibh mar a dhéanann Deane (1985: 31), claonadh a chuireann sé síos do thionchar Yeats don chuid is mó. Os a choinne sin, is cinnte go raibh go leor den fhírinne ag ealaíontóirí a mheas go raibh polaiteoirí na tíre ag iarraidh a leas féin a dhéanamh astu mar a mhaíonn Kiberd agus é ag trácht ar rialtas de Valera (1993: 190).

Níl amhras ná gur thuig de Valera an tábhacht a bhí ag na healaíona sa tsochaí mar fhórsa múnlaitheach a bhféadfaí leas a bhaint as. Is minic a bhí rialtas Fhianna Fáil ina phátrún ar na healaíona—bhí sé ar na chéad orduithe a rinne de Valera nuair a ceapadh ina Thaoiseach é i 1932 coimisiún a thabhairt do dhealbhóir *portrait plaques* a dhéanamh de Chathal Brugha agus Austin Stack le cur leis an bheirt a bhí ann de Michael Collins agus Arthur Griffith. D'ainneoin gur chuir an tionscnamh muintir Brugha ar an daoraí ar an ábhar go raibh siad ag diúltú d'institiúidí an tSaorstáit, críochnaíodh an saothar ach goideadh é sula raibh faill ag an rialtas é a chur in airde (Bhreathnach-Lynch 154-155). Tamall ina dhiaidh sin, tugadh coimisiún don dealbhóir, Oliver Sheppard, dealbh a dhéanamh de Chú Chulainn le go mbeadh sé ar taispeáint in Ardoifig an Phoist mar chuid de chomóradh mór ar Éirí Amach na Cásca a tharla i 1935. Rinne an freasúra, idir Chumann na nGaedheal agus na poblachtaigh, baghcat ar ócáid nochta na deilbhe ar an ábhar gur mheas siad go raibh Fianna Fáil ag iarraidh seilbh a ghlacadh ar chuimhne an Éirí Amach (Bhreathnach-Lynch 155-158). Agus, nuair nach raibh sé ina phátrún go díreach ar na healaíona, thug de Valera a thacaíocht dóibh, go háirithe nuair a mheas sé go raibh an ealaín ag tacú le fís an stáit. Mar shampla, bhí sé féin agus go leor dá chuid airí i láthair ag chéad léiriú *Man of Aran* le Robert Flaherty i 1934 agus i léirmheas a scríobh an staraí Dorothy Macardle, a bhí ina comhghuaillí mór de chuid de Valera, moladh an léiriú a rinne an scannán ar thréithe laochta mhuintir na hÉireann i ndiaidh na mblianta den bholscaireacht fhrith-Éireannach a tháinig roimhe (McLoone 2000: 38).

Is díol spéise, sa chomhthéacs sin, an litir a scríobh Harry Kernoff, ealaíontóir óg a bhain clú amach ina dhiaidh sin,[113] agus an freagra a thug Seosamh Mac Grianna air (FF 191).[114] Ba é an gearán a bhí ag Kernoff nach dtugtaí tacaíocht d'ealaíontóirí an tSaorstáit: "We can count on the fingers of one's hand those who can just live by creative art. No State can exist without Art." I dtaca le Mac Grianna de, bhí a locht sin ar fhir mheánaosta a bhí i gceannas ar gach gné den tsochaí agus a choinnigh ealaíontóirí óga bríomhara in áit na leathphingine. Is é an difear idir litir Kernoff agus litir Mhic Grianna go raibh taithí ag Mac Grianna ar an tacaíocht a thugadh an rialtas d'ealaíontóirí (An Gúm) agus go raibh seanbhlas aige uirthi dá bharr. Ba é an moladh a bhí aige cruinniú a reáchtáil ar a mbeadh cuireadh ar ealaíontóirí óga "to push our demands." Ach ina dhiaidh sin, bhí sé éadóchasach go maith faoin fhreagra a thabharfadh na polaiteoirí orthu: "I hope you understand the longitudinal difference between asking for a thing and getting it."

Cibé acu a bhí tacaíocht tuillte ag ealaíontóirí nó nach raibh, is cinnte gur iarr siad í: thug an t-ealaíontóir Mainie Jellet, a bhí ina hurlabhraí ag scoil nua-aoiseachais Bhaile Átha Cliath ó na 1920í anall, thug sí sraith cainteanna ar Raidió Éireann i 1933 inar cháin sí an neamart a bhí an rialtas a dhéanamh in ealaíontóirí na tíre (Arnold 1991: 147). Ina dhiaidh sin, d'ainneoin an choimeádachais a chuirtear síos do de Valera, ní raibh moill ar bith ar rialtas Fhianna Fáil tacú leis na 'nua-aoisithe' anonn sna 1930í nuair a bhí bonn maith faoin pháirtí sin (Arnold 1991: 136). Ar ndóigh, ba rud é forbairt chultúr an stáit úir a chothaigh rialtais éagsúla an tSaorstáit nó ba sna 1920í agus sna 1930í a cruthaíodh go leor de *iconography* an stáit: boinn agus nótaí airgid, litríocht oifigiúil an stáit, dealbha agus a leithéid. Rud eile is cóir a áireamh, ar ndóigh, gur bunaíodh an stát úr le haidhmeanna gluaiseachta cultúrtha chomh maith le haidhmeanna gluaiseachta polaitiúla a chur i gcrích. Mar sin de, bhí sé de dhualgas ar rialtas ar bith a bhí dílis d'fhorógra na Cásca an athbheochan chultúrtha a chothú agus a thógáil—nó, ar a laghad féin, an chuma sin a chur orthu, agus ba dhoiligh sin a dhéanamh gan chabhair ealaíontóirí. Ba de réir a riachtanais féin, mar sin de, dála pátrúin ar bith eile, a chothaigh an rialtas ealaíontóirí na tíre.

Is é an tábhacht atá le cúlra stairiúil sin *Dá mBíodh Ruball ar an Éan* go dtuigimid uaidh go raibh Mac Grianna ag scríobh go follasach faoi shaincheisteanna a bhain go dlúth leis mar is ríléir ó na litreacha a scríobh sé ar na nuachtáin. Más léargas fíorluachmhar *Dá mBíodh Ruball ar an Éan* ar chúrsaí an ealaíontóra agus ar "ghuagacht na polaitíochta" sna 1930í, mar a mhaíonn Ó Ciosáin (1993: 5), is fíor fosta go bhfuil léiriú ann ar dheacrachtaí pearsanta an údair féin agus é ag déanamh gur chóir meas 'filelaoch' Carlyle a bheith air in aois ina raibh polaiteoirí seachas ealaíontóirí ina laochra. Dála na healaíne féin, bhí bearna le trasnú ag an Ghriannach idir dioscúrsa ealaíne agus cultúrtha an

19ú haois agus dioscúrsa nua-aoiseach an 20ú haois. Is é an trasnú céanna é atá i gceist aige nuair a deir Mánas Mac Giolla Bhríde go mbeidh deireadh leis an chéad seal dá shaol nuair a bheas an leabhar seo scríofa aige (DMRÉ 5) ach is é an deacracht atá aige nach bhfuil a fhios aige cé acu trasnú nó teip atá i ndán dó. Cuntas atá in *Dá mBíodh Ruball ar an Éan*, mar sin, ar ghéarchéim an ealaíontóra i gcoitinne agus ar ghéarchéim ealaíontóra ar leith.

Ní leor a rá gur athraigh Mac Grianna an cur chuige a bhí aige mar scríbhneoir ficsin nuair a scríobh sé *Dá mBíodh Ruball ar an Éan*: ba chirte a rá gur thug sé léim mhór amháin isteach i ré na nua-aoise. Tá struchtúr agus peirspictíocht úr thrialach san úrscéal nár chleacht an t-údar roimhe sin; thairis sin, is saothar iltaobhach é a bhfuil go leor de thréithe an nua-aoiseachais ann. Is leor spléachadh a chaitheamh ar an léirmheas a scríobh Séamus Ó Searcaigh ar lámhscríbhinn *Dá mBíodh Ruball ar an Éan* le cruthú a fháil ar an nuacht a bhí sa saothar nuair a scríobhadh ar dtús é. Cé go raibh go leor de léirmheastóirí an Ghúim a bhí doicheallach roimh ábhar ar bith a scríobh Mac Grianna ar chúiseanna éagsúla—ní léifeadh Énrí Ó Muirgheasa scríbhinn ar bith dá chuid [115]—is léir gur sháraigh ar Mhac Uí Shearcaigh ciall ar bith a bhaint as an úrscéal neamhchríochnaithe ar mhéad a bhí sé éagosúil leis an chineál saothair a raibh sé cleachta leis.[116] Ina dhiaidh sin, ba é breithiúnas an Athar E. Mac an Bhaird gurbh é a locht a laghad (Comhaid an Ghúim N588).

Is i múnla an scéil féin atá cuid mhór de nuacht agus d'fheabhas *Dá mBíodh Ruball ar an Éan* le haithint. Tosaíonn Mac Grianna ar insint ghlan dhíreach, an stíl chéanna chomhcheilgeach a chleacht sé in *Mo Bhealach Féin* (Kiberd 1993: 189; Ó Dochartaigh 1981: 241). Is é an féin-nochtadh sin atá aige an ní is túisce a thuilleann dílseacht an léitheora nó is é an tseift chéanna é a bhíonn ag daoine nuair atá siad ag bunú dlúthchaidrimh le daoine eile, rud a dtugann síceolaithe *self-disclosure* air (Argyle 1967: 70-71, 132-4)—dá mhéad eolas a thugaimid is ea is gaire a mhothaíonn an duine eile dúinn. Ní bhíonn leisce ar an reacaire, Mánas Mac Giolla Bhríde, an t-amhras atá air ina thaobh féin, ná na laigí atá ann féin mar dhuine, a fhógairt agus is é a ionraice neamhchosanta atá sé a fhágann go mbíonn craiceann caidreamhach 'faoistineach' ar a chuid focal. Ina dhiaidh sin, cé go gcothaíonn an Griannach an glór díreach 'faoistineach' sin go healaíonta, ní

rún dó fanacht ina mhuinín i bhfad. Tarraingíonn sé seift eile
reacaireachta air féin go luath ina dhiaidh sin nuair a thosaíonn
Mánas a léamh dhialann Chathail Mhic Eachmharcaigh.

Ar ndóigh, tá an dialann chomh 'faoistineach' agus atá an
cineál faisnéise pearsanta atá againn ó Mhánas ag tús *Dá mBíodh
Ruball ar an Éan*—cé gur dó féin atá Cathal a scríobh in áit do
léitheoir mar atá Mánas. Mar sin de, is é an insint chéanna
chaidreamhach atá againn i ndialann Chathail cinnte, ach in áit a
fhágáil mar sin, is é rud a dhéanann Mac Grianna craicne éagsúla
reacaireachta a chur ceann ar an cheann eile sa dóigh go mbíonn
peirspictíocht an úrscéil ag síorathrú agus go n-athraíonn glór an
reacaire dá réir. Agus más déanamh na pailmseiste atá ar mhodh
inste *Dá mBíodh Ruball ar an Éan*, pailmseist atá i ndialann
Chathail go fíor, nó scríobhann sé é ar bharr téacs eile, Euclid,
rud a thaitníonn go mór le Mánas: "Ní sionnach i gcraiceann
caorach, arsa mise, ach leon i gcraiceann asail, nó ní raibh dúil
riamh in Euclid agam" (27). Lena chois sin arís, cuireann an
Griannach i gcuimhne dúinn i gcónaí gur téacs agus faisnéis
scríofa atáimid a léamh in ainneoin ealaín an údair: "Má théid an
leabhar seo i bhfad beidh iontais inti" (27) a deir Cathal faoina
dhialann agus, ansin, bíonn Mac Giolla Bhríde ag cur síos ar an
dialann féin, líon na nduilleog agus dá réir sin (27).

Mar sin de, cé gur saothar ealaíonta úrscéalaíochta atá in *Dá
mBíodh Ruball ar an Éan*, a mbíonn an léitheoir ar téad aige ó thús
deireadh, is téacs féin-chomhfhiosach é a bhréagnaíonn a ealaín
féin i rith an ama. Léiriú eile atá sa teannas sin idir ábhar agus
múnla in *Dá mBíodh Ruball ar an Éan* ar an ghéarchéim mhór atá
in intinn Mhánais agus a bhí in intinn an údair féin, mar atá, an
bhearna idir an fhilíocht agus an gníomh nó idir an ealaín agus
an saol (DMRÉ 4). Is é an claonadh mór, mar sin, atá i struchtúr
reacaireachta *Dá mBíodh Ruball ar an Éan* dhá cheann na bearna
sin, a mheas an t-údar a bheith ina shaol féin, a thabhairt in
araicis a chéile i gcónaí. Mar léitheoirí, tuigimid gur úrscéal
neamhchríochnaithe atáimid a léamh agus nuair a deir an t-údar
linn ag an deireadh gur 'thráigh an tobar' air, tagann saol agus
saothar an údair, an dá ní sin atá ag brath ar a chéile, in araicis a
chéile go follasach. Ach ní hé sin amháin é, nó bíonn aird na
bpríomhcharachtar i gcónaí ar an líne tanaí sin idir an saol agus
an saothar, an réaltacht agus an tsamhlaíocht. I gcás Mhánais,

téann an dialann i bhfeidhm air go fisiciúil i ndiaidh dó é a léamh, ionas go bhfuil sé mar a shlogfadh an leabhar féin isteach é: "bhí sí in m'intinn agus crá agus teas an údair in mo chuid fola" (55). Agus ní bhíonn an saol mar an gcéanna aige ina dhiaidh: "Thuig mé go bhfuair mé barraíocht eolais ar anam Chathail Mhic Eachmharcaigh le dhul ar mo chúl. Bhí oibleagáid curtha aige orm, bhí mé i mo oidhre ar an bhuaireamh a fuair sé" (57). Is suimiúil go mbíonn an mhóitíf chéanna i sliocht atá sa 'ruball.' Is é atá i gceist go dtéann an scéalaí agus a chairde isteach i dteach mór, áit a bhfeiceann siad pictiúr de chogadh ina bhfuil fear óg ina luí ag fáil bháis ar bhruach abhann: ". . . chuaigh Mícheál Ó Néill anonn, a fhad leis an phictiúr. Chuir sé a lámh leis an fhear a bhí ag fáil bháis ar bhruach na habhna ins an phictiúr. Le sin chuaigh sé i bhfastó sa chanfás, agus an darna rud bhí corp fir amach as an chanfás leis. 'Níl sé marbh go fóill,' arsa seisean. B'fhéidir go bhfuil an t-ádh orainn' " (Ó Croiligh 1973: 79).

Ar bhealach, is buaicphointí in *Dá mBíodh Ruball ar an Éan* iad na hócáidí sin ina ndírítear aird an léitheora go follasach ar an teorainn leochaileach idir an ealaín agus an saol, nó is é ábhar mór an úrscéil an t-idirphlé a tharlaíonn idir an dá ní sin. Shílfeá go minic, gurbh fhearr leis an údar an saol agus an ealaín a bheith glanscartha in áit iad a thabhairt in araicis a chéile, nó is cuid den bhuaireamh a bhíonn ar Chathal Mac Eachmharcaigh nach dtig leis a dhéanamh amach cé acu é féin nó a ealaín atá ag athrú. Tuigimid féin anois gur de ghéarchéim phearsanta Mhic Grianna cuid mhór den bhuaireamh sin, nó bhí an meabhairghalar ag teannadh air sna blianta céanna. Ar ndóigh, ní barúil saineolaí atá anseo ach dhealródh sé don tuata féin go bhfuil cuid de chomharthaí an mheabhairghalair le haithint in *Mo Bhealach Féin* agus in *Dá mBíodh Ruball ar an Éan*, go háirithe an méid atá sa dá leabhar faoi bhrionglóidí agus faoi íomhánna a bhí ag cur isteach ar an údar in *Mo Bhealach Féin* (101, 145) agus ar Mhánas agus ar Chathal in *Dá mBíodh Ruball ar an Éan*, mar shampla, an iontráil dialainne seo ag Cathal: "Tá miantaí agam fá chladaí suaimhneacha mara agus fá loingis i lár farraige, agus tá siad ag briseadh mo chroí" (26-27). Ina cheann sin, tá an chuma ar go leor de na hiontrálacha i leabhair nótaí Mhic Grianna go raibh an meabhairghalar ag fabhrú ann, go háirithe iontráil amháin a scríobhadh go gairid i ndiaidh 'shamhradh 1935':

5 years' complete isolation, temperance and chastity. You must never
forget to exercise and massage the head. You must take great
care of the teeth.
You must lie and contemplate for long periods. You must have a
calender.
A table for the day's work.
You must have no picture of men before your eyes, you must try and
not look at anybody. You must daily evolve a small piece of
philosophy.
You must neither worry or regret. You can write to Peggy weekly.
Programme of work. Plan of campaign. Development of mind
and body.[117]

Is feidhm eile de chuid an úrscéil iltaobhaigh seo, mar sin, gur
teiripe phraiticiúil é don údar féin ina bhféachann sé leis an
ghéarchéim bheo, a bhí á mhearú san am, a chur de. Is soiléire an
teiripe sin sa chomhrá a bhíonn ag Cathal Mac Eachmharcaigh le
Micheál Ó Néill áit a gcuireann Micheál comhairle air faoin
'athrú' a bhí ag cur caite air: "Deir Micheál nach bhfuil in mo
ghalarsa ach an t-athrach ó nós amháin dathadóireachta go dtí
ceann eile" (DMRÉ 40). Freagraí ar imní Chathail atá sa chuid
eile den chomhrá agus iad uilig ag tabhairt uchtaigh dó as a éirim
féin agus ag insint dó bheith foighneach, nó mar a deir Micheál
féin: "Chomh luath géar agus a chaill tusa suim in do chuid oibre
thoisigh tú, gan fhios duit féin, a chuartú oibre eile" (41). Tá
freagra ag Micheál ar gach ceist dá chrua í agus tagann siad sin
ina sruth ó Chathal. Is é an chríoch atá ar an turas beag spioradál-
ta go teach Mhichíl go mbíonn Cathal ag déanamh a scíthe cois
tine agus gan de phléisiúr uaidh ach é (45).

Tá cosúlacht mhór idir pearsa Mhichíl agus an t-ealaíontóir
idéalach, Cúchonnacht, atá sa scéal 'Dhá Chroí Cloiche' (DD 32-
37), idir a fhearúla féinmhuiníní uilefheasaí atá Cúchonnacht mar
dhuine agus an seomra a dtugtar 'coim na hoíche' air ina
ndéanann reacaire an scéil a chomhrá leis: "duine againn ar gach
taobh den tine, agus bhí mé ag coimhéad ar scáile a chinn, agus an
folt fada cas agus an fhéasóg a bhí air, ag éirí soiléir agus doiléir
mar thiocfadh oibriú ar an bhladhaire" (DD 32). Is amhlaidh a
chaitheann Cathal an choicís ag Micheál Ó Néill in *Dá mBíodh
Ruball ar an Éan* : "Chan muid ar art agus ar an tsaol chois na
tineadh seo mar nár chan mise le bliain" (40), agus Micheál á
shuaimhniú agus á chomhairliú i rith an ama. Más *guru* é Micheál a

bhfilleann Cathal air nuair atá sé in éadóchas faoina ealaín—deis le "breathnú siar ar mo shaol" (40) a thugann Cathal ar an choicís a chaitheann sé le Micheál—is é an dála céanna ag Mac Grianna é a fhilleann ar phearsa láidir dhearfach a chruthaigh sé ina shaothar féin roinnt blianta roimhe sin[118] agus a mbaineann sé úsáid as mar chrann taca agus mar *alter ego* lena chuid buartha a phlé.

Le cois na bpeirspictíochtaí éagsúla a shaibhríonn struchtúr *Dá mBíodh Ruball ar an Éan*, cuireann leagan amach teamparálta na reacaireachta go mór leis an saibhreas neamhchoitianta sin. Is sampla den leagan amach sin é athchruthú, nó athlonnú, charachtar Chúchonnacht in *Dá mBíodh Ruball ar an Éan*, carachtar a 'thug sé isteach' ó ré eile ina shaothar. Ach is i gcarachtar Mhánais Mhic Giolla Bhríde atá an chuid is tábhachtaí den aistriú teamparálta sin le feiceáil. Níl amhras ná gur air féin a bhunaigh Seosamh Mac Grianna pearsana Mhánais agus Chathail. Tosaíonn faisnéis Mhánais san áit ar stad *Mo Bhealach Féin*—ag caint ar an siúl a bhí déanta aige agus na daoine a casadh air agus ag fiafraí de féin cad é an tairbhe a bhí leis, é ag iarraidh "nuair a bheadh an lá deireanach siúil déanta agam a bheith cinnte go dtug an bealach áit inteacht mé a mb'fhiú tarraingt uirthi" (DMRÉ 1). I dtaca le Cathal, is ionchollú é ar an chuid is cráite de phearsantacht Mhic Grianna agus is finné é ar an chaidreamh thubaisteach achrannach a bhí ag Mac Grianna le polaiteoirí agus leis an stát. Dála Mhic Grianna, fógraíonn Cathal an deireadh a tháinig ar réim a ealaíne le habairt ghonta dhíomuach: "Is cuma liom fán tsaol mhór. Tá mo urchar caite" (55). Bíodh is go bhfuil siad bunaithe ar an Ghriannach a mbeirt, tá difear idir an dá charachtar gan amhras—is mó a shamhlófá an dúil sa siúl agus san eachtraíocht le Mánas agus meon an fhíorealaíontóra le Cathal—ach ina dhiaidh sin, is iad na príomhcharachtair iad i dteiripe phearsanta féinstiúrtha Mhic Grianna, dar liom. De réir na teiripe sin, is é Mánas an t-údar mar a bhí sé a dhó nó a trí de bhlianta sular ghéaraigh an ghéarchéim phearsanta go mór air agus is trí shúile 'oibiachtúla' Mhánais a scrúdaíonn Mac Grianna an tsáinn spioradálta shíceolaíoch ina bhfuil sé i 1935 agus is trí dhialann Chathail Mhic Eachmharcaigh a théann sé siar go cróineolaíoch ar na céimeanna a thug ansin é.

Ar ndóigh, is doiligh ag Mánas bheith oibiachtúil nó tá géarchéim phearsanta ag fabhrú ann féin, rud a thuigimid go

maith ó fhíorthús an úrscéil nuair a admhaíonn sé go bhfuil an
chinnteacht agus an diongbháilteacht a bhraith sé ina phearsan-
tacht nuair a bhí sé fiche bliain d'aois, go bhfuil sin caillte aige
agus go bhfuil sé anois "ar an tseachrán ar bhóithre achrannacha
an tsaoil" (1). Admhaíonn sé fosta go raibh sé "dúthuirseach den
tsaol" nuair a bhí sé tríocha bliain d'aois agus is fiú a lua go bhfuil
iontráil i gceann de leabhair nótaí Mhic Grianna a chuireann
béim ar an eolas sin: "Part of the plot—the time, about thirty
when a man dies" (leabhar nótaí 2). Tá go leor d'fhaisnéis
Mhánais ag tús an úrscéil ar léir go bhfuil sé bunaithe ar shaol an
údair féin, mar a luadh cheana. Ag amharc siar dó ar a bhfuil
cruthaithe aige ina shaol, deir Mánas nár tháinig sé chun an tsaoil
agus bua na filíochta leis: "chan de na rífhilí sin mise" (4).
D'aithneofá ansin an tuiscint a bhí ag Mac Grianna ar bhua na
filíochta agus ar na 'rífhilí', rud a fuair sé féin ón traidisiún
Gaelach agus ó smaointeachas Carlyle. Dá chosúla é leis féin,
áfach, fágann Mac Grianna pearsa Mhánais saor ó chuid den
chéasadh anama a bhí ag cur ar an údar féin ionas go dtig le
Mánas feidhmiú mar 'bhleachtaire' a bhfuil aige le dul siar ar
dheireadh shaol Chathail go hoibiachtúil. Ar ndóigh, is ar an
ábhar go bhfuil sé féin ar seachrán sa saol a bhíonn dáimh ag
Mánas le Cathal ach ina dhiaidh sin is uile, bíonn dóchas ag an
léitheoir nach dtitfidh an t-iriseoir isteach sa duibheagán inar
cailleadh an t-ealaíontóir nó is duine é Mánas atá ar an chlaí idir
dhá chineál saoil: "Tá fir eile ann a bhfuil mé níos gaolmhaire
dóibh; na fir a mbíonn sé eadar dhá cheann an mheáchain cé acu
a scríobhfas siad filíocht nó a rachas siad chun an Domhain Thoir
agus a dhéanfas siad éachtaí" (4) agus mar sin de, is é is fearr le
cás Chathail a fhiosrú.

    Cé acu de thaisme nó a mhalairt é, tá cosúlachtaí móra idir an
'fiosrú' a dhéanann Mánas agus an cineál fiosraithe a tharlaíonn i
scéalta bleachtaireachta agus i scéinséirí (*thrillers*) na 1930í agus
1940í. Cé gur iriseoir é Mánas is geall le bleachtaire é sa mhéid go
mbíonn sé ag síorchuardach eolais agus scéalta ó dhaoine atá sáite
i *milieu* comhcheilgeach polaitíochta, daoine nach dtugann eolas
uathu ach ar mhaithe lena leas féin a dhéanamh. Agus é ag
smúrthacht thart fá theach Liam Uí Cheannfhaolaidh, ag amharc
ar an seomra inar chónaigh Cathal Mac Eachmharcaigh sula
bhfuair sé bás, tagann Mánas ar an dialann agus sánn isteach ina

phóca é nuair a chluineann sé duine éigin ag teacht (DMRÉ 27). Is é an fiosrú rúnda indíreach sin an gnó a thugann chun an tí a chéaduair é, nó cé go bhfuil sé ansin mar iriseoir le fáil amach an fíor go bhfuil Liam "ag teacht i láthair cách mar fhear de chuid ceann feadhain *Laochra na Saoirse*" (22), is ag smaoineamh ar chás Chathail Mhic Eachmharcaigh atá Mánas nuair a théann sé chuig teach an pholaiteora agus mothaíonn sé boladh na comhcheilge ar an tsráid féin, 'Sráid na Scadán Beag'—sráid a bhí mórlu-achach lá den saol ach ar cuireadh míchlú uirthi nuair a bhí siad ag cur Gaeilge ar shráidainmneacha Bhaile Átha Cliath (22). Ansin, sula dtéann sé isteach sa teach, cuimhníonn Mánas ar an scéal a insíodh dó gur thug Liam Ó Ceannfhaolaidh an seomra do Chathal lena shábháil ó theach na mbocht ach tá sé féin in amhras gur le Cathal an teach ó thús agus dar leis, má bhí an scéal fíor "gur dhona an dóigh a bhí air istigh ag an choimhthíoch agus gur mheasa ar ais í má ba leis féin an teach ó thús" (23). Mar sin dó, cé go bhfuil Mánas ag iarraidh an fhírinne a fháil faoi ráfla a bhaineann le saol na polaitíochta, tá cúinsí eile príobháideacha aige lena fhiosrú féin a dhéanamh ar scéal Chathail Mhic Eachmharcaigh.

Arís, is saibhride *Dá mBíodh Ruball ar an Éan* mar úrscéal an pheirspictíocht dhéach sin atá ag Mánas agus é ag cuardach scéil taobh istigh de scéal, rud a fhaigheann sé nuair a sciobann sé an dialann. Go díreach mar a bhíonn léitheoir *Dá mBíodh Ruball ar an Éan* ag léamh dhialann Chathail thar ghualainn Mhánais agus ag léamh thuairimí Mhánais uirthi ina dhiaidh sin, is í peirspictíocht an té atá ag cúlchoimhéad nó ag cúléisteacht atá in uachtar san úrscéal agus is ag cúléisteacht a bhíonn Cathal féin nuair a chluineann sé faoin dúnmharú atá Liam Ó Ceannfhaolaoidh agus Fear na Leathshúile a bheartú (48). Idir sin agus suímh dhorcha uirbeacha an úrscéil, chomh maith leis an chaint ghonta atá ann go minic, blas agus déanamh an scéinséara atá ar *Dá mBíodh Ruball ar an Éan*. Is dócha gur iomrall aoise a bheadh ann tréithe an *film noir* a chur síos d'úrscéal Mhic Grianna ar an ábhar go luaitear an *genre* sin scannán leis an tréimhse idir 1941 agus 1958 (Harvey 1978: 33), cé go raibh a fhréamhacha sna scéinséirí a tháinig roimhe sin (Gledhill 1978: 13). Ach is é an scéinséir 'forbartha' sin, an *film noir*, is cosúla le húrscéal Mhic Grianna ar leibhéal struchtúrtha.

Ar na cúig thréith a chuireann Gledhill (1978: 14) síos do
struchtúr an *film noir*, tá trí cinn acu sin atá le haithint go réidh ar
Dá mBíodh Ruball ar an Éan, mar atá: "1) the investigative structure
of the narrative; 2) plot devices such as voice-over or flashback, or
frequently both; 3) proliferation of points of view". Baineann an
dá shaintréith eile leis an dóigh a gcaitear leis an 'bhanlaoch' in
film noir: "4) frequent unstable characterisation of the heroine; 5)
an 'expressionist' visual style and emphasis on sexuality in the
photographing of women." Cé nach amhlaidh a chaitear leis na
mná in *Dá mBíodh Ruball ar an Éan*, tá gnéithe de charachtaracht
na   mban   san   úrscéal   atá   ag   teacht   go   hiomlán   le
bancharachtaracht *film noir*. Is é atá i gceist, an charachtaracht
'dubh agus bán', an dóigh a ndéantar dhá aicme fhreasúracha de
bhancharachtair   mhóra   *Dá   mBíodh   Ruball   ar   an   Éan*.[119]
Samhlaítear   duáilcí   uile   na   bantrachta   le   bean   Liam   Uí
Cheannfhaolaidh,   bean   nach   bhfuil   d'ainm   ag   Cathal   Mac
Eachmharcaigh uirthi ach 'An tÁibhirseoir'. Os a choinne sin, tá
Anna Ní Mhaoileoin ann, leabharlannaí ar thug Mánas Mac Giolla
Bhríde   toil   di   ar   feadh   seala   ach   a   phós   Cathal   Mac
Eachmharcaigh ina dhiaidh sin. Cé gur léir go raibh cion ag
Mánas uirthi tráth agus go bhfuil sí ina céile dílis géilliúil ag
Cathal, níl Anna féin saor ó locht, dar le Mánas, dá éagosúla leis
an 'Áibhirseoir' í (DMRÉ 9-10). Ina dhiaidh sin, tuigimid gurb é
an fiamh atá aige le hAnna is cúis le Mánas na mná a chur i
gcosúlacht le "beathaigh allta" (8), nó is dual don té a diúltaíodh
bheith searbh.

An drochmheas atá ag Mánas ar na mná, tá sé le sonrú tríd
síos an úrscéal. Is léir ó na nótaí a rinne an Griannach don
leabhar go raibh sé ar intinn aige 'aineolas' na mban a nochtadh
in *Dá mBíodh Ruball ar an Éan*: "Conversation in middle class
houses—the priests, churches, the seven visits. Women praising
books they didn't understand" (leabhar nótaí 2), agus cuirtear an
t-aineolas céanna sin síos don 'Áibhirseoir' agus d'Anna Ní
Mhaoileoin a mbeirt san úrscéal nuair a thugann siad a mbarúil ar
chúrsaí litríochta (DMRÉ 63, 84). Ach is í an tÁibhirseoir is mó a
thuilleann drochmheas Mhánais agus Chathail, cránn sí Cathal
agus is í a thiomáineann Liam Ó Ceannfhaolaidh. Mar sin féin, is
é an ról tánaisteach atá ag bancharachtair *Dá mBíodh Ruball ar an
Éan* is mó is cúis leis an leatrom a dhéantar ar na mná san úrscéal.

Dá éagosúla Anna agus an tAibhirseoir lena chéile, is é an ról céanna tánaisteach atá le himirt acu beirt sa mhéid go bhfuil siad ansin le freastal a dhéanamh ar a bhfear: Anna mar a bheadh banaltra ann, ag tabhairt aire don ealaíontóir cráite agus an tAibhirseoir mar a bheadh cnámh droma ann ag Liam, nó mar a deir Cathal nuair atá Liam faoi bhagairt: "Tá an tAibhirseoir gnoitheach ag iarraidh a mhuineál a choinneáil ina sheasamh díreach" (51). Arís, is é an dála céanna ag bancharachtair an *film noir* é, mar a mhaíonn Place (1978: 35): "Women are defined in *relation* to men."

Thar aon ní eile, áfach, is é an fiosrú, atá ag croí an *film noir* agus *Dá mBíodh Ruball ar an Éan* araon, an ceangal is láidre atá eatarthu agus is i seomra Chathail Mhic Eachmharcaigh a chuireann Mánas tús leis an fhiosrú sin amhail bleachtaire atá i ndiaidh teacht ar láthair dúnmharaithe. Ní dúnmharú litriúil fisiciúil atá Mánas a fhiosrú, ach is geall le dúnmharú aige é an dóigh ar fáisceadh an dóchas agus an mheanma as an ealaíontóir. Is é an cheist atá le socrú ag Mánas, cé acu a tháinig an meath ar Chathal go nádúrtha nó a rinne an polaiteoir agus a bhean a chabhóg. Arís, ní fhéadfá gan 'spéis phearsanta' an údair a aithint anseo agus an iarracht a bhí sé a dhéanamh dul siar go cróineolaíoch, tríd an fhiosrú atá idir lámha ag Mánas, ar na céimeanna a thug é go dtí an tsáinn phearsanta ina bhfuil sé féin i 1935.

Ar na nithe is mó a gcuireann Mánas sonrú iontu agus é ag dul siar ar 'chéimeanna' Chathail, tríd an dialann agus an seomra ina mbíodh sé ag péinteáil, tá an t-athrú sin "ó nós amháin dathadóireachta go dtí ceann eile" a luann Micheál Ó Néill. Níl de shamhail ag Mánas dá bhfeiceann sé i seomra Chathail ach Purgadóir (DMRÉ 24) agus i ndiaidh dó cuntas a thabhairt ar na huafáis a bhí le feiceáil sna pictiúir a chumhdaigh gach orlach de na ballaí, deir sé nach mbeadh sé baol ar chomh scáfar "ach go bé go raibh siad *cubist-classical*" (25). "Níorbh fheasach dom," a deir sé ina dhiaidh sin, amhail is dá mbeadh sé ina ábhar scannail, "go raibh dúil ar bith ag Cathal sa chineál sin riamh." Dála Chathail féin, is é an fhadhb atá ag Mánas nach dtig leis a dhéanamh amach cé acu a bhaineann an t-athrú, agus 'an galar', leis an ealaíontóir nó leis an ealaín féin.

Tuigimid i gcás Mhic Grianna féin go raibh a ealaín ag athrú ar an dóigh chéanna a bhfuil ealaín Chathail ag athrú san úrscéal.

Dhéanadh Cathal pictiúir a raibh téamaí soiléire Gaelacha le haithint orthu agus teidil Ghaelacha orthu dá réir: 'An Droighneán Donn' agus 'Teacht Oisín', mar shampla (14,15). Ansin, nuair a thosaíonn sé ar an stíl úr a chleachtadh, tá cuma dhuairc thruaillithe ar gach rud, tá an tseanchinnteacht imithe agus a chomharthaí sin ar an mhéid de na pictiúir ar féidir ciall a bhaint astu: cláirseach bhriste in áit amháin agus aingeal a bhfuil eascann dhubh á hithe (24-25) agus an t-ainm atá scríofa faoi ag teacht leis an ábhar: 'In Ainm Dé agus Shlóite na Marbh'. Athrú den chineál chéanna, ar ndóigh, a bhí ag teacht ar ealaín Mhic Grianna sa mhéid go raibh sé féin ag bogadh, de réir a chéile, i dtreo an nua-aoiseachais agus go raibh sé ag fágáil na seanmhúnlaí agus na seantéamaí ina dhiaidh. In áit bheith ag scríobh faoi phobal na Gaeltachta, pobal uirbeach an suíomh úr atá aige agus go fiú ansin, ní luaitear ach ealaíontóirí, polaiteoirí agus iriseoirí ach sa bheag. Is den nua-aoiseachas é an bhéim sin ar phobal uirbeach ealaíontóirí agus is den nua-aoiseachas é fosta go leor eile de thréithe *Dá mBíodh Ruball ar an Éan*: tionchar na scannánaíochta, an t-osréalachas atá i bpictiúir Chathail agus i mbrionglóid Mhánais, agus an spéis a chuirtear sa tsíceolaíocht féin. Bhí tábhacht ar leith le brionglóidí agus leis an tsíceolaíocht in ealaín an nua-aoiseachais mar gheall ar an tionchar a bhí ag saothar Freud ar an ghluaiseacht (Bradbury and McFarlane: 128), nó, mar a mhíníonn Máirtín Ó Cadhain (1969: 30-31), ba iad 'fionnachtain' Freud a bhréagnaigh an bunús a bhí le *realism* an 19ú haois nuair a léirigh sé nárbh fhéidir an cine daonna a thuiscint i gceart gan trácht a dhéanamh ar an chuid sin de dhéanamh an duine nach raibh scrúdaithe ag an 'eolaíocht nádúrtha' go dtí sin, mar atá, an fo-chomhfhios, brionglóidí agus a bhfuil ar siúl "faoin mblaoisc bheag sin" (31).

An alltacht sin a chuireann an ealaín nua-aoiseach *cubist-classical* ar Mhánas nuair a mhaíonn sé go raibh rud éigin truaillithe mínádúrtha ann, is é an cineál dearcaidh é a bhí coitianta go leor i measc an ghnáthphobail nuair a chuaigh siad a amharc ar thaispeántais na gciúbaithe sna fichidí. Mar shampla, nuair a taispeánadh roinnt pictiúr le Mainie Jellet i mBaile Átha Cliath i 1923 thug léirmheastóir de chuid *The Irish Times* "freak pictures" ar a raibh ann agus thug AE, ar scríbhneoir agus ealaíontóir é féin, "sub-human art" ar an ealaín úr (Arnold 1991: 80). I gcomhthéacs *Dá mBíodh Ruball ar an Éan*, mar sin, is meafar é an ciúbachas den deighilt atá idir an t-ealaíontóir agus an pobal, sampla *par excellence* den íomhá sin a dtráchtann Deane air: 'an t-ealaíontóir ina laoch a bhfuil abhlóirí ar gach taobh de'. Ní thuigeann an pobal Cathal agus ní thuigeann siad a ealaín. Ina cheann sin, áfach, bhí go leor ealaíontóirí a bhí in amhras faoi ealaín nua-aoiseach na gciúbaithe, san am a rabhtas ag saothrú na stíle sin, agus ba é a dhála sin ag Mac Grianna é agus é gafa idir na seanmhúnlaí agus na múnlaí úra scríbhneoireachta.

Ina dhiaidh sin is uile, is ar thaobh an ealaíontóra a bhíonn Mac Grianna i gcónaí agus ar an ábhar sin, cuireann sé géarchéim agus táirchéim Chathail síos don drochúsáid a thugann an tsochaí amuigh dó. De réir an eolais a thugann Mánas dúinn faoi Chathal, déantar eachtrannach den ealaíontóir de réir mar a fhágann sé an tseanstíl réalaíoch Ghaelach ina dhiaidh agus a chromann sé ar an stíl úr theibí ina háit. Ní hé amháin nach dtuigfidh an pobal an stíl úr, ach ba dhóigh leat, ó fhianaise Mhánais, go bhfuil Cathal á cleachtadh le holc nó le dímheas ar an phobal daoine atá thart air. Is í an óráid a thugann Cathal ag Feis Bhéal Átha Luain an chéad leid atá againn air sin—deir sé gur cheart pictiúir a thaispeáint ag na feiseanna, chomh maith le ceol agus damhsa a bheith ann, ionas go dtarraingeofaí iúl na ndaoine ar an dathadóireacht (DMRÉ 16). Mothaíonn Mánas rud beag ina ghlór a thugann air a mheas nach raibh an t-ealaíontóir iomlán dáiríre fána raibh le rá aige. Ansin, nuair a théann Mánas a chur ceisteanna ar Chathal faoin óráid, agus iad istigh i gcarráiste na traenach, cuireann Anna an lasóg sa bharrach ag rá le Mánas go raibh Cathal ag smaoineamh le fada "gur cheart baint a bheith ag art agus polaitíocht le chéile" (DMRÉ 18). Ligeann an t-ealaíontóir a racht leo, ag insint dóibh "nach bhfuil baint ar bith eadar art agus saint . . . . Níl baint ar bith ag na daoine seo a bíos ag inse don tsaol mhór gur lena leas atá siad, níl baint ar bith acu liomsa. Níl siad ach ag iarraidh mo scrios, do mo mharbhadh achan lá" (18). Cé gur ar pholaiteoirí atá Cathal ag caint, d'fhéadfadh sé bheith ag caint ar an phobal uilig diomaite de phobal na n-ealaíontóirí nó níl pobal ar bith eile ann in *Dá mBíodh Ruball ar an Éan* amach ó na hiriseoirí atá beo ar na grabhróga a chaitheann na polaiteoirí leo.[120]

Tá cruthú éigin air sin sa chlabhsúr thubaisteach a chuireann Cathal lena racht feirge nuair a stróiceann sé a phictiúr go gcaitheann amach ar fhuinneog na traenach é. B'fhearr le Cathal a shaothar a lot agus a chaitheamh ar an charn aoiligh ná a dhíol nó a thabhairt don slua atá i ndiaidh a "iarraidh intleachta agus anama" (DMRÉ 41). Cé gurb iad na polaiteoirí agus 'luachanna' lucht na polaitíochta atá ag dó na geirbe i gCathal, is minic saol na polaitíochta ina shamhail den phobal mhór in *Dá mBíodh Ruball ar an Éan*. 'Art agus polaitíocht', 'art agus saint' an dá ní a chuirtear in aghaidh a chéile sa chomhrá sin a tharlaíonn i gcarráiste na traenach, ach níl sa pholaitíocht agus sa tsaint, dáiríre, ach an chuid is measa den saol atá ann taobh amuigh den ealaín. Is ón saol sin uilig atá Cathal ag éalú agus is é an t-éalú sin is cúis leis an "athrach ó nós amháin dathadóireachta go dtí ceann eile" a luann Micheál Ó Néill. Má shíl sé nár chóir don ealaín agus don pholaitíocht bheith seachantach ar a chéile tráth, is é a mhalairt ghlan a chreideann sé anois. Ní hé amháin gur cuma leis cé acu a thuigfidh an pobal a ealaín nó nach dtuigfidh, b'fhearr leis gan faill a bheith acu amharc uirthi ar chor ar bith.

Arís, tá gnéithe de bheathaisnéis Mhic Grianna le haithint go soiléir ar an mhéid sin: an dímheas ar an pholaitíocht a nochtar in *An Druma Mór* agus an tseirbhe atá ag an Ghriannach agus é ag trácht ar na páirtithe polaitiúla ag tús *Mo Bhealach Féin*. Agus thairis sin uilig, an neamhaird atá aige ar bharúlacha an chine dhaonna: "is cuma liom a gcabhair ná a gcealg." Níl amhras nó bhí an deighilt sin idir 'art' agus polaitíocht fréamhaithe go domhain in intinn Mhic Grianna, rud is léir ó chaint a thug sé ag 'Éigse Uladh' i 1972 nuair a chuir sé síos ar an difear a bhí idir a shaothar féin agus saothar a dhearthár de réir na dtéarmaí céanna, is é sin gur thóg Seosamh féin le '*art*' ach nach raibh a dhath ag cur bhuartha ar Shéamus ach "*propaganda*" (Ó Conluain 1973b). Cuireann an ráiteas sin casadh breise sa cheist a mhúscail Liam Ó Dochartaigh ar bhunús an ainm chleite 'Iolann Fionn': gurbh fhéidir gur thagair sé don difear a bhí idir an dá dhearthair, go háirithe nuair a áirímid gur leasdeartháireacha iad Cathal agus Liam in *Dá mBíodh Ruball ar an Éan* agus go n-insítear dúinn go bhfuil Liam tuairim ar dheich mbliana níos sine ná Cathal (66)—an difear céanna aoise a bhí idir Séamus agus Seosamh.[121] Luann Mag Shamhráin (1989: 44) an chosúlacht atá idir cás Sheosaimh Mhic Grianna, an té a fuair "an toirtín mór agus an mhallacht" (MBF 10), mar a chuireann sé féin síos air, agus cás Chathail Mhic Eachmharcaigh ar fágadh airgead le huacht aige ach ar fágadh i dtuilleamaí a dhearthár é nuair a chaith sé an t-airgead.

Tá gné eile den chodarsnacht sin idir an ealaín agus an pholaitíocht le sonrú sa difear atá idir iriseoireacht Mhánais agus ealaín Chathail. Is é atá i gceist, an úsáid chaite spadánta a bhaineann lucht polaitíochta agus iriseoireachta as teanga an laochais. Tá sampla den chineál sin sa cheannlíne a chumann Mánas don *Támhach Táisc Laethúil*: " 'An bpillfidh Liam Ó Ceannfhaolaidh? Deir sé go bhfuil sé ag feitheamh leis an fhaill leis an chuaille comhraic a bhualadh' " (17). Is minic fosta a bhíonn tagairtí don tseanscéalaíocht agus don Fhiannaíocht i mbéal Mhánais: "báitheadh iadsan agus tháinig mise" (15) nó, in áit eile, an mana a bhíodh ag Goll Mac Morna gan "Comhairle mná ó thuaidh nó ó dheas" a dhéanamh (72). De ghnáth, samhlaítear na tagairtí sin do ré an laochais le caint bhréagach éigneasta lucht polaitíochta san úrscéal: na hainmneacha a thugann siad ar a gcuid páirtithe agus go fiú an páipéar nuachta atá ag 'Laochra na Saoirse' a bhfuil 'An Tua Chatha' air (20).

I dtaca le Cathal, is é rud a fhágann sé ré an laochais nó ré an nua-bhréaglaochais ina dhiaidh nuair a thosaíonn sé ar an chiúbachas a chleachtadh. Má léirigh sé ómós don laochas agus don náisiúntacht roimhe seo, is a mhalairt atá le léamh ar na teidil úra atá aige, 'Éigeas i nGéibheann' agus 'An Chláirseach Bhriste' (53). Teidil iad sin a thagraíonn don mhí-úsáid a bhaineann polaiteoirí náisiúnaíocha as ealaíontóirí go ndéantar sclábhaithe nó príosúnaigh díobh. Ar an ábhar sin, fógraíonn Cathal a amhras faoi chúis an náisiúin i gcomhrá a bhíonn aige le Liam agus leis an 'Áibhirseoir' ina dtéann sé a mhagadh orthu (38-39). Ag an phointe sin sa dialann cuireann Mánas a ladar isteach ag rá nár chóir don léitheoir a shíleadh nach raibh Cathal dílis do "throid na saoirseachta" (38). Níorbh é ar chor ar bith é, a deir Mánas, ní raibh ann ach go raibh fuath aige ar na polaiteoirí seo. Arís, d'fhéadfá an difear idir dearcadh Chathail agus dearcadh Mhánais a shamhlú leis an athrú comhairle a tháinig ar Mhac Grianna féin sna 1930í faoi chúis an náisiúin agus ról an ealaíontóra.

Maidir le fiosrú Mhánais, ní fada go bhfuil sé socair ina intinn gur Liam Ó Ceannfhaolaidh agus a bhean a 'mharaigh' Cathal Mac Eachmharcaigh nuair a rinne siad príosúnach cráite de i dteach ar leis féin é ó cheart. Níorbh í an ealaín a rinne a chabhóg ach na bithiúnaigh a bhí thart air á mhaslú agus á chreimeadh de shíor, dar le Mánas. Meafar atá sa mhéid sin, ar ndóigh, den ghreim a mheas Mac Grianna a bheith ag an Saorstát úr, lena bhunaíocht pholaitiúil, ar ealaíontóirí na tíre. Ba ar an séala sin a bunaíodh an Gúm, dar leis, le healaíontóirí a mhearú agus a smachtú le maorlathas. Ach ba é an rud ba mheasa den iomlán gur ghoid lucht na polaitíochta oidhreacht cheart na n-ealaíontóirí go díreach mar a ghlac Liam seilbh ar an teach a fágadh le huacht ag Cathal. Is é atá i gceist, de réir mheafar Mhic Grianna, gurbh é an t-aos dána agus eagna oidhrí cearta Éirí Amach 1916 ach gur sciob dream brabúsaithe a n-oidhreacht sin uathu.

Ar ndóigh, ní bheifeá i bhfad ag aithint gur ag cur síos ar a tháirchéim phearsanta féin a bhí Mac Grianna ansin fosta. B'fhada é ag brath ar státseirbhísigh lena chuid leabhar a chur i gcló agus ar pholaiteoirí le tacú leis nuair a bhí an Gúm ag diúltú ábhair leis. Bhí Mac Grianna searbh go maith fán aicme chéanna daoine, bíodh sé sin tuillte acu nó ná bíodh, ach is dócha gur mhothaigh sé go raibh sé faoi chomaoin acu dá ainneoin féin agus gur gheall le príosúnacht aige é dá bharr sin. Is cinnte go raibh sé ag brath ar 'chairde' a raibh céimíocht acu sa stát le go bhfoilseofaí a oiread dá shaothar agus a ligfeadh dó bheith beo ar an scríbhneoireacht amháin. Tá a fhianaise sin sa chomhfhreagras a bhí ag an Ghriannach le Tomás Ó Deirg a bhí ina Aire Oideachais i rialtas Fhianna Fáil idir 1932 agus 1948 (Breathnach agus Ní Mhurchú 1997: 152-153). Maíonn Mac Grianna sa chomhfhreagras sin gur iarr an t-aire air 'a dhícheall a dhéanamh' agus go gcuideodh sé féin leis dá réir.[122] Ba in éadan comhairle léirmheastóirí inmheánacha agus eagarthóirí an Ghúim a foilsíodh *Pádraig Ó Conaire agus Aistí Eile* i 1936 agus *Na Lochlannaigh* i 1938, rud a fhágann gur dócha go ndearna duine éigin eile an cinneadh agus ba é an tAire Oideachais, ar ndóigh, an té a bhí i gceannas ar an Ghúm.[123] Luann an Griannach an abairt chéanna sin faoina 'dhícheall a dhéanamh' roinnt uaireanta sa chomhfhreagras a bhí aige leis an aire agus an chuma air go raibh sé ag tagairt don chomhrá a bhí eatarthu: i gcomhad *Na Lochannaigh* "nach bhfuil mé ag déanamh mo dhíchill" agus arís nuair a chuir sé lámhscríbhinn *Dá mBíodh Ruball ar an Éan* chuig Ó Deirg: "I have done my very best." Ach is mar gheall ar dheireadh na lámhscríbhinne céanna sin a bheas cuimhne ar an abairt sin i gcónaí: "Rinne mé mo dhícheall agus is cuma liom" (DMRÉ 89).

Samhail a fhóireann go maith do sháinn an ealaíontóra in *Dá mBíodh Ruball ar an Éan* is ea scéal Prometheus a luann Mánas: "Ní thiocfadh liom de shamhailt a thabhairt di [dialann Chathail] ach scéal Phrometheus, an neach a ceangladh den chreig nuair a bhí na seandéithe óg sa Ghréig" (DMRÉ 29). Dia a bhí i bPrometheus féin ach ba ar an ábhar gur ghoid sé tine don chine dhaonna a cheangail Zeus é de charraig le go sracfadh na hiolair a ae gach lá ina dhiaidh sin. Goethe agus Shelley a d'athbheoigh an seanscéal Gréagach agus is iad is cúis le Prometheus a bheith ina shiombail ó shin den ealaíontóir réabhlóideach a thug dúshlán na n-údarás ar son an chine dhaonna agus a d'fhulaing céasadh ar a shon.[124] An mhairtíreacht agus go fiú an mheisiasacht sin atá i scéal Prometheus, is iad is mó a thaitneodh le Mac Grianna mar shamhail dá chás féin, nó ba é an Griannach, dar leis féin, a bhí ag déanamh an eolais do chlanna Gael chuig an 'tobar nach dtráifeadh go deo' ag deireadh *Mo Bhealach Féin* (178) go dtí gur thráigh an tobar sin air i 1935 i ndiaidh ar fhulaing sé ó bhunaíocht an stáit. Is é macasamhail shean-Mhurchaidh é, seanchaí *An Druma Mór* a shamhlaítear le Goll Mac Morna ar an charraig agus é ag aithris 'Laoi Ghoill' i measc na mbodach óg nach bhfuil aird acu air.

Ar ndóigh, is í an tsamhail is fearr leis féin a roghnaíonn Mac Grianna do chruachás an ealaíontóra agus dá chruachás féin in *Dá mBíodh Ruball ar an Éan*. Léiríonn sé an iarracht a bhí an Griannach a dhéanamh san úrscéal deireanach sin a sháinn féin a sheachtrú agus a chur síos do dhaoine eile ar státseirbhísigh agus polaiteoirí iad de ghnáth, a bhí ag brú coinníollacha áirithe oibre agus maireachtála air. Ach dá mhéad a chuireann Mac Grianna an ealaín agus an pholaitíocht go lom in éadan a chéile in *Dá mBíodh Ruball ar an Éan*, tá a oiread céanna fianaise ann san úrscéal gur thuig an t-údar go raibh sé ag plé le feiniméin a bhí níos uilíche agus níos caolchúisí go mór ina dhiaidh sin. Is é sin, an saol

príobháideach agus an saol poiblí, an duine aonair agus an
tsochaí, an saol agus an saothar, an réaltacht agus an tsamhlaíocht,
an fhoirm agus an t-ábhar, agus an teorainn leochaileach
éalaitheach atá eatarthu sin uilig. Is den réimse sin uilig an saothar
uileghabhálach beathaisnéise atá in *Dá mBíodh Ruball ar an Éan*
agus an éirim fhoirmiúil atá ann: na peirspictíochtaí éagsúla, an
reacaireacht iltaobhach, na cineálacha éagsúla faisnéise agus na
dioscúrsaí comhthreomhara atá pléite sa chaibidil seo.

Dá fheabhas an saothar foirmiúil litríochta atá in *Dá mBíodh
Ruball ar an Éan*, áfach, is é an streachailt agus an t-uafás daonna
ónar fáisceadh é a bhuantréith. Mar ba dhual don údar i gcónaí,
níor ob sé an dúshlán a thug sé air féin ná níor fhág cuid ar bith dá
phearsa ná dá anam saor ón chorraíl agus is ar an ábhar sin is cuí a
rá gur saothar iomlán uileghabhálach é *Dá mBíodh Ruball ar an Éan*.
Is é cruacheist an úrscéil é cé acu cúiseanna inmheánacha nó
cúiseanna seachtracha is bun le géarchéim Chathail, cé acu ar an
ealaín féin nó ar an saol ina bhfuil sí beo atá an locht, cé acu an
duine féin nó an tsochaí is ciontaí. I mbeagán focal, is é dúthomhas
na scitsifréine féin é—cé acu cúiseanna inmheánacha néareo-
laíocha nó cúiseanna sóisialta seachtracha is údar leis an ghalar?

Is mór an lón eolais againn é agus an cheist sin idir chamáin,
an staidéar scolártha idirdhisciplíneach atá déanta ag Louis Sass,
ollamh le síceolaíocht chliniciúil, ar an ghaol atá idir ealaín na
nua-aoisithe agus an meabhairghalar: *Madness and Modernism*
(1992). Pléann Sass an chosúlacht mhór atá idir comharthaí sóirt
na scitsifréine agus comharthaí sóirt an nua-aoiseachais: an
coimhthíos, an 't-inmheánú', an teibíocht, agus an diúltú
d'údarás, mar shampla. Tá an claonadh le haithint ar shaothar
réimse leathan údar agus ealaíontóirí: Kafka, Beckett, Nietzsche,
Alfred Jarry agus Antonin Artaud ina measc. Cé gur leasc leis
cúiseanna ar leith a chur síos don ghalar, maíonn Sass go
dtiocfadh leis an chultúr nua-aoiseach tionchar múnlaitheach a
imirt ar an scitsifréine (368). Ina cheann sin, luann sé fianaise
fhíorspéisiúil a bhailigh antraipeolaithe i dtíortha éagsúla a
mhaíonn gur lú ar fad cásanna na scitsifréine i measc pobal
traidisiúnta tuaithe neamhthionsclaithe ná i measc pobal uirbeach
tionsclaithe (362-364). De réir staidéir amháin, níorbh ann don
scitsifréine i bpobal amháin ach sa bheag, go dtí gur thosaigh fir
óga a dhul a obair sna cathracha agus ag teacht ar ais (362).

Fágann fianaise an staidéir sin ar fhorbairt na scitsifréine gur deacra arís a rá cé acu atá an ceart ag Micheál Ó Néill, 'teiripeoir' Chathail, nuair a deir sé nach bhfuil ina ghalarsan ach "an t-athrach ó nós amháin dathadóireachta go dtí ceann eile" (DMRÉ 40). Ar ndóigh, ní hí an scitsifréine an galar atá i gceist ag Micheál ach an tsuim atá caillte ag Cathal ina chuid oibre. Os a choinne sin, is doiligh an neamhshuim sin a scaradh ón ghéarchéim mhór atá taobh thiar de. I gcás an údair féin, is féidir gurbh é a bhí sa ghéarchéim sin ná tús na scitsifréine féin ach, gan fianaise dochtúra ar bith a bheith againn a déarfadh gur scitsifréine a bhí ag teacht ar an údar nuair a bhí sé ag scríobh *Dá mBíodh Ruball ar an Éan*, níl fágtha againn ach an tuairimíocht. Ba é a scríobh a bhean, Peggy, sa litir a chuir sí le lámhscríbhinn *Dá mBíodh Ruball ar an Éan* nuair a cuireadh isteach chuig an Ghúm an dara huair í i Mí Eanáir 1936, go raibh an Griannach an-tinn: "I am sending in this book for God's sake: I ask you send me this money as soon as possible. Joe is very ill" (DMRÉ 93). Nuair a chuimhnímid, fosta, ar an fhianaise atá i leabhair nótaí an údair agus san úrscéal féin ar an chéasadh intinne, is deacair a chreidiúint nach raibh an tsláinte intinne ag cur air go mór nuair a bhí sé ag scríobh *Dá mBíodh Ruball ar an Éan*.

Cibé páirt a bhí ag an mheabhairghalar i gceapadh úrscéal deireanach Sheosaimh Mhic Grianna, is cinnte nár fhág sé uireasa ar bith ar ábhar ná ar dhéanamh *Dá mBíodh Ruball ar an Éan* ach a mhalairt, b'fhéidir. Tháinig ag an údar a shaol agus a shaothar a thabhairt in araicis a chéile go dtí gur dhoiligh aithint eatarthu má ba lena aimhleas féin é. Is féidir, nuair a áirímid a mhéad a d'íobair agus a d'fhulaing an Griannach le go mbeadh an saothar ann ar chor ar bith, nárbh áibhéil ar bith a chás a shamhlú le scéal Prometheus, mar a shamhlaigh Mánas cás Chathail. Is cinnte go luíonn a leithéid de shamhail leis an chinniúint laochta a chum an t-údar dó féin: 'rí-éigeas na nGael san fhichiú céad', agus an tragóid a lean.

Is éachtach an saothar é *Dá mBíodh Ruball ar an Éan* i gcomhthéacs nualitríocht na Gaeilge nó is ann is mó a d'fhíoraigh Mac Grianna an tionscnamh a chuir sé roimhe féin an chéad lá riamh, prós na Gaeilge a chur in oiriúint do shaol an 20ú haois. Is ann fosta a sháraigh Mac Grianna an t-oideas coimhthíoch a fuair sé sa litríocht in institiúidí éagsúla oideachais agus stáit, ón uair a bhí Shakespeare ina mhála scoile leis (PÓC 110) go dtí an uair a cuireadh a aistriú úrscéalta Béarla é don Ghúm. Is ar an ábhar sin atá tábhacht láidir shiombalach le Cathal Mac Eachmharcaigh a dhialann a scríobh ar bharr Euclid, téacsleabhar eile scoile, nó murar críochnaíodh *Dá mBíodh Ruball ar an Éan* i 1935, is amhlaidh a thug Seosamh Mac Grianna le fios dúinn a oiread a bhí le sárú aige agus a oiread a bhí bainte amach aige go dtí sin.

Caibidil 9

CONCLÚID

Dá gcuireadh aon duine ceist orm goidé an fáth a bhí leis an tsiúl
bheadh obair agam freagra a thabhairt air.

(MBF 159)

B'fhusa breithiúnas cothrom a thabhairt ar shaothar Sheosaimh
Mhic Grianna dá mbeadh an saothar féin cothrom,
aonchineálach. Ní sraith úrscéalta a scríobh sé ná *corpus*
gearrscéalta, ach meascán de bhunús gach cineál scríbhneoireach-
ta a bhíothas a shaothrú lena linn: stair liteartha, critic, scéalta
stairiúla, beathaisnéisí, dírbheathaisnéis, leabhar taistil, aistí,
aistriúcháin le cois na n-úrscéalta agus na ngearrscéalta féin. Ní hé
an suirbhé mór cróineolaíoch is fearr a fhóireann do shaothar
Mhic Grianna, is é rud is gá an saothar a atógáil de réir téamaí, sin
nó seift éigin eile a chuardach. Cibé acu dá dheoin féin nó dá
ainneoin féin é, diúltaíonn saothar Mhic Grianna ó thosach báire
don chineál oidis a sholáthraíonn instidiúidí oideachais dúinn le
saothar údair a mheas. Ba é an rud céanna é nuair a thug an
Griannach cúl don seomra ranga féin nuair a chonacthas dó go
raibh: "an domhan mór cruacheangailte le téada a bhí teannta
aníos agus síos agus crosach ar a chéile mar na línte atá i leabhar
rollaí" (MBF 8).

Is é an diúltú sin don riail, i ndeireadh na dála, a thugann
dúshlán an léitheora agus a thugann air léamh cruthaitheach
ceisteach a dhéanamh ar shaothar Mhic Grianna in áit an bealach
a shiúl leis go géilliúil creidmheach. Ní mó ná go bhféadfaí
glacadh le gach rud a insítear dúinn in *Mo Bhealach Féin*—tá sé
mórtasach ceanndána bunús an ama ach oscailte neamhchosanta
ina dhiaidh sin—agus is é an meascán céanna sin a fhágann gurb
ionann go minic saothar Mhic Grianna a léamh agus agallamh nó
allagar a bheith agat leis an údar. Cúlra Mhic Grianna féin is cúis
le cuid den chontrárthacht sin ó thús ama: fear Gaeltachta a bhí
ann a bhí 'ar an dúchoigríoch i measc na nGall-Ghael'; scríbh-
neoir cruthaitheach próis a bhí ann ach b'fhearr leis an Stát é a

bheith ina aistritheoir; meánaoisí a bhí ann a bhí ar seachrán san 20ú haois.

Is iad na contrárthachtaí agus an chaismirt sin uilig, a chrosann orainn saothar Sheosaimh Mhic Grianna a shuí go compordach i roinn éigin réamhcheaptha, a éilíonn an léamh idirghabhálach atá ag croí an leabhair seo. Dá mhéad iad na contrárthachtaí sin, áfach, tá go leor de shaothar Mhic Grianna atá leanúnach comhghnásach coimeádach. Thug sé leis an chuid is fearr den traidisiún ársa béil agus tá a shliocht sin air sa dóigh a n-umhlaíonn sé i gcónaí do luachanna an traidisiúin sin idir laochas agus chinniúnachas. Bíodh sé ina chrann smola nó ina réalta eolais aige, ba í an mhuinín a chuir Mac Grianna ina chinniúint féin a chruthaigh an miotas pearsanta atá ina shaothar agus ní dócha go mbeadh sé leath chomh suimiúil gan an meascán sin den mhórtas agus den éadóchas. I rith an ama, ar ndóigh, lean sé traidisiún níos nuabhunaithe nuair a thóg sé le smaointeachas Carlyle, *Young Ireland*, agus rómánsachas an 19ú haois agus tá an chomaoin mhór a chuir na húdair sin ar an Ghriannach le sonrú ar *Dá mBíodh Ruball ar an Éan* féin, in ainneoin a nua-aoisí atá an t-úrscéal sin.

I dtaca le laochas an traidisiún bhéil agus nualaochas Carlyle agus *Young Ireland*, is féidir a mhaíomh gur traidisiún ann féin a bhí sa tsintéis sin nuair a áirímid a oiread a scríobh 'Máire' faoin dá théad sin gan trácht ar Niall Ó Dónaill féin. Más ceadmhach 'traidisiún' a thabhairt air sin, is traidisiún é a bhaineann le hoibrithe Éireannacha an 19ú haois, macasamhail Frainc Ac Gairbheath agus an Mháistir Mac Comhail a luaitear in *Saol Corrach* agus na fir 'féinteagasctha' sin ar spreag Carlyle iad, de réir fhianaise Yeats. Ba den traidisiún céanna é an dúil a bhí ag Seosamh Mac Grianna i bhfilíocht Mangan agus ba mháistrí scoile, an Máistir Mac Comhail agus an Máistir Ó Baoill,[125] a chothaigh suim 'Mháire' agus Sheosaimh Mhic Grianna san fhile sin, rud a dhearbhaíonn, arís eile, an ról tábhachtach a bhí ag máistrí scoile i bhforbairt thraidisiún náisiúnachais an 19ú haois.

Is é a dhílse a bhí Seosamh Mac Grianna don traidisiún sin a dhéanann urlabhraí *par excellence* de ar son thraidisiún na Gaeltachta féin. Bíodh is gur minic é ciontach sa chúigeachas sin a mbíonn sé féin anuas air—cáineann sé an cúigeachas ag tús *Na*

Lochlannaigh (7), mar shampla, ach deargchúigeachas atá aige féin in *Pádraig Ó Conaire agus Aistí Eile* (5-6)—ba chuid de thraidisiún na Gaeltachta é an dílseacht do do dhúiche féin thar dhúiche ar bith eile. Lena chois sin, maíonn an Griannach dáimh go minic ina chuid aistí le muintir uile na Gaeltachta gan fiú le muintir Ghaeltacht na hAlban (FF 202), ach ba é an t-éacht ba mhó a rinne sé, le hurlabhra a thabhairt dá mhuintir féin, *An Druma Mór* a scríobh. Taobh le *Cré na Cille*, is ansin atá an cuntas is fearr atá againn ar sháinn na Gaeltachta agus é curtha i gcomhthéacs cruinn sóisialta polaitiúil. Tairseach mhór stairiúil a bhí i ngnó an 'Druma' agus tá fianaise ann go raibh eachtraí den chineál sin chomh cinniúnach céanna nuair a tharla siad in áiteanna eile sa tír mar a mhaíonn Glassie (1982: 8), a bhfuil cur síos aige ar eachtraí a tharla i gceantar tuaithe i bhFear Manach atá díreach cosúil le príomheachtraí *An Druma Mór*, agus ar thairseach mhór in 'éabhlóid chultúrtha' na háite iad dar leis.[126] Is ar an ábhar go raibh an t-údar féin sáite i stair na ndaoine atá an pheirspictíocht atá in *An Druma Mór* chomh grinn is atá sé agus ní hiontas é go bhfuil cuid de dhírbheathaisnéis Mhic Grianna féin san úrscéal i gcarachtar an ghasúir, Donnchadh Sheáin Eoin. Le cois an tsaibhris staire atá in *An Druma Mór*, tá léiriú ann chomh maith ar chuid de sheanacmhainní mhuintir na Gaeltachta sa scigaithris a dhéanann an Griannach ann. Is ansin fosta atá peirspictíocht an 'taobh istigh' nó is leis an scigaithris a ionsaítear ionradh sin na polaitíochta agus na 'réabhlóide crábhaidh'.[127]

Le linn dó bheith ag scríobh *An Druma Mór* agus é i mBaile Átha Cliath, fuair Mac Grianna taithí ar thimpeallacht a bhí saor ar an chúngach sin a shamhlaigh sé leis an chaidreamh mhíshona a bhí idir an baile beag agus an Ghaeltacht. Ar ndóigh, bhí an tír roinnte ina trí cuid aige roinnt blianta roimhe sin i 1924, nuair a scríobh sé an aiste 'Galar na Gaeltachta' (24-26), ag maíomh go bhféadfadh muintir na cathrach an Ghaeltacht a shábháil ach iad a thaispeáint do mhuintir na Gaeltachta gur amaidí dóibh bheith ag déanamh aithrise ar bhéasa an bhaile bhig. Más fíor do Saint-Exupéry, "L'Homme se découvre quand il se mesure avec l'obstacle", fuair an Griannach a dhúshlán cruthaitheach sa chathair. Is tríd an phlé a bhíonn ag Mac Grianna leis an timpeallacht uirbeach is fearr a fheicimid an traidisiún agus an acmhainn samhlaíochta a bhí ar chúl an údair agus arís, is ar an ábhar go raibh an oiread sin d'oiliúint a mhuintire sa Ghriannach atá an t-idirphlé sin chomh beo agus atá sé.

Ba den oiliúint sin é 'mínádúrthacht' a shamhlú leis an chathair agus ba dá bharr sin a mhothaigh Mac Grianna *frisson* áirithe agus é amuigh ag siúl shráideanna Bhaile Átha Cliath san oíche, mar a bheadh sé ag déanamh rud a bhí crosta air. Is sna siúlóidí sin, creidim, a thosaigh an Griannach a theacht ar theorainn nó ar imeallchríoch éigin idir an rud a bhí ina eolas agus an rud a raibh uafás an osnádúir ann. Tá cur síos ar eispéireas den chineál sin in *An Druma Mór* nuair atá fir an choiste damhsa ag glanadh an halla i ndiaidh dhamhsa oíche Fhéile Pádraig. Ba dhoiligh an píosa áirithe sin a shárú mar fhianaise ar an fholús atá le sonrú ar áit a bhí lán gleo agus beochta ach a bhfuil na daoine i ndiaidh imeacht aisti:

> . . . bhí ceithre ballaí an tí mar bheadh dreach duine a chaillfeadh codladh na hoíche ann. Bhí uaigneas amh tuirseach inti. Bhí marbh-phian ar an aer, dar leat.
>
> Chuir na fir a bhí ar an choiste isteach na suíocháin agus scuab siad an t-urlár. Chruinnigh said ansin agus chaith siad a gcuid píopaí. Bhí siad cosúil le taiseanna, ina seasamh ansin. Bhí sé iomlán oíche ó thug na seandaoine leo a gcorónacha Muire agus dúirt siad an paidrín ar imeall uafásach na síoraíochta. (DM 34)

Is é an t-eispéireas céanna é atá ag Mac Grianna an oíche a siúlann sé sráideanna Bhaile Átha Cliath i ndiaidh Chuimhneachán Fhuascailt na gCaitliceach i 1929. Is nuair a chluineann sé "na mílte d'fhuaimeanna miona ag teacht go tiubh sa mhullach ar a chéile" (A 64)—bratacha a bhí ag séideadh sa ghaoth—a bhraitheann sé arís an talamh eadrána sin idir an saol seo agus saol eile anaithnid. Má tá ciall níos doimhne leis na heachtraí sin is é go raibh Mac Grianna ag tabhairt dhúshlán a oiliúna féin, go raibh sé ag sárú na dteorainneacha sin a bhí leagtha síos roimhe agus á athchruthú féin dá réir.

Is é an cineál sin eispéiris a bhí Mac Grianna a fháil sa chathair a chuidigh leis ar leibhéal amháin a shaol a chaitheamh le scríbhneoireacht agus bheith beo ar a shamhlaíocht féin. Ar ndóigh, mar a deir sé féin, "tá greim amháin ag an tsaol uilig orainn . . . . Bhí an t-arán le cuartú agus ní fhásann an chruithneacht ar an uaigneas" (MBF 8). Ba é an Gúm arán laethúil Mhic Grianna ar

feadh seal maith ama ina dhiaidh sin ach níor chothú ar bith dá
shamhlaíocht a fuair sé ansin ach a mhalairt. An choimhlint sin a
bhí ag Mac Grianna leis an Ghúm, chuaigh sé in angadh ina
intinn gan amhras, ach is dócha gur díomá leis an stát féin agus,
leoga, le muintir na hÉireann, a bhí ag déanamh tinnis dó thairis
sin. Ar bhealach amháin, ba é an stát úr Éireannach a chuir saol
Mhic Grianna in aimhréidh i gceart nó thug sé dóchas bréige dó
go luath ina shaol go bhfaigheadh sé áit i lár an tsaoil nuair ba é
an t-imeall an áit ba dhual dó bheith. Ba é a dhála céanna é ag go
leor den tsochaí Éireannach san am, nó cé gur cruthaíodh an stát
le go mbeadh guthaíocht agus aitheantas ag ceantair imeallacha i
lárionad cumhachta na tíre, níorbh é go díreach a tharla. Tá a
fhianaise sin san eachtra ar ar bunaíodh *Adrigoole* (1929) le Peadar
O'Donnell—leabhar a d'aistrigh Mac Grianna féin—nuair a fuair
teaghlach i gContae Chorcaí bás den ocras (Hegarty 1999: 166-
167). Tá a fhianaise fosta san imirce mhór a dhéantaí ó cheantair
in iarthar na hÉireann go dtí le déanaí. Os a choinne sin, is iomaí
treise a fuair an t-imeall ar an lár, rud a thug ar shocheolaithe
bheith ag caint ar *the periphery-dominated centre*, mar a luadh i
gcaibidil a seacht, ach is feiniméan é sin nár le leas ghnáthmhuin-
tir cheantair imeallacha na hÉireann é nó má bhí céimíocht
bainte amach ag go leor de bhunadh na Gaeltachta agus de
bhunadh na tuaithe féin i mbunaíocht an Stáit úir, ba i mBaile
Átha Cliath a bhí an chumhacht pholaitiúil i gcónaí agus má
b'fhíor do lucht an nuachtáin Ghaeltachta, *An t-Éireannach*, ba
bheag an chabhair sin do mhuintir na Gaeltachta.

Ar ndóigh, thug Mac Grianna cúl don stát agus do na
'leathchairde'—an aicme sin státseirbhíseach a mbíodh sé ina
gcuideachta tráth, agus a raibh gaol aige le cuid acu. Is é an diúltú
sin don talamh láir agus don só meánaicmeach a dhealaíonn Mac
Grianna amach óna chomhghleacaithe agus ón chuid is mó dá
chomhscríbhneoirí Gaeilge. Chuaigh sé amach a chuardach a
dhúshláin féin agus fuair sé sin ar na teorainneacha, i measc na
ndíláithreach agus i gcúlsráideanna cluthara Bhaile Átha Cliath.
Nuair nach raibh macasamhail Uí Neachtain ag teacht chuige a
chur a fhealsúnacht chorr chnapánach in iúl dó (MBF 45-50),
chuaigh sé amach a lorg eispéireas agus barúlacha a bhí antois-
ceach nó éagsamhalta ar dhóigh nó ar dhóigh eile. Is dócha gur
sin an fáth atá leis an siúl, le gnó *Eli Ben Alim*, le goid an bháid

agus leis an dáimh a mhaíonn sé leis an fhear dhubh, Mac Mhaitiú
(MBF 95), i measc go leor nithe eile atá in *Mo Bhealach Féin*. Nuair
atá an Griannach ag seachaint chiall chomhghnásach na sochaí in
Mo Bhealach Féin tá sé ag claonadh leis an oideam atá ag Saussure
go bhfuil an chiall uilig *idir* an *signifiant* agus an *signifié*[128] nó, mar
a mhaíonn Mac Grianna, 'taobh thall den scáth bheag focal' a
chuirimid ar an saol. Is ar na hócáidí sin ina shaothar a aimsíonn
Mac Grianna imill nó teorainneacha an tsaoil—an halla i ndiaidh
an damhsa, nó an chathair i ndiaidh na féile cuimhneacháin—a
léiríonn sé a éirim shoilseach shuaithní.

Is den nua-aoiseachas é an dúshlán a chuireann an Griannach
faoi sheoraithe agus faoi ailt chreidimh a chomhghleacaithe agus
an tóraíocht a dhéanann sé dá réir sin ar imill agus ar theorain-
neacha an tsaoil. Is ionann sin agus bheith páirteach, i bhfios nó
gan fhios, i ngluaiseacht idirnáisiúnta an nua-aoiseachais. Is é an
rud a thugann fuinneamh agus fís ar leith don Ghriannach, san
athchruthú a dhéanann sé ar an saol a bhí thart air, é féin a
bheith sáite i ndioscúrsa cultúrtha an 19ú haois agus i seanchultúr
laochta na Gaeltachta—dlúth agus inneach an ní sin a dtugann sé
'an mhéin rúin' air. Is é an claochlú cruthaitheach a thug Mac
Grianna ar an mhéin rúin sin atá le blaiseadh ar *Dá mBíodh Ruball
ar an Éan*. Iarracht bheo atá san úrscéal deireanach sin ar ualach a
dhúchais, agus ualach an mhiotais phearsanta a d'fhás as sin, a
chur de. Mura raibh an tnúthán agus an uaillmhian mheisiasach
sa Ghriannach ní dócha gurbh ann don ghéarchéim atá ag croílar
an úrscéil sin. Is é an rud a dhéanann an t-údar san úrscéal sin na
contrárthachtaí agus na coimhlintí a raibh sé ag streachailt leo go
dtí sin a chur in éadan a chéile d'aon iarraidh amháin ionas go
mbíonn an iliomad peirspictíochtaí ag baint bairr dá chéile. Is
féidir gurbh é a thug deireadh anabaí ar an úrscéal sin an iarracht
a rinne an Griannach an chaismirt uilig a réiteach agus dhá
cheann na gcoimhlintí sin uilig a thabhairt le chéile. Más é a
tharla, is amhlaidh a sháraigh ar an Ghriannach a chomhairle féin
a dhéanamh gan cinnteacht ná réaltacht éigin dho-athraithe a
lorg ach an éadáil a bhaint as an mhéid atá idir na teorainneacha
a cheap muid don saol. Tá oireas againn air sin ag tús *Dá mBíodh
Ruball ar an Éan* nuair a deir Mánas Mac Giolla Bhríde gur mhaith
leis fios a bheith aige, nuair a bheas deireadh siúlta aige, gur thug

an bealach é áit éigin arbh fhiú tarraingt uirthi (1). Is é an mearbhall atá ar Mhánas go gcreideann sé gur féidir ceann scríbe a bhaint amach nuair is é an siúl féin is tábhachtaí.

Samhlaíonn Descartes an litríocht agus an léitheoireacht le comhrá a dhéanamh le húdair na nglúnta a tháinig romhainn, samhail a fhóireann go maith do shaothar Sheosaimh Mhic Grianna.[129] Tá miotas láidir pearsanta taobh thiar den ghlór chaidreamhach chomhcheilgeach sin gan amhras, ach ina cheann sin, tugann sé urlabhra don traidisiún eagnaí cianaosta ar fáisceadh as é. Ina dhiaidh sin, agus dá ainneoin féin uaireanta, tugann saothar Mhic Grianna fianaise ar an aois ina raibh sé féin beo, aois nach raibh moill ar bith air dul i ngleic léi murar théigh a chroí léi i gcónaí. Tugann sé fianaise ar shaol iomlán nár ghnách le scríbhneoirí Gaeilge na 1920í agus na 1930í drannadh ar bith a bheith acu leis: an spealadh mór, an díláithriú, 'faicseanachas' (*factionalism*) an tSaorstáit agus an saol uirbeach. Nuair a rinne sé sin, chuir sé a shamhlaíocht fhial rafar a léiriú saol a bhí ceilte ar nua-Ghaeil an tSaorstáit arbh fhearr leo ómós a thabhairt do *Hidden Ireland* na staire ná aghaidh a thabhairt ar an saol a bhí thart orthu. Ní beag an íoróin é gur den *Hidden Ireland* Mac Grianna é féin.

Ócáidí aitis agus iontais iad na hócáidí sin ina ndíríonn Mac Grianna samhlaíocht agus acmhainní sin na hÉireann rúin, a raibh sé féin sáite inti, ar shaol an 20ú haois. Tá na hócáidí sin chomh suaiteach ag an léitheoir gur geall le hócáidí osnádúrtha féin iad. Is é is ciall leis sin, creidim, gur geall le duine a thabhairt ar ais ó ríocht na marbh é fianaise Mhic Grianna ar an saol uirbeach a léamh nó ní raibh teagmháil cheart ag traidisiún na Gaeilge leis an saol úr suaithní sin go ndeachaigh Ó Conaire agus Mac Grianna ina araicis. Is cinnte go ndearna cuid de scríbhneoirí na luath-athbheochana iarracht litríocht Ghaeilge a bhunú ar shaol na cathrach, mar a mhíníonn O'Leary (1995: 401-455), ach is beag talamh a rinneadh dáiríre go dtí gur thosaigh Ó Conaire. Níl amhras nó mhothaigh Mac Grianna go raibh sé cosúil le taise a tháinig ar ais ar an saol nuair a shamhlaíonn sé é féin leis an oiread sin de phearsana na staire in *Mo Bhealach Féin*. Is é an cineál mothaithe é a ndéanann Máirtín Ó Cadhain (1969: 41) trácht air nuair a deir sé go raibh "aois na heilite móire" aige nuair a scríobhadh sé i nGaeilge. I ndeireadh na dála, is é atá in

aistear meoin agus méine Mhic Grianna ná comhlíonadh thionsc-
namh na hathbheochana féin idir theanga agus litríocht.

Murar óraice focal amháin nó tréith amháin a chur síos do
Sheosamh Mac Grianna, nuair ba dhroch-chinniúint dó féin
bheith ag iarraidh ceann scríbe a bhaint amach, is féidir a rá nach
bhfuil muid ach ag tosú a thuiscint cad é an oidhreacht a
chruthaigh sé dó féin agus an chomaoin a chuir sé orainne:

> . . . na daoine eile, in Ultaibh, i Laighnibh, sa Mhumhain agus i
> gConnachtaibh, mo bheannacht dóibh! Má chaill siad níor chaill,
> agus má bhuaigh siad níor dhochar dóibh é. Bhí siad sin liom riamh.
> Beidh siad liom choíche. (MBF 173)

NODA

A   *Ailt: Saothar Sheosaimh Mhic Grianna Cuid a dó*, Mac Congáil eag. 1977, An Cabhán: Coiste Foilsitheoireachta Chomhaltas Uladh.

CC 1   *Cora Cinniúna 1*, Ó Grianna, Séamus, 1993, Baile Átha Cliath: An Gúm.

DD   *Dochartach Duibhlionna agus Scéalta Eile*, Mac Grianna, Seosamh, 1976, An Cabhán: Coiste Foilsitheoireachta Chomhaltas Uladh. (Mac Giolla Chomhaill, Anraí eag.).

DM   *An Druma Mór*, Mac Grianna, Seosamh, 1969, Baile Átha Cliath: Oifig an tSoláthair.

DMRÉ   *Dá mBíodh Ruball ar an Éan*, Mac Grianna, Seosamh, 1940 (1992), Baile Átha Cliath: An Gúm.

ERN   *Eoghan Ruadh Ó Néill*, Mac Grianna, Seosamh, 1931, Baile Átha Cliath: An Gúm.

FF   *Filí Agus Felons*, Mac Congáil eag. 1987, Cathair na Mart: Foilseacháin Náisiúnta Teoranta.

FI   *Filí Gan Iomrá*, Mac Grianna, Seosamh, 1926 (1991), in Mac Giolla Domhnaigh, agus Stockman eag., *Athchló Uladh*. Muineachán: Comhaltas Uladh: 135-160.

GG   *An Grá agus an Ghruaim*, Mac Grianna, Seosamh, 1929 (ND), Baile Átha Cliath: Longman, Brún agus Ó Nualláin Teo. (Ó Dónaill, Niall eag.).

MBF   *Mo Bhealach Féin*, Mac Grianna, Seosamh, 1940 (1965), Baile Átha Cliath: An Gúm.

MR   *Micheál Ruadh*, Ó Grianna, Séamus ('Máire'), 1977 (1925), Béal Feirste: Clódóirí Feirste.

NBÓ   *Nuair a Bhí Mé Óg*, Ó Grianna, Séamus ('Máire'), 1942 (1979). Corcaigh: Mercier.

PÓC   *Pádraig Ó Conaire Agus Aistí Eile*, Mac Grianna, Seosamh, 1936 (1969), Baile Átha Cliath: An Gúm.

RF   *Rann na Feirste*, Ó Grianna, Séamus ('Máire'), 1942, Baile Átha Cliath: An Press Náisiúnta.

SC   *Saol Corrach*, Ó Grianna, Séamus (Máire), 1945 (1981), Corcaigh: Mercier.

NÓTAÍ

[1] Tá mé ag glacadh leis an eolas a thug Mac Grianna do Mhuiris Ó Droighneáin (FF 11-16). Cé gur 15 Eanáir 1901 an dáta breithe atá ar theastas breithe an údair, is é is dóichí gur cláraíodh an bhreith go mall.

[3] Ó Searcaigh (1933); Ó Droighneáin (1936); (Mac an Bheatha (1970); Ó Croiligh (1973); Ó Dónaill (1990); Mac Congáil (1990b) agus Ó Muirí (1999).

[4] Pádraig Ó Baoighill a bhí ar cuairt ar an Ghriannach i 1953 tráth a bhí sé sin ina chónaí i gCluain Tarbh (Mac Eachmharcaigh: 2000).

[5] Tá mé ag brath ar an eolas atá ag Ó Droighneáin (1936: 210) agus (1971: 17). Bhunaigh Ó Droighneáin an méid atá aige faoi shaol Mhic Grianna ar litir a chuir an t-údar chuige ach nach raibh dáta ar bith léi (FF 11-16; 209). Is féidir, mar sin de, nach bhfuil an t-eolas faoin dáta cruinn ach thuigfeá ó fhianaise Uí Dhroighneáin agus ón dáta atá ar an litir a chuir 'Máire' chuig Ó Droighneáin mar chuid den tionscnamh céanna (20.12.27) gur i 1928 a scríobh Seosamh Mac Grianna a litir.

[6] Féach Mac an Bheatha (1970: 82-83) agus agallamh le Mac an Bheatha in Ó Croiligh (1991).

[7] Féach Trudgill (1974: 55) agus Cairns and Cairns (1976: 16).

[8] Féach Mac Giolla Chomhaill (1983: 57) mar léiriú ar an chomaoin a chuir an Sagart Lorcán Ó Muirí agus Coláiste Bhríde ar Rann na Feirste.

[9] Féach Ó Grianna, Conall (1998).

[10] Ó Baoighill agus Ó Baoill eag. (2001), MacLennan, Gordon ed. (1997), Ó Searcaigh eag. (1976).

[11] "M'athair an sgéalaidhe is fearr a chuala mé riamh" (RF 152).

[12] Is é an tuairim atá ag Ó Háinle "gur shamhlaigh Seosamh Mac Grianna é féin mar leathbhreac Mhurchaidh Mhic an Bhaird" (1994: 4).

[13] An Chartlann Náisiúnta N392—Meamraim Néill Uí Dhónaill (12.07.67; 26.08.68).

[14] Tá mé buíoch de Sheán Mac Corraidh a thaispeáin an litir seo dom a scríobh an ceoltóir iomráiteach, Aodh Ó Duibheannaigh chuige fá Fheidhlimidh Dhomhnaill Phroinnsís (17.11.83).

[15] Ó Croiligh (1973: 30).

[16] I gcló in FI.

[17] Féach fosta Thomson (1988: 72-73) ar an ábhar céanna.

[18] Tá na trí scéal seo i gcló in Ó Grianna (1998: 14-25), Nic Aodháin (1993: 69-70) agus Ní Dhíoraí (1985: 101-105) faoi seach. Tá míniú ar chúlra béaloidis 'An Toirtín Mór agus an Toirtín Beag' in Ó Dochartaigh (1974).

[19] Ó Conaire (1986: 88).

[20] Greimas (1966: 19). Féach fosta Hawkes (1997: 87-95).

[21] Watson (1979: 31).

[22] Féach, mar shampla Nic Aodháin (1993: 57).

[23] Naos Ó hEocháin a luaitear in 'Séamus Mac Murchaidh' (PÓC 194-199).

[24] Féach an chaibidil 'The Liberator as Hero' ag Ó hÓgáin (1985: 120-159)

agus Mhac Meanman (1955: 165) ar Bhalldearg i mbéaloideas Thír Chonaill.

[25] Is é sin Standish O'Grady, údar *The Flight of the Eagle* (1897).

[26] Comhad N196 de chuid an Ghúim atá i dtaisce sa Chartlann Náisiúnta.

[27] Comhaid an Ghúim (N196).

[28] Féach fosta Mag Shamhráin (1986: 183).

[29] Léiriú amháin ar an mheas sin ar Mitchel an bheathaisnéis a scríobh Niall Ó Dónaill: *Beatha Sheáin Mistéil* (1937).

[30] Scríobh Mac Grianna *Filí Gan Iomrá* (1926), leabhrán faoi fhilí Rann na Feirste, de bharr gur mheas sé go ndearna Corkery neamart sna filí Ultacha in *The Hidden Ireland* (FF 14-15).

[31] Is é a deir Seosamh Mac Grianna: "Bhí dáimh agam le hAlbain. Tír Ghaelach í agus ní thig a scéal a scaradh ó scéal na hÉireann. Tá trácht ar chuid laochra na hAlban i mbéaloideas Thír Chonaill" agus "beidh m'ainm i mbéal fear Éireann agus Alban" (MBF 104, 172).

[32] Tá mé buíoch den Dr Diarmaid Ó Doibhlin as an eolas seo a thabhairt dom.

[33] *An Chloch Ortha* (1936); *Ivanhoe* (1937).

[34] Scott a chuir tús leis an úrscéal stairiúil i mBéarla de réir fhianaise Delap (7).

[35] de Blácam (1934: 209).

[36] Walter Scott an té is mó a chuir bun faoi bhailéid na hAlban nuair a d'fhoilsigh sé *Minstrelsy of the Scottish Border, 3 vol. (1802-03)*.

[37] "In memory of him we will often repeat the words he has written in his book (*Literature in Ireland*): "It is well for us that that our workers are poets and our poets workers . . . And it is well, too, that here still that cause which is identified, without underthought of commerce, with the cause of God and Right and Freedom, the cause which has been the great theme of our poetry, may any day call the poets to give their lives in the old service" (FF 124-5).

[38] Ní ball den IRA é Gypo Nolan in *The Informer* ach ball de chumann réabhlóideach sóisialach.

[39] Tá aiste Eglinton i gcló in Pierce (2000: 70-74).

[40] "Literally 'The Tailor Re-Patched' " (Shelston: 87).

[41] Carlyle (1839, 1: 213).

[42] Tá bunús stairiúil an téarma seo pléite go mion ag Ó Háinle (1994: 3, 25).

[43] Bode C. & Cowley M. ed.(244).

[44] Féach Bode C. & Cowley M. ed., (621-626).

[45] Dán eile le Wordsworth, 'Ode on the Intimations of Immortality' a spreag an aiste 'Glory and the dream' (FF 130) le Mac Grianna.

[46] Is iad na cúinsí céanna teagascacha a spreag *Feara Fáil* (1933) le 'Máire'.

[47] Baineann 'Máire' úsáid as an abairt chéanna sa scéal 'Na Dlíthe agus na Dánta' (Mac Giolla Chomhaill eag.; 1974: 12): "Agus mar bíos an neart go minic ag teacht i dtír ar an cheart, bhí an tír láidir ag coinneáil na tíre bige faoi smacht."

[48] Foirm den fhocal 'dúilbhriste' atá ag Seosamh Mac Grianna san aistriúchán *Muinntir an Oileáin* (1935: 173)—*disappointed* an focal a bhí le haistriú aige sa bhuntéacs. Féach Mac Corraidh (1990: 28).

[49] An aiste chéanna a thug an Máistir Mac Comhail do 'Mháire' (SC 23).

[50] *un poète maudit*—file mallaithe.

[51] ' ' bhfuil bunús stairiúil le creach Chuinn Uí Dhónaill' in *Inniu* 24.02.67.

[52] Tá mé buíoch d'Aodhán Mac Póilín a thug an t-eolas seo dom.

[53] 'shocáin' atá sa téacs.

[54] Féach Ó Háinle (1978: 96).

[55] Féach meamram Néill Uí Dhónaill 19.07.67, Comhaid an Ghúim (N392).

[56] Féach gearrscéal 'Mháire', 'Sagart Éamoinn Sheáin Óig' (CD 14) mar a dtráchtar ar an leisce atá ar an sagart úr paróiste leigheas a dhéanamh do dhaoine, chan ionann is sagart eile a bhfuil cuimhne ag na daoine air: " 'Beannacht Dé le d'anam, a Shagairt Óig Uí Dhónaill', arsa fear an tí, 'mura leat a thiocfadh na míorúiltí a dhéanamh an lá a mhair tú'. "

[57] Tá léiriú maith ag Brian Friel ar an teannas seo in *Dancing at Lughnasa*, mar a mhaíonn Mac Suibhne (1998: 175).

[58] Leabhar nótaí.

[59] Litir ó Sheosamh Mac Grianna chuig Seán Mac Lellan 21.05.35, Comhaid an Ghúim (N392).

[60] Meamram Néill Uí Dhónaill 26.8.68, Comhaid an Ghúim (N392).

[61] Féach fosta Ó Muirí (1981).

[62] Féach de Brún (1999) mar a bhfuil míniú ar chúlra 'An Chrúbach'.

[63] 'Tiomna Ghuill Mhic Mhorna' in Ó Siochfhradha (1941: 257-259).

[64] Litir ó Sheán Mac Lellan (oifigeach foilseachán an Roinn Oideachais) chuig Seosamh Mac Grianna 18.10.35, Comhaid an Ghúim (N392), an Chartlann Náisiúnta. Féach, fosta, sa chomhad chéanna, tuairisc ó oifig an Phríomh-Aturnae 02.08.35 (mar a luaitear go mbeadh ábhar ag Proinsias Bheagaide, Eoin Ó Máirtín agus California le cás dlí a thógáil) agus tuairisc Dhónaill Mhic Grianna 15.05.33.

[65] Ba é an méid a insíodh dom féin i gcomhrá a bhí agam le staraí de chuid na háite.

[66] Tuairisc Dhónaill Mhic Grianna ar *An Droma Mór* 04.08.35, Comhaid an Ghúim (N392).

[67] Meamram chuig Seán Mac Lellan 24.09.35—níl ainm an té a scríobh an meamram inléite, Comhaid an Ghúim (N392). I dtaca leis an Dochtúir Carr, tá mé ag déanamh gur an Dr Conn Carr a bhí ina dhochtúir leighis i nGaoth Dobhair atá i gceist. Bhí eolas an-mhaith aige sin ar an cheantar agus bhí sé ar dhuine de na daoine a scríobh moltaí faoi Ghaeltacht Thír Chonaill do Choimisiún na Gaeltachta i 1925 (Mac Fhionnghaile, 1985: 65). Ní dóigh liom gur Pádraig Mac Giolla Cheara, a bhí ina uachtarán ar Choláiste Adhamhnáin san am atá i gceist, ar an ábhar gur *Kerr* an sloinne Béarla a bhí air sin (Breathnach agus Ní Mhurchú 1992: 54-55).

[68] Meamram Néill Uí Dhónaill 19.07.67, Comhaid an Ghúim (N392), an Chartlann Náisiúnta.

[69] Liomsa an cló iodálach.

[70] Meamram Dhónaill Mhic Grianna chuig Seán Mac Lellan 24.05.35, Comhaid an Ghúim (N392).

[71] Agallamh le Máirtín Mac Grianna (24.05.1999).

[72] Meamram Dhónaill Mhic Grianna chuig Seán Mac Lellan 24.05.35, Comhaid an Ghúim (N392).

[73] Tuairisc Dhónaill Mhic Grianna ar lámhscríbhinn *An Droma Mór* 05.05.1932, Comhaid an Ghúim (N392). Féach fosta Ó Háinle (1989: 164) agus Ó Doibhlin,

Diarmaid (1971: 14).

[74] Tuairisc Dhónaill Mhic Grianna ar *Mo Bhealach Féin* 17.05.1935, Comhaid an Ghúim (N588).

[75] Tuairisc Dhónaill Mhic Grianna ar *Mo Bhealach Féin* 17.05.1935, Comhaid an Ghúim (N588).

[76] Bhí atmaisféar an-chráifeach sa tír san am mar a léiríonn O'Flaherty (1932) agus Brown (1981: 38-39).

[77] Tuairisc Dhónaill Mhic Grianna ar lámhscríbhinn *An Droma Mór* 05.05.1932, Comhaid an Ghúim (N392).

[78] Meamram Néill Uí Dhónaill 19.07.67, Comhaid an Ghúim (N392).

[79] Litir chuig Seán Mac Lellan ó Sheosamh Mac Grianna 20.10.1935, Comhaid an Ghúim (N392). Féach fosta meamram Sheáin Mac Lellan chuig an leasrúnaí 05.11.35, Comhaid an Ghúim (N392).

[80] Meamram Néill Uí Dhónaill 26.08.68, Comhaid an Ghúim (N392). Maidir leis an fhocal *Protector, Detective* atá i gceist (DM 172). Gníomhaire de chuid an phéas atá ann san úrscéal.

[81] *An Droma Mór* (Eagrán 1935: 229-230).

[82] Meamram Néill Uí Dhónaill 19.07.67, Comhaid an Ghúim (N392).

[83] Litir chuig Seán Mac Lellan ó Sheosamh Mac Grianna 20.10.1935, Comhaid an Ghúim (N392).

[84] Tuairisc Dhónaill Mhic Grianna ar lámhscríbhinn *An Droma Mór* 15.05.1933, Comhaid an Ghúim (N392).

[85] Is féidir go raibh Mac Grianna ag cur i gcuimhne don Fhlaitheartach go ndearna an Connachtach gearán faoi dhráma O'Casey nuair a léiríodh ar dtús é (O' Brien 1973: 26).

[86] Ó Háinle (1989: 133).

[87] Maíonn Desmond Greaves nár Chonnachtach ar bith é Mellows ach Laighneach (1971: 385).

[88] Idir 1923 agus 1925.

[89] Ba é an méid a insíodh dom féin i gcomhrá a bhí agam le staraí de chuid Rann na Feirste.

[90] Féach mar shampla an méid a luadh cheana as *Shame the Devil*, faoin aois ina raibh an Flaitheartach beo, agus ansin, sa leabhar céanna: "Only brilliant and useful people can afford to have vices" (116). D'ainneoin an mhéid sin thugadh an Flaitheartach cumannach air féin.

[91] 'Rátaí Díolaíochta an Ghúm' (A 91-92), 'He Knows Everything' (FF 189-190), 'Irish Writers' Fees' (FF 192).

[92] Féach go háirithe *An tOileánach* (1929), *Cáitheamh na dTonn* (1934), *Peig* (1936).

[93] Ba é Kiberd (1993: 189) ba thúisce a chroch ainm an nua-aoiseachais le *Mo Bhealach Féin*.

[94] Féach fosta an carachtar Marlow in *Heart of Darkness* ag cur Londan i gcosúlacht leis an dufair: "And this also . . . has been one of the dark places of the earth" (7). Tá an frithuirbeachas Victeoriach pléite go mion ag Williams (1989: 40-43), Martin (1984 : 38), Strange (1973) agus ag Hulin (1979).

[95] Féach fosta O'Toole (1985) agus Kiberd (1996: 481-496).

[96] Féach Graham and Proudfoot (1993: 9) agus aistí eile sa leabhar céanna a phléann cás na mbailte agus na gcathracha i dtíreolaíocht stairiúil na hÉireann.

[97] Féach, mar shampla, Piatt (1957), Harrison (1988; 2001), Ó Háinle (1992).

[98] Féach samplaí den spreagadh a fuair Ó Flaithearta i gcathair Londan in *Two Years* (12-16, 49).

[99] Is dócha gurb é an duine céanna é a gcuirtear síos air san aiste 'Ceoltóirí na cathrach' (A 67-68).

[100] Siopa geallbhróicéara atá i gceist.

[101] Réamhrá Mhic Liammóir d'eagrán Chló Talbot de *Deoraíocht* (1978: vi).

[102] Léirmheas a foilsíodh ar *The Irish Times* (09.10.31) faoin teideal 'O Neill' Comhaid an Ghúim N196.

[103] Shorley (2000: 216). Tá cíoradh maith déanta ag Shorley san alt céanna sin ar thábhacht agus ar thionchar na scannánaíochta ar litríocht na Fraince sna 1930í.

[104] Féach Bradbury and McFarlane ed. (1976: 192-205; 292-308).

[105] Féach fosta an méid atá ag Dorian (142-143) agus ag Flower (1944: 70) faoin tionchar a bhí ag na nuachtáin ar an traidisiún béil ón 19ú haois ar aghaidh.

[106] Pictiúr atá le feiceáil in 'Picasso: the Ludwig Collection.'

[107] Ba é an rud a chuala Oilibhéar Ó Croiligh gur caitheamh an 'ruball' amach (Agallamh le hOilibhéar Ó Croiligh) agus ba é an rud a dúirt cuid de na cainteoirí a labhair ar an chlár speisialta a rinne Raidió na Gaeltachta ar Sheosamh Mac Grianna i Mí Lúnasa 2000, gur chuala siad gur goideadh na cóipleabhair ina raibh an ruball nó go raibh siad i seilbh duine éigin áit éigin i gCúige Uladh. Dúirt scoláire amháin liom i gcomhrá gur dódh na cóipleabhair.

[108] Agallamh le hOilibhéar Ó Croiligh.

[109] Féach fosta (MBF 15) agus (A 25) ina bhfuil léiriú ar an ghráin a bhí ag Mac Grianna ar an trioc agus ar an mhaisiú a bhí ar sheomraí sa bhaile bheag agus sa chathair.

[110] Féach fosta an magadh a rinneadh ar ainmneacha páirtithe polaitiúla na 1930í in *An t-Éireannach* in alt a scríobhadh i 1935 (Ó Ciosáin 1993: 184).

[111] Thugtaí meas coirpigh ar dhaoine a mheas rialtas Stalin iad a bheith falsa (Brendon 2000: 353). Féach fosta Brendon (2000: 197-219) mar a bhfuil cuntas ar 'réabhlóid Stalin'—a chuid campaí oibre agus dá réir sin.

[112] Tá mé buíoch d'Antain Mag Shamhráin as an eolas seo a thabhairt dom.

[113] Féach Kennedy (1999: 44-46).

[114] Litir Kernoff *Irish Press* 03.08.32 agus an freagra a thug Mac Grianna air ar an nuachtan céanna (FF 213).

[115] Meamram Dhomhnaill Mhic Grianna (29.04.33), Comhaid an Ghúim (N441). Scríobh Ó Muirgheasa léirmheas ar lámhscríbhinn *Eoghan Ruadh Ó Néill* i 1929.

[116] Léirmheas Shéamuis Uí Shearcaigh ar *Dá mBíodh Ruball ar an Éan*, Comhaid an Ghúim (N588), An Gúm. Bhí ábhar ag Ó Searcaigh féin le fiamh a bheith aige le Seosamh Mac Grianna: luaigh Mac Grianna *Cloich Cheann Fhaolaidh*, leabhar a chuir Ó Searcaigh in eagar, i measc na 'mbroc gan suim' nár cheart a chur i gcló (A 17). Ina dhiaidh sin, i dtaca le *Dá mBíodh Ruball ar an Éan*, thug an Searcach

cothrom na Féinne do Mhac Grianna nuair a mhol sé go léifeadh duine eile é ina dhiaidh.

[117] Leabhar nótaí 2, 10 September 1935 an dáta atá luaite leis.

[118] Foilsíodh an scéal in *Humanitas* i Mí an Mheithimh 1930 (Mac Congáil 1990b: 59).

[119] Tá anailís fheimineach déanta ag Place (1978: 35-67) ar an dá chineál chodarsnacha bancharachtar: "the dark lady, the spider woman . . . and her sister the virgin, the mother, the innocent, the redeemer" , atá le sonrú ar an *film noir* agus atá fréamhaithe go domhain i gcultúr an Iarthair.

[120] "Must show aquaintance with literary men, artists, politicians" a scríobh an Griannach ina leabhar nótaí i measc na nótaí a rinne sé ar ábhar *Dá mBíodh Ruball ar an Éan* (Leabhar nótaí 2).

[121] Ó Dochartaigh (1974: 66). Is é an rud a deir Ó Dochartaigh nach dóigh leis gur rún do Sheosamh Mac Grianna é féin agus a dheartháir a chur i gcosúlacht go díreach le hIolann Fionn agus a dheartháir, Binne Borbrua atá sa scéal 'Oidhe Chloinne Uisnigh', ach san am céanna, aimsíonn sé go leor tagairtí atá ag tacú leis an bharúil sin: an tagairt don 'toirtín mór agus an mhallacht' agus do 'mhac na míchomhairle' mar shampla.

[122] Comhaid an Ghúim N573 (*Na Lochlannaigh*).

[123] Comhaid an Ghúim N441 (*Pádraig Ó Conaire agus Aistí Eile*), N573 (*Na Lochlannaigh*).

[124] Drabble ed.(2000: 620). Féach, fosta, aiste ag Albert Camus, 'Prométhée aux Enfers', a scríobhadh i 1946, faoin dúshlán a bhí le tabhairt ag an chine dhaonna i ndiaidh dheireadh an dara cogadh domhanda.

[125] Tá cuntas gairid ar an Mháistir Ó Baoill as Croithlí ag Ó Searcaigh (2000: 135) agus in agallamh raidió le Beil Fheidhlimidh mar a gcuireann deirfiúr Sheosaimh Mhic Grianna síos ar an scolaíocht a thug an Máistir Ó Baoill dó (Ó Cearnaigh 1975).

[126] Tá mé buíoch den Dr Pádraig Ó Mianáin as an fhoinse sin a chur ar mo shúile dom. Féach fosta tuairiscí ar eachtraí den chineál chéanna, a tharla i dTír Eoghain, in *The Irish News* (02.07.1927), (13.12.1929).

[127] 'The devotional revolution' an téarma a cheap an staraí Emmet Larkin le cur síos ar leasú na heaglaise Caitlicí in Éirinn sa 19ú haois (Brown and Miller 2000: 158).

[128] Féach Hawkes (1977: 25-26) mar a bhfuil míniú maith air sin.

[129] " . . . la lecture de tous les bons livres est comme une conversation avec les plus honnêtes gens des siècles passés, qui en ont été les auteurs . . ." (36).

LEABHARLIOSTA

Argyle, Michael, (1967) 1994: *The Psychology of Interpersonal Behaviour.* Harmondsworth: Penguin.

Arnold, Bruce, 1991: *Mainie Jellet and the Modern Movement in Ireland.* New Haven & London: Yale University Press.

Bakhtin, Mikhail, 1968 (1984): *Rabelais and His World.* Indiana: Indiana University Press.

— 1981: *The Dialogic Imagination: Four Essays by M.M Bakhtin.* (Holquist, Michael, ed., Emerson, Caryl and Holquist, Michael trans.). Austin: University of Texas Press.

Bassnett, Susan and Trivedi, Harish, ed., 1999: *Post-Colonial Translation: Theory and Practice.* London: Routledge.

Baudelaire, Charles, (1861) 1972: *Les Fleurs du Mal.* Paris: Gallimard.

Benjamin, Walter, (1955) 1973: *Illuminations.* ed. introduction by Hannah Arendt, tr. Harry Zohn. London: Fontana.

Bennett, Tony, 1979: *Formalism and Marxism.* London: Methuen.

Bergin, Osborn, 1970: *Irish Bardic Poetry.* Dublin: Dublin Institute for Advanced Studies.

Bhreathnach-Lynch, Síghle, 1999: 'Commemorating the hero in newly independent Ireland: expressions of nationhood in bronze and stone' in McBride, Lawrence. W., ed., *Images, Icons and the Irish Nationalist Imagination.* Dublin : Four Courts Press. 148-165.

Bloom, Harold, ed., 1986: *Thomas Carlyle.* New York: Chelsea.

Bode C. and Cowley M., ed., 1981: *The Portable Emerson.* Harmondsworth: Penguin.

Bolger, Dermot, ed., 1986: *The Bright Wave/An Tonn Gheal: Poetry in Irish Now.* Dublin: Raven Arts

Boyce, George, 1982: *Nationalism in Ireland.* London: Routledge

Bradbury, M. and McFarlane, J., ed., 1976: *Modernism.* Harmondsworth: Penguin.

Breathnach, D. agus Ní Mhurchú, M. 1992: *1882-1982 Beathaisnéis a Trí.* Baile Átha Cliath: An Clóchomhar.

— 1994: *1882-1982 Beathaisnéis a Ceathair.* Baile Átha Cliath: An Clóchomhar.

— 1997: *1882-1982 Beathaisnéis a Cúig.* Baile Átha Cliath: An Clóchomhar.

Brendon, Piers, 2000: *The Dark Valley.* London: Jonathan Cape.

Brown, Stewart and Miller, David, ed., 2000: *Piety and Power in Ireland 1760-1960: Essays in Honour of Emmet Larkin.* Belfast: Institute of Irish Studies, Queen's University.

Brown, Terence, 1981: *Ireland: A Social and Cultural History 1922-79*. London: Fontana.

Browning, Robert, 1890 (1920): *Selections from the Poetical Works of Robert Browning*. London.

Cairns, Helen S. and Cairns, Charles S., 1976: *Psycholinguistics: a Cognitive View of Language*. New York: Holt, Rinehart and Winston.

Camus, Albert, 1954: *L'Été. Les Essais LXVIII*. Paris: Gallimard.

Carlyle, Thomas, 1838 (1894): *Sartor Resartus*. London: Chapman and Hall.

— 1839 (1888): *Critical and Miscellaneous Essays Vol. 1&2*. London: Chapman and Hall.

— 1839 (1888): *Critical and Miscellaneous Essays Vol. 3&4*. London: Chapman and Hall.

— 1840 (1894): *Chartism*. London: Chapman and Hall.

— 1841 (1894): *On Heroes, Hero-Worship, and the Heroic in History*. London: Chapman and Hall.

— 1843 (1894): *Past and Present*. London: Chapman and Hall.

— 1851(1894): *The Life of John Sterling*. London: Chapman and Hall.

— 1858-65: *History of Friedrich II of Prussia: Called Fredrick the Great* [6 volumes] London.

— 1882: *Reminiscences of My Irish Journey in 1849*. London.

Céline, Louis-Ferdinand, 1933: *Voyage au Bout de la Nuit*. Paris: Denoël et Steele.

Chadwick, Nora, 1970: *The Celts*. Harmondsworth: Penguin.

Chuto, Jacques, ed., 1996: *The Collected Works of James Clarence Mangan: Poems 1838-1844 Vol 2*. Dublin: Irish Academic Press.

Connolly, Sean, 1982: *Priests and People in Pre-Famine Ireland 1780-1845*. Dublin: Gill & Macmillan.

— 1985: *Religion and Society in Ninetenth-Century Ireland*. Dundalk: Dundalgan Press.

Corkery, Daniel, 1924 (1967): *The Hidden Ireland*. Dublin: Gill and Macmillan.

— 1931 (1966): *Synge and Anglo-Irish Literature*. Cork: Mercier.

— 1954 (1968): *The Fortunes of the Irish Language*. Cork: Mercier Press.

Costello, Peter, 1977: *The Heart Grown Brutal: The Irish Revolution in Literature from Parnell to the Death of W. B. Yeats, 1891-1939*. Dublin: Gill & Macmillan.

Craig, David (Introduction), 1969: *Hard Times* by Charles Dickens.

Cronin, Michael, 1996: *Translating Ireland: Translation, Languages, Cultures*. Cork University Press.

Curtin, C., Donnan, H. and Wilson T.M., ed., 1993: *Irish Urban Cultures*. Belfast: Institute of Irish Studies, Queen's University.

Davis, Graham, 1991: 'Making History: John Mitchel and the Great Famine' in Hyland, Paul and Sammels, Neil, ed., *Irish Writing: Exile and Subversion*. London: Macmillan: 98- 115.

de Blácam, Aodh, 1929: *Gaelic Literature Surveyed*. Dublin: Talbot Press.

— 1934 (1970): *A First Book of Irish Literature.* Port Washington: Kennikat Press.

de Brún, Fionntán, 1999: 'An scigaithris in *An Druma Mór*', *Irisleabhar Mhá Nuad*: 98-108.

— 2000: 'An caighdeán, an chumhacht agus an scríbhneoir cruthaitheach' in *Taighde agus Teagasc 1*: 1-10.

— 2001: 'An chinsireacht a rinneadh ar *An Druma Mór* in *Taighde agus Teagasc 2*: 1-8

de Vere White, Terence, 1967 (1978): 'Social life in Ireland 1927- 1937' in Mac Manus, Francis, ed., *The Years of the Great Test.* Cork: Mercier: 19-29.

Deane, Séamus, 1977: '*Mo Bhealach Féin*' in Jordan, J., ed., *The Pleasures of Gaelic Literature.* Cork: Mercier: 52-61.

— 1985: *Celtic Revivals: Essays in Modern Irish Literature 1880-1980.* London: Faber and Faber.

Delap, Breandán, 1993: *Úrscéalta Stairiúla na Gaeilge.* Baile Átha Cliath: An Clóchomhar.

Delargy, James, 1945: 'The Gaelic Storyteller', *Proceedings of the British Academy* Vol xxx.

Descartes, René, 1637 (1966): *Discours de la Méthode.* Paris: Garnier-Flammarion.

Dickens, Charles, 1854 (1969): *Hard Times.* Harmondsworth: Penguin.

Donnelly, Brian, 1974: 'A nation gone wrong: Liam O'Flaherty's 'vision of modern Ireland', *Studies 63*: 71-81.

Dorian, Hugh, 2000: *The Outer Edge of Ulster: a Memoir of Social Life in Nineteenth-Century Donegal.* Mac Suibhne, Breandán and Dickson, David, ed., Dublin: Lilliput Press.

Dos Passos, John, (1925) 1987: *Manhattan Transfer.* Harmondsworth: Penguin.

Dowling, P.J, 1968: *The Hedge Schools of Ireland.* Cork: Mercier Press.

Drabble, Margaret, ed., 2000: *The Oxford Companion to English Literature.* Oxford: Oxford University Press.

Eagleton, Terry, 1976 (1998): *Criticism and Ideology: A Study in Marxist Literary Theory.* London: Verso.

— 1995: *Heathcliff and the Great Hunger: Studies in Irish Culture.* London and New York: Verso.

— 1999: *Scholars and Rebels in Nineteenth-Century Ireland.* Oxford: Blackwell.

Eliot, T.S.,1922: *The Wasteland.* London.

Everett, Charles, 1966: *Jeremy Bentham.* London: Weidenfeld and Nicolson.

Fallaize, Elizabeth, 1982: *Malraux: La Voie Royale.* London : Grant & Cutler.

Flower, Robin, (1944) 1978: *The Western Island.* Oxford: Oxford University Press.

Forgacs, David, ed., 2000: *The Antonio Gramsci Reader: Selected Writings 1916-1935*. New York: New York University Press.

Friel, Brian, 1981: *Translations*. London: Faber and Faber.

Gascoyne, Thomas, 1952: *Thomas Carlyle*. London: Longmans.

Gellner, Ernest, 1994: *Encounters with Nationalism*. Oxford: Blackwell.

Gilloch, Graham, 1996: *Myth and Metropolis: Walter Benjamin and the City*. Cambridge: Polity Press.

Glassie, Henry, 1982: *Irish Folk History: Folktales From the North*. Dublin: O'Brien Press.

Gledhill, Christine, 1978: 'Klute 1: a contemporary *film noir* and feminist criticism' in Kaplan E. Ann, ed., *Women in Film Noir*. London: British Film Institute: 6-21.

Graham, B.J and Proudfoot L.J., ed., 1993: *An Historical Geography of Ireland*. London: Academic Press.

Greaves, Desmond, 1971: *Liam Mellows and the Irish Revolution*. London: Lawrence and Wishart.

Greimas, A.J, 1966: *Sémantique Structurale*. Paris: Larousse.

Griffith, Arthur, 1913 (1983): (Introduction) *Jail Journal* by John Mitchel. London: Sphere Books.

Harmon, Maurice, ed., 1984: *The Irish Writer and the City (Irish Literary Studies 18)*. Buckinghamshire: Colin Smythe.

Harrison, Alan, 1988: *Ag Cruinniú Meala*. Baile Átha Cliath: An Clóchomhar.

— 2001: 'More Hidden Irelands: some light on the Irish eighteenth century', *Études Irlandaises 26-2*: 49-66.

Harvey, Sylvia, 1978: 'Woman's place: the absent family of *film noir*' in Kaplan, E. Ann, ed., *Women in Film Noir*. London: British Film Institute: 22-34.

Hawkes, Terence, 1977: *Structuralism and Semiotics*. London: Methuen.

Hegarty, Peter, 1999: *Peadar O'Donnell*. Cork: Mercier.

Herity, Michael, ed., 2000: *Ordnance Survey Letters Donegal*. Dublin: Four Masters Press.

Heyck, Thomas, 1998: 'The genealogy of Irish Modernism: the case of W.B Yeats' in Brown, Stewart and Miller, David, ed., *Piety and Power in Ireland 1760-1960*. Belfast: Institute of Irish Studies, Queen's University: 220-251.

Higgins, Micheal D., 1985: 'Liam O'Flaherty and Peadar O'Donnell, images of rural community', *Crane Bag*, 9, No. 1: 41-48.

Hogan, Edmond, F. S.J., ed., 1901: *Morthimchell Éirenn Uile dorigne Muirchertach Mac Néill*. Dublin: M.H & Gill & Son.

Howes, Marjorie, 1998: 'Tears and blood: Lady Wilde and the emergence of Irish cultural nationalism' in Foley and Ryder, ed., *Ideology and Ireland in the Nineteenth Century*. Dublin: Four Courts Press: 151-172.

Hulin, Jean-Paul,1979: '*Rus in urbe*: a key to Victorian anti-urbanism', in

Hulin, Jean-Paul and Coustillas, Pierre, ed., *Victorian Writers and the City*. Lille: Université de Lille: 9-40.

Johnston, Denis, 1929 (1977): *The Dramatic Works of Denis Johnston Vol.1.* Buckinghamshire: Colin Smythe.
Joyce, James, 1916 (1991): *A Portrait of the Artist as a Young Man*. London: Everyman.
— 1922 (1991): *Ulysses*. London: Minerva.

Kaplan, Fred, 1983: *Thomas Carlyle: A Biography*. Cambridge: Cambridge University Press.
Kennedy, S.B, 1991: *Irish Art and Modernism: 1880-1950*. Belfast: Institute of Irish Studies, Queen's University.
Kiberd, Declan, 1993: *Idir Dhá Chultúr*. Baile Átha Cliath: Coiscéim.
— 1996: *Inventing Ireland*. London: Vintage.
— 2000: *Irish Classics*. London: Granta.
Kilroy, James, ed., 1968: *The Autobiography of James Clarence Mangan*. Dublin: Dolmen.
— 1970: *James Clarence Mangan*. Lewisberg: Bucknell University Press.

Laoide, Seosamh, 1904: *Seachrán Chairn tSiadhail*. Baile Átha Cliath.
Lee, Joseph, 1973: *The Modernisation of Irish Society 1848-1918*. Dublin: Gill and Macmillan.
Leerssen, Joep, 1996: *Mere Irish and Fíor-Ghael: Studies in the Idea of Irish Nationality, its Development and Literary Expression Prior to the Nineteenth Century*. Field Day Monographs. Cork: Cork University Press.
Lehman, B.H, 1928: *Carlyle's Theory of the Hero: Its Sources, Development, History and Influence on Carlyle's Work*. Durham N.C: Duke University Press.
Leith, Dick, 1987: 'Standardisation in English' in Mayor and Pugh, ed., *Language, Communication and Education*. Open University: 43-63.
Lloyd, David, 1987: *Nationalism and Minor Literature: James Clarence Mangan and the Emergence of Irish Cultural Nationalism*. Berkeley and London: University of California Press.
Luce, J.V, 1969: 'Homeric Qualities in the Life and Literature of the Great Blasket Island', *Greece and Rome* xv: 151-68.
Lyons, F.S.L, 1971: *Ireland Since the Famine*. London: Fontana.

Mac Cana, Proinsias, 1968 (1996): *Celtic Mythology*. London: Chancellor Press.
Mac Congáil, Nollaig, 1983: *Scríbhneoirí Thír Chonaill*. Cathair na Mart: Foilseacháin Náisiúnta Teoranta.
— 1990a: *Máire—Clár Saothair*. Baile Átha Cliath: Coiscéim.
— 1990b: *Seosamh Mac Grianna/Iolann Fionn—Clár Saothair*. Baile Átha Cliath: Coiscéim.

Mac Conghail, Muiris, 1987: *The Blaskets: A Kerry Island Library.* Dublin: Country House.

Mac Corraidh, Seán, 1990: *Liosta Focal as Aistriúcháin Sheosaimh Mhic Grianna: Staidéar Comparáideach Idir a Chuid Aistriúchán agus Foclóir Gaeilge Béarla.* (Tráchtas neamhfhoilsithe ar chéim MA Ollscoil Uladh).

Mac Fhionnghaile, Niall: 1985: *Dr McGinley and His Times in Donegal: 1900-1950.* Leitir Ceanainn: An Crann.

Mac Giolla Chomhaill, Anraí, eag., 1974: *Meascra Uladh.* Muineachán: Coiste *An tUltach.*

— 1983: *Lorcan Ó Muireadhaigh: Sagart agus Scoláire.* Baile Átha Cliath: An Clóchomhar.

Mac Póilín, Aodhán, 1981: *Nationalism and Modern Literature in Irish 1893-1936.* MPhil Thesis NUU Unpublished.

Mac Suibhne, Breandán, 1998: 'Soggarth aroon and gombeen priest: Canon James MacFadden (1842-1917)' in Moran, G., ed., *Radical Irish Priests.* Dublin: Four Courts Press: 146-76.

MacKillop, James, 1986: *Fionn mac Cumhaill: Celtic Myth in English Literature.* Syracuse and New York: Syracuse University Press.

MacLaughlin, Jim, 1995: 'The politics of nation-building in post-famine Donegal' in Nolan, Ronayne, Dunlevy, ed., *Donegal: History and Society.* Dublin: Geography Publications: 583-624.

MacLennan, Gordon, (Harrison and Crook, ed.) 1997: *Seanchas Annie Bhán: The Lore of Annie Bhán.* Dublin: Seanchas Annie Bhán Publication Committee.

MacNamara, Brinsley, 1918 (1984): *The Valley of the Squinting Windows.* Dublin: Anvil.

Mag Shamhráin, Antain, 1986: *Litríocht, Léitheoireacht, Critic.* Baile Átha Cliath: An Clóchomhar.

— 1988: 'Codarsnacht agus coimhlint agus bladhaire ar an ghual', *Comhar,* 1: 26-30.

— 1989: 'Portráid den stoirm: úrscéal deireanach Sheosaimh Mhic Grianna', *Oghma 10:* 41-46.

Malraux, André, 1930: *La Voie Royale.* Paris: Grasset.

Manning, Susan, 1982: 'Ossian, Scott and nineteenth-century Scottish literary nationalism', *Studies in Scottish Literature 17,* Columbia, South Carolina: 39-54.

Martin, Augustine, 1984: 'Novelist and the city: the technical challenge' in Harmon, Maurice, ed.,: *The Irish Writer and the City (Irish Literary Studies 18).* Buckinghamshire: Colin Smythe: 37-51.

Mc Court, Frank, 1996: *Angela's Ashes.* New York: Harper Collins.

McGlinchey, Charles, 1986: *The Last of the Name.* Belfast: Blackstaff.

McLoone, Martin 2000: *Irish Film: The Emergence of a Contemporary Cinema.* London: British Film Institute.

Mercier, Vivian, 1962: *The Irish Comic Tradition.* Oxford: Oxford University Press.

Mhac Meanman, Seaghán, 1955: *Crathadh an Phocáin*. Baile Átha Cliath: An Gúm.

Mitchel, John, 1854 (1983): *Jail Journal*. London: Sphere Books.

Morash, Christopher, 1995: 'The rhetoric of the right in Mitchel's Jail Journal' in Leerssen, J., ed., *Forging in the Smithy: National Identity and Representation in Anglo-Irish Literary History*. IASAIL. Amsterdam: 207-218.

Ní Dhíoraí, Áine, 1985: *Na Cruacha: Scéalta agus Seanchas*. Baile Átha Cliath: An Clóchomhar.

Ní Ghallchóir, Caitríona, 1981: 'An gad ba deise don scornach' in Ó Máirtín, Micheál, eag., *Saine Uladh*. Muineachán: Coiste Éigse Loch an Iúir: 49-59.

Ní Mhuiríosa, Máirín, 1981: 'Cumann na Scríbhneoirí Memoir', *Scríobh 5*: 168-181.

Nic Aodháin, Medhbh, 1993: *Báitheadh Iadsan agus Tháinig Mise*. Baile Átha Cliath: Coiscéim.

Nic Philibín, Mairghréad, eag., 1938: *Na Casaidigh agus a gCuid Filíochta*. Baile Átha Cliath.

Ó Baoighill, Pádraig agus Ó Baoill, Mánus, eag., 2001: *Amhráin Hiúdaí Fheilimí agus Laoithe Fiannaíochta as Rann na Feirste*. Muineachán: Preas Uladh.

Ó Cadhain, Máirtín, 1949: *Cré na Cille*. Baile Átha Cliath: Sáirséal agus Dill.

— 1969: *Páipéir Bhána agus Páipéir Bhreaca*. Baile Átha Cliath: An Clóchomhar.

— 2002: *An Ghaeilge Bheo: Destined to Pass*. Baile Átha Cliath: Coiscéim.

Ó Ciosáin, Éamon, 1991: 'Litir ó Sheosamh Mac Grianna', *Comhar 2*: 19-21).

— 1993: *An t-Éireannach 1934-1937: Páipéar Sóisialach Gaeltachta*. Baile Átha Cliath: An Clóchomhar.

Ó Conaire, Breandán, 1986: *Myles na Gaeilge: Lámhleabhar ar Shaothar Gaeilge Bhrian Ó Nualláin*. Baile Átha Cliath: An Clóchomhar.

Ó Conaire, Pádraig, 1909 (1978): 'Nóra Mharcuis Bhig' in de Bhaldraithe, Tomás, eag., *Scothscéalta*, 84-97.

— 1910 (1973): *Deoraíocht*. Baile Átha Cliath: Cló Talbot.

Ó Criomhthain, Tomás, 1929 (1980): *An tOileánach*. Baile Átha Cliath: Helicon.

Ó Croiligh, Oilibhéar, 1973: *Scríbhneoireacht Sheosaimh Mhic Grianna*. (Tráchtas neamhfhoilsithe ar chéim M. Phil., N.U.U).

Ó Dochartaigh, Liam, 1974: 'Mac na Míchomhairle', *Irisleabhar Mhá Nuad*: 60-72.

— 1980: 'Fear Eile ón Pholainn', *Irisleabhar Mhá Nuad*, 9-24.

— 1981: 'Mo Bhealach Féin: Saothar Nualitríochta', *Scríobh 5*: 240-247.

Ó Doibhlin, Breandán, 1967, 'An Droma nár chualathas', *An tUltach 7*: 3.

— 1974: 'Fear agus finscéal' in *Aistí Critice agus Cultúir*, Cathair na Mart: Foilseacháin Náisiúnta Teoranta, 96-112.

Ó Doibhlin, Diarmaid, 1971, 'Druma Mór an imreasáin', *An tUltach*, 3: 14-20.

Ó Domhnaill, Eoghan, 1953 (1968): *Na Laetha a Bhí*. Baile Átha Cliath: Oifig an tSoláthair.

Ó Dónaill, Niall, 1937: *Beatha Sheáin Mistéil*. Baile Átha Cliath: An Roinn Oideachais.

— 1952 (1976): *Na Glúnta Rosannacha*. Baile Átha Cliath: Oifig an tSoláthair.

— 1990: 'Seosamh Mac Grianna' in Mac Congáil, Nollaig, eag., *Scríbhneoirí na gConallach*. Baile Átha Cliath: Coiscéim: 107-118.

Ó Droighneáin, Muiris, 1936: *Taighde i gComhair Stair Litridheachta na Nua-Gaedhilge ó 1882 Anuas*. Baile Átha Cliath: An Gúm.

— 1971: 'Stair litríochta', *An tUltach* 3, 17.

Ó Duibhín, Ciarán, 1988: '*Pádraic Ó Conaire agus Aistí Eile*: Dornán Pointí Eolais', *An tUltach* 10, 25-30.

Ó Duinnín, Eoghan, 1986: *La Niña Bonita agus an Róisín Dubh*. Baile Átha Cliath: An Clóchomhar.

Ó Gallchobhair, Pádraig, ('Muirghein') 1934: *Cáitheamh na dTonn*. Baile Átha Cliath: An Gúm.

Ó Grianna, Conall, 1998: *Seanchas Ár Sinsear*. Muineachán: Cló Cheann Dubhrann.

Ó Grianna, Séamus, 1927 (1976): *Cith is Dealán*. Baile Átha Cliath. Corcaigh: Mercier.

— 1942: *Rann na Feirste*. Baile Átha Cliath: An Press Náisiúnta.

— 2002: *Castar na Daoine ar a Chéile: Scríbhinní Mháire* 1. Mac Congáil, Nollaig, eag. Baile Átha Cliath: Coiscéim.

Ó Háinle, Cathal, 1975: 'An t-úrscéal nár tháinig', *Léachtaí Cholm Cille IV*: 5-29.

— 1978: *Promhadh Pinn*. Má Nuad: An Sagart.

— 1989: '*An Druma Mór*: athléamh', *Léachtaí Cholm Cille* XIX— *Scríbhneoirí na Gaeltachta*: 129-167.

— 1992: 'A life in eighteenth-century Dublin: Tadhg Ó Neachtain' in Uíbh Eachach, Vivian, eag., *Féile Zozimus 1*. Baile Átha Cliath: Gael-Linn: 10-28.

— 1994: 'Friotal Fileata: Tionchar an Dúchais ar Fhriotal Sheosaimh Mhic Grianna' in Mac Congáil, eag., *Rí-Éigeas na nGael: Léachtaí Cuimhneacháin ar Sheosamh Mac Grianna*. Baile Átha Cliath: Coiscéim.

Ó hAnluain, Eoghan, 1979: 'Baile Átha Cliath i nualitríocht na Gaeilge', *Scríobh 4*: 25-46.

Ó hÓgáin, Dáithí, 1982: *An File: Staidéar ar Osnádúrthacht na Filíochta sa Traidisiún Gaelach*. Baile Átha Cliath: An Gúm.

— 1985: *The Hero in Irish Folk History*. Dublin: Gill and Macmillan.

Ó Labhraí, Seosamh, 2001: 'Lámhscríbhinn chaillte? Seanmóir ar an bhreithiúnas dheireanach, leis an Athair Hugh McFadden, Cloich

Cheann Fhaola' in *Taighde agus Teagasc 1*: 41-67.

Ó Muirí, Damien, 1981: 'Leibhéil teanga in *An Druma Mór*' in Ó Máirtín, Micheál, eag., *Saine Uladh*. Muineachán: Coiste Éigse Loch an Iúir: 260-269.

Ó Muirí, Pól, 1999: *A Flight from Shadow: The Life and Work of Seosamh Mac Grianna*. Belfast: Lagan Press.

Ó Rabhartaigh, Tadhg, 1937: *Mian na Marbh*. Baile Átha Cliath: An Gúm.

Ó Searcaigh, Cathal, 1987: *Suibhne*. Baile Átha Cliath: Coiscéim.

Ó Searcaigh, Íoseph, eag., 1976: *Ceoltaí agus Seanchas le Seaghán Bán Mac Grianna*. Rann na Feirste: Coiste Choláiste Bhríde.

Ó Searcaigh, Lorcán, 2000: 'Ceann Dubhrann' in Ó Tuathaigh, Ó Laoire, Ua Súileabháin, eag., *Pobal na Gaeltachta: a Scéal agus a Dhán*. Indreabhán: Cló Iar-Chonnachta: 133-147.

Ó Searcaigh, Séamus, 1911: *Cloich Cheann Fhaolaidh*. Baile Átha Cliath: Gill agus a Mhac.

— 1933: *Nua-sgríbhneoirí na Gaedhilge*. Baile Átha Cliath: Brún agus Ó Nualláin.

Ó Siochfhradha, Pádraig ('An Seabhac'), 1941: *Laoithe na Féinne*. Baile Átha Cliath: Clólucht an Talbóidigh.

Ó Tuairisc, Eoghan, 1967: *Lá Fhéile Míchíl*. Baile Átha Cliath: Clódhanna Teoranta.

O'Brien, James H., 1973: *Liam O'Flaherty* Lewisburg: Bucknell UP.

O'Donoghue, DJ ed., 1897: *The Life and Writings of James Clarence Mangan*. Dublin: Gill.

O'Farrell, Pádraic, 1990: *The Burning of Brinsley MacNamara*. Dublin: Lilliput.

O'Flaherty (Ó Flaithearta), Liam, 1925 (1999): *The Informer*. Dublin: Wolfhound.

— 1930: *Two Years*. London: Jonathan Cape.

— 1932 (1990): 'The Irish censorship' in Carlson, Julia, ed., *Banned in Ireland: Censorship and the Irish Writer*. London: Routledge: 139-141.

— 1934: *Shame the Devil*. London: Grayson.

— 1982: 'Ag casadh le Pádraic Ó Conaire' in *Comhar*, 2: 12-14.

O'Grady, Standish, 1897 (1925): *The Flight of the Eagle*. Dublin: Talbot.

O'Leary, Philip, 1994: *The Prose Literature of the Gaelic Revival, 1881-1921 Ideology and Innovation*. Pennsylvania: The Pennsylvania State University Press.

O'Sullivan, Maurice, 1933 (1938): *Twenty Years A-Growing*. Harmondsworth: Penguin.

O'Toole, Fintan, 1985: 'Going west: the country versus the city in Irish writing', *The Crane Bag*, Vol 9, No.2: 111-16.

Piatt, Donn, 1957: *Mhaireadar san Ardchathair*. Baile Átha Cliath: F.Á.S.

Pierce, David, ed., 2000: *Irish Writing in the Twentieth Century: a Reader*. Cork : Cork University Press.

Place, Janey, 1978: 'Women in *film noir*' in Kaplan E. Ann, ed., *Women in Film Noir.* London: British Film Institute: 35-67.
Preston, Peter and Simpson-Housley, Paul, ed., 1994: *Writing the City: Eden, Babylon and the New Jerusalem.* London: Routledge.

Read, Charles A., 1879: *The Cabinet of Irish Literature: Selections from the Works of the Chief Poets, Orators and Prose Writers of Ireland.* London: Blackie.
Regan, John M., 1999: *The Irish Counter-Revolution: 1921-1936.* Dublin: Gill & Macmillan.
Ridley, Anne, ed., 1963: *Poems and Some Letters of James Thomson.* Carbondale : Southern Illinois University.
Rolleston, T.W, ed., ND *Thomas Davis: Selections from his Prose and Poetry.* London: Gresham.
Ryder, Seán, 1993: 'Male autobiography and Irish cultural nationalism: John Mitchel and James Clarence Mangan', *The Irish Review 13*: 70-77.
— 1999: 'Speaking of '98: Young Ireland and republican memory', *Éire Ireland XXXIV:2*: 51-69.

Said, Edward W. , 1993 (1994): *Culture and Imperialism.* London: Vintage.
Saint-Exupéry, Antoine, 1939: *Terre des Hommes.* Paris: Gallimard.
Sayers, Peig: 1936: *Peig.* Baile Átha Cliath: ClóluCht an Talbóidigh Teoranta. (Ní Chinnéide, Máire, eag.).
Scott, James S. and Simpson-Housley, Paul, 1994: 'Eden, Babylon, New Jerusalem: A taxonomy for writing the city', in Preston, Peter and Simpson-Housley, Paul, ed., *Writing the City: Eden, Babylon and the New Jerusalem.* London: Routledge: 331-341.
Shelston, Alan, ed., 1971: *Thomas Carlyle: Selected Writings.* Harmondsworth: Penguin.
Shorley, Chris, 2000: 'Le 7e art dans les 'années tournantes': new influences on French writing in the Twenties and Thirties' in Shorley, Chris and McCusker, Maeve, ed., *Reading Across the Lines.* Dublin: Royal Irish Academy: 209-220.
Stevenson, John and Cook, Chris, ed., 1994: *Britain in the Depression: Society and Politics 1929-39.* London: Longman.
Stockman, Gearóid, 1972: 'Cúlra liteartha Sheosaimh Mhic Grianna', *An tUltach* 6: 9-7.
Strange, G. Robert, 1973: 'The frightened poets' in Dyos, H.J and Wolff, Michael, ed., *The Victorian City: Images and Realities, Vol. 2.* London and Boston: Routledge and Kegan Paul: 475-494.
Sutherland Orr, A. 1899: *A Handbook to the Works of Robert Browning.* London: George Bell.

Thomson, George, 1988: *Island Home: The Blasket Heritage.* Dingle: Brandon.
Thoreau, Henry. D, 1862: *Walking.* http://eserver.org/thoreau/walking.html

Titley, Alan, 1991: *An tÚrscéal Gaeilge*. Baile Átha Cliath: An Clóchomhar.
— 1996: *Chun Doirne*. Belfast: Lagan Press.
Trudgill, Peter, 1974: *Sociolinguistics: An Introduction*. Harmondsworth: Penguin.

Ua Cnáimhsí, Pádraig, 1997: *Idir an Dá Ghaoth*. Baile Átha Cliath: Sáirséal Ó Marcaigh.
Ua Muirgheasa, Énrí, eag., 1912: *Ceithearnach Uí Dhomhnaill nó Eachtra an Cheithearnaigh Chaoil-Riabhaigh do réir Druinge*. Baile Átha Cliath: Connradh na Gaedhilge.

Watson, Seosamh, eag., 1979: *Mac na Míchomhairle*. Baile Átha Cliath: An Clóchomhar.
Wiley, Basil, 1949 (1973): *Nineteenth Century Studies: Coleridge to Matthew Arnold*. Harmondsworth: Penguin.
Williams, Raymond, 1958 (1963): *Culture and Society 1780-1950*. London: Pelican.
— 1989: *The Politics of Modernism: Against the New Conformists*. London: Verso.
Wordsworth, William, 1850 (1971): *The Prelude*. Harmondsworth: Penguin.

Yeats, W.B, 1955 (1995): *Autobiographies*. London: Bracken Books.

Zola, Émile, 1877 (1969): *L'Assommoir*. Paris: Garnier-Flammarion.

FOINSÍ EILE

Ábhar neamhfhoilsithe
Leabhair nótaí/dialanna Sheosaimh Mhic Grianna. Tá mé faoi chomaoin mhór ag an Dr Pól Ó Muirí as deis a thabhairt dom iad seo a fheiceáil. Seacht leabhar nótaí atá i gceist, cé gur cuireadh uimhreacha a haon go dtí a hocht orthu. Is féidir, mar sin, go bhfuil ceann amháin, a mbeadh uimhir a trí air, ar iarraidh. Is sa dara leabhar nótaí atá an t-ábhar is spéisiúla, nó tá iontrálacha ann mar a bheadh dialann ann agus dátaí le go leor acu idir 1934 agus 1935. Is don dara leabhar nótaí sin a thagraím i gcónaí sa leabhar seo.

Is é atá sna leabhair nótaí eile: meascán de nótaí pearsanta agus shleachta as leabhair, chomh maith le nótaí ó *The Irish Independent* ina bhfuil tuairisc ar an uair a gabhadh Mac Grianna agus Poblachtaigh eile i mBaile na Finne i 1922 (leabhar nótaí 1); sleachta as leabhair a raibh spéis ag an údar iontu ina measc sin *De Bello Gallico* le Julius Caesar, *The War of the Welsh Marches*, sleachta as An Senchas Mar agus sleachta as leabhar Iodáilise (leabhar nótaí 4,5,6,8); nótaí fánacha a scríobhadh sa Bhreatain Bheag, cuid acu sin a luaitear arís in *Mo Bhealach Féin* (leabhar nótaí 7).

Réamann Ó hAnluain. Scéal fada stairiúil nár foilsíodh (Delap 52-53). Tá mé buíoch de Mháirtín Mac Grianna as deis a thabhairt dom an lámhscríbhinn a scrúdú.

An Droma Mór (eagrán 1935). Gabhaim buíochas leis an Mhoinsíneoir Breandán Ó Doibhlin as cóip den eagrán sin a thabhairt dom.

Comhaid an Ghúim, An Chartlann Náisiúnta, Baile Átha Cliath.

Cláir raidió
Mac Eachmharcaigh, Niall 2000: *Seosamh Mac Grianna 1900-2000.* Raidió na Gaeltachta.

Ó Cearnaigh, Timlín, 1975: 'Agallamh le Beil Fheidhilimidh'. Raidió na Gaeltachta. (Rinneadh athchraoladh ar an agallamh seo i sraith clár a rinne Frances Nic Géidigh, ag comóradh tríocha bliain de Raidió na Gaeltachta, 1972-2002).

Ó Conluain, Proinsias, 1973a: *Seosamh Mac Grianna.* Raidió Teilifís Éireann.
— 1973b *An Mhuintir S'againne: Éigse Rann na Feirste ar Shaothar 'Mháire'.* Raidió Teilifís Éireann.

212   FOINSÍ EILE

Clár teilifíse
Ó Croiligh, Oilibhéar, 1991: *Dá mBíodh Ruball ar an Éan*. BBC.
NB. láithreoirí na gclár atá luaite sna hiontrálacha thuas.

Agallaimh
Agallamh le Máirtín Mac Grianna 24.05.1999.

Agallamh leis an Athair Oilibhéar Ó Croiligh 28.10.1999.

Foinsí Idirlín
Princess Grace Irish Library (Monaco)
Electronic Irish Records Dataset
http://www.pgil-eirdata.org

Tobar na Gaedhilge
http://www.smo.uhi.ac.uk/~oduibhin/tobar/tobar2002.htm

TREOIR

213